복음서의 예수와 공동체의 형태

복음서의 예수와
공동체의 형태

서중석 지음

이레서원

복음서의 예수와 공동체의 형태

서중석 지음

초판 1쇄 발행	2007년 05월 30일
초판 2쇄 발행	2013년 08월 29일
발행처	도서출판 이레서원
발행인	김기섭
등록번호	제1-1147호
등록일자	1990년 12월 20일
편집이사	최창숙
편집기획실장	박남균
영업팀장	박생화
총무	김애자

서울시 금천구 가산디지털 1로 83 파트너스타워 1차 9층
Tel. 02)402-3238, 406-3273 | Fax. 02)701-9386

E-mail : jireh@changjisa.com
Web-site : jireh.kr | Facebook : facebook.com/jireh77

책값은 표지에 있습니다.
ISBN 978-89-7435-396-4 03230

신 저작권법에 의하여 한국 내에서 보호받는 저작물이므로 저작권자의 서면 허락 없이
이 책의 어떠한 부분이라도 전자적인 혹은 기계적인 형태나 방법을 포함하여
그 어떤 형태로든 무단전재와 무단복제 하는 것을 금합니다.

恩師이신 韓泰東 教授님께 이 작은 책을 바칩니다.

서 문

역사학자 크로체(B. Croce)는 "모든 역사는 현대사"라는 간결하고도 핵심을 간파한 언명을 한 바 있다. 역사가의 현재적인 관심과 상황과 전망이 과거 역사 기술의 방향을 통제하기 때문이다. 복음서 기자들도 예외가 아니다. 각 기자들이 갖는 현재적인 입장이 수 십 년 전에 활동했던 예수를 묘사하는 색깔을 결정한다. 한 기자는 그가 서 있는 자리에서 벗어나 홀로 존재하지 않는다. 복음서 기자들은 넓게는 로마 제국이라는 피할 수 없는 현실과, 좁게는 그들이 각기 속한 신앙 공동체에 의해 영향을 받는다. 물론 이들도 상대에게 영향을 주는데, 전자에는 미미하게 후자에는 기자들에 따라 다양한 크기로 영향을 준다.

우리의 범위를 공동체로 제한한다면 기자들은 공동체에 의해 제약을 받는 동시에 공동체를 제약하게 된다. 곧 복음서 기자들이 과거의 예수를 그릴 때 각 기자들이 현재 속한 공동체의 상황이 그 주조 색을 결정짓고, 역으로 그들이 독특한 색깔로 채색한 예수상은 그들의 공동체의 방향에 영향을 준다.

마가공동체의 순례적 형태는 그 공동체에 속한 마가로 하여금 예수를 순례하는 카리스마적 리더로 그리게 하며, 동시에 이렇게 그려진 예수는 마가공동체의 순례적 형태에 정당성을 부여한다. 마찬가지로 마태공동체의 반로마 입장이나 선교적 형태, 누가공동체의 항거의 형태나 명예에 대한 관심, 신성공동체 또는 영생공동체로서의 요한공동체의 형태 등도 각기 예수에 관한 묘사에 영향을 주고, 이렇게 묘사된 예수는 각 공동체의 현재 형태를 강화해 나간다.

복음서에 묘사된 예수의 모습들 속에는 복음서 기자가 암시하는 각기 다른 독특한 상징세계가 함축되어있다. 성서학은 신학 일반과 마찬가지로 그 자체의 방법론을 갖지 못해왔다. 철학, 문학, 역사학, 사회학, 심리학과 같은 타 학문이 성서학의 주요 파트너였다. 성서학의 고유성, 더 나아가 신학의 독특성을 회복 내지 유지해 나가기 위해서는 성서에 반영된 각 공동체가 일상세계 속에 살면서도 그 세계를 초월하여 제시하는 상징세계에 관심을 기울이는 일이 필요하다.

포이어바하는 종교를 인간의 투사로, 곧 본질적으로 인간이 만든 것으로 보았다. 따라서 그는 신학을 인간학으로 환원시킬 것을 제안했다. 그러나 입장을 바꾸면, 신적 세계를 인간 세계의 투사(投射)로 볼 수도 있으나, 인간 세계를 신적 세계의 반영(反映)으로 볼 수도 있다. 사람들이 자신의 의미를 거룩한 것에 투사할 수 있는 것은 인간이 거룩한 것과의 유사성을 갖고 있기 때문이다. 신학적 고유성은 소위 그 종교적 투사가 "다른 세계"의 실재를 반영하고 있다는 가정에서 창출된다.

성서학은 성서의 저자들에 의해 제시된 종교적인 투사가 초월적인 실재와 상응한다고 전제하고, 이 실재의 흔적을 찾으려는 주석적 작업이다. 따라서 성서가 제시하는 초월적 상징세계를 규명하는 작업이 병행되어야 성서학은 물론 신학이 타 학문 속에 함몰되는 일을 피할 수 있을 것이다. 이 문제에 대한 서론적 연구는 부록에 첨부하였다.

이 연구는 연세대학교 연합신학대학원에서 제정한 "언더우드 신학 학술 연구비"의 지원에 의해 가능했음을 밝힌다. 원고 교정 작업을 섬세하게 도와준 김학철 박사와 연세대 대학원 박사과정의 이대주, 황정일, 민준홍 군에게도 깊은 감사의 뜻을 전한다. 이 책을 기꺼이 출간해 주신 이레서원 대표 김완섭 목사님과 전문가적 식견을 갖고 책을 편집해 주신 편집국장 윤상문 목사님에게도 감사를 전한다.

필자는 동·서양의 사유의 흐름을 한 눈에 파악하시고 제자들에게 깊은 통찰과 영감, 경탄과 경이로움의 세계를 끊임없이 보여주고 계신 연세대학교 한태동 명예교수님의 건강을 염원하며 이 작은 책을 그 분께 헌정하고 싶다.

2007년 6월
연세대 신학관에서
서 중 석

약어표

Afr Theol Journ	Africa Theological Journal
And Univ Sem Stud	Andrews University Seminary Studies
Ann Japan Bib Inst	Annal of the Japanese Biblical Institute
ANRW	Aufstieg und Niedergang der Römischen Welt
Ash Theol Journ	Ashland Theological Journal
Aus Bib Rev	Australian Biblical Review
BBR	Bulletin for Biblical Research
Bib Int	Bible Interpretation
Bib Today	Bible Today
Bib Trans	Bible Translator
Bib Rev	Bible Review
BTB	Biblical Theology Bulletin
CBQ	Catholic Biblical Quarterly
Curr Theol Miss	Currents in Theology and Mission
Evang Quart	Evangelical Quarterly
ExpT	Expository Times
Hor Bib Theol	Horizons in Biblical Theology
HTR	Harvard Theological Review
Ir Bib Stud	Irish Biblical Studies
JAAR	Journal of the American Academy of Religion
JBL	Journal of Biblical Literature
Jour High Critic	Journal of Higher Criticism
JSNT	Journal for the Study of the New Testament
JTS	Journal of Theological Studies
NTS	New Testament Studies
NovT	Novum Tetamentum
Persp Rel Stud	Perspectives in Religious Studies
SBL Seminar Papers	Society of Biblical Literature Seminar Papers
SBL Dissertation Series	Society of Biblical Literature Dissertation Series
SJT	Scottish Journal of Theology
West Theol Journ	Westminster Theological Journal
ZNW	Zeitschrift für die Neutestamentliche Wissenschaft

목차

서문 _ 6
약어표 _ 9

제1장 예수의 카리스마적 리더십과 마가공동체
1. 서언 _ 15
2. 카리스마와 주변성 _ 16
3. 혈연의 단절과 소유의 포기 _ 22
4. 고난과 순례의 길 _ 29
5. 결어 _ 35

제2장 마가복음서의 예수 - 대결적 국외자
1. 서언 _ 39
2. 종파의 유형 _ 40
3. 공개적 대결 _ 45
4. 은밀한 대결 _ 61
5. 결어 _ 67

제3장 마태복음서의 예수와 세례 요한
1. 서언 _ 71
2. 마태의 예수와 세례 요한의 반로마체제 공동전선 _ 72
3. 공동전선의 강령과 선포: 의와 하늘나라 _ 89
4. 공동전선의 상호 경쟁과 마태공동체의 전략 _ 99
5. 결어 _ 107

제4장 세계 심판 이야기와 마태공동체
1. 서언 _ 111
2. 양과 염소 _ 112
3. 지극히 작은 자들 _ 122
4. 결어 _ 132

제5장 세 번째 종의 비유와 누가공동체
1. 서언 _ 137
2. 귀인, 첫 번째 종, 두 번째 종 _ 138
3. 누가의 예수와 세 번째 종 _ 142
4. 누가의 세 번째 종과 마태의 세 번째 종 _ 149
5. 결어 _ 153

제6장 누가복음서의 예수와 검
1. 서언 _ 157
2. 해석 동향 _ 158
3. 유다의 위치 _ 163
4. 명예와 수치 _ 166
5. 결어 _ 169

제7장 요한공동체의 기원가설 비판
1. 서언 - 마틴과 브라운의 요한공동체 기원가설 _ 173
2. 요한공동체의 고기독론의 기원가설 비판 _ 175
3. 요한공동체의 축출가설 비판 _ 179
4. 결어 - 요한공동체의 이중 기독론적 전략 _ 182

제8장 요한복음서의 예수와 하강의 의미
  1. 서언 _ 187
  2. 버킷의 가설 비판 _ 187
  3. 예수의 하강 - 신적 특권의 상실 _ 195
  4. 상실의 표지 - 아버지보다 작은 예수 _ 206
  5. 결어 _ 208

제9장 요한의 예수와 신적공동체
  1. 서언 _ 213
  2. 신적공동체 _ 216
  3. 신적공동체의 지상적 제한 _ 224
  4. 신적공동체와 예수의 서열 관계 _ 227
  5. 결어 _ 230

제10장 요한의 예수와 영생공동체
  1. 서언 _ 233
  2. 요한의 예수와 요한공동체의 영생의 근거 _ 234
  3. 요한의 예수와 요한공동체의 영생의 전제 _ 243
  4. 요한의 예수와 요한공동체의 영생의 형태 _ 253
  5. 결어 _ 263

부록 1. 로버트 펑크의 역사적 예수 가설 비판 _ 265
  2. 신약성서의 상징세계 _ 289

참고문헌 _ 313
인명색인 _ 339

제1장
예수의 카리스마적 리더십과 마가공동체

제1장
예수의 카리스마적 리더십과 마가공동체

1. 서언

'카리스마'라는 용어는 우선 개인의 인격과 관련된 어떤 자질을 의미한다. 흔히 그것은 신적 능력을 직접적으로 받음으로써 얻게 되는 것으로 간주된다.[1] 카리스마의 정당성 문제에 있어서 중요한 것은 카리스마적 권위 아래 있게 되는 추종자들이 그것을 얼마나 인정하느냐 하는 문제이다. 카리스마적 자질을 가진 사람에 대한 추종자들의 전적인 헌신이 있을 때 카리스마적 리더십은 그 정당성을 확보하게 된다. 카리스마적 지도자를 따르는 추종자들은 전문적으로 훈련받은 사람들이 아니다. 지도자와 추종자 사이에는 임명이나 해고 같은 것은 없다. 단지 지도자의 '촉구'와 그 촉구에 대한 추종자의 '응답'이 있을 뿐이다. 촉구나 응답은 주로 '포기'와 '순례'의 형태로 나타난다. 카리스마적 리더십은 사회적·정치적 리더십이 위기에 처해 있을 때

---

1) Max Weber, *The Theory of Social and Economic Organization*, tr. by A. M. Henderson and Talcott Parsons (New York: The Free Press, 1947), 359.

나 삶의 의미나 목적의 전통적 근거가 파괴될 때 대두된다. 또한 사람들이 개인적으로나 집단적으로 권력상실감이나 자아상실감을 느낄 때 나타난다.[2]

마가복음서는 주후 66년에 촉발된 유대-로마 전면전쟁의 끝자락에서 기록됐다. 그 소위 '전쟁 복음서'에는 예수 이야기와 마가공동체의 이야기가 상호 밀접히 관련되어 나타나기 때문에, 이 장(章)에서 예수의 촉구는 마가공동체의 행태를 반영하는 동시에 그것을 강화하기도 한다는 전망을 채택한다. 이 소론의 목적은 카리스마적 지도자의 전형을 마가의 예수 이해의 한 측면에 적용하고,[3] 이를 마가공동체와 밀접히 관련시켜 그 공동체의 특성을 부분적으로 파악하려는 것이다.

2. 카리스마와 주변성

비교적 큰 사회로부터 소외된 사람들을 설득하기 위하여, 카리스마적 지도자는 그들이 다시 안도감을 얻을 수 있는 새로운 길을 제시함으로써 그들의 필요와 관심에 부응한다. 일차적인 문제들에 대한 카리스마적 지도자의 적절한 답변으로 말미암아, 카리스마적 지도자가 결국 궁극적인 문제들도 해결할 수 있을 것이라는 신뢰가 형성된다. 사실상 문제라는 것 자체가 기존의 가치 체계와 해답들에 대해서 그 지도자가 제시하는 새로운 해석에 의해 완전히 제거되기도 한다.

---

[2] *Ibid.*, 359f.
[3] 한편, 카리스마적 지도자의 특징 중 지도자의 의사전달 능력과 추종자들에게 능력을 부여하는 측면을 재조명하고, 이를 예수 연구에 접목한 것으로 Pierluigi Piovanelli, "Jesus' Charismatic Authority: On the Historical Applicability of A Sociological Model," *JAAR* 73 (2, 2005): 395-427를 보라.

카리스마적 지도자의 가르침에 의해서 추종자가 가지고 있는 과거의 정체성이 강제적으로 파괴된다. 새로운 정체성이 추종자들에게 선포되고 주어진다. 이것을 녹(A. D. Nock)은 "개인의 영혼 재교육"[4]이라고 명명하고, 몰(H. Mol)은 "새로운 시각이 정서적으로 인격 안에 자리 잡게 된 회심"[5]이라고 명명한다. 또한 오디(T. O' Dea)는 이것을 "새로운 그룹과 그 그룹의 가치에 자신을 일치시킴으로써 생긴 인격의 재편"[6]이라고 명명한다.

그러나 과거의 정체성(패턴)과의 분리 과정은 대개 "전통적 사회 구조를 포기하기 때문에 생긴"[7] 심각한 불안을 야기한다. 왜냐하면 과거의 신념은 거의 사라져가고 정체성의 새 초점은 아직 충분히 자리잡지 못했기 때문이다.[8] 이러한 불확실성은 새로운 불안을 창출한다. 새로운 정체성은 와해되기가 쉽기 때문이다. 몇몇 추종자들은 이전에 포기했던 과거의 신념으로 다시 돌아가기조차 한다. 따라서 카리스마적 지도자는 전형적으로, 새로운 정체성이나 새로운 세계관[9]이 추종자들에게 주어지기 이전, 추종자들이 과거에 가졌던 신념이 얼마나 무가치하고 적합하지 못한 것이었는지 재차 확인하도록 부추긴다.[10] 카

---

4) A. D. Nock, *Conversion* (Oxford: Clarendon, 1933), 7.
5) H. Mol, *Identity and the Sacred* (New York: The Free Press, 1976), 50f.
6) T. O' Dea, *The Sociology of Religion* (Englewood Cliffs, New Jersey: Prentice-Hall, 1966), 62.
7) H. C. Kee, *Christian Origins in Sociological Perspective: Methods and Resources* (Philadelphia: The Westminster Press, 1980), 74.
8) H. Mol, *Identity*, 53.
9) 여기에는 그리스도교의 회심 유형이나 선불교(Zen Buddhism)의 "사토리"(satori)와 같은 여러 유형들이 있다. "사토리"는 선에서, 하나의 새로운 관점을 의미하는 것으로서, 온 세상의 반대와 모순을 조화시키는 관점이다. D. T. Suzuki, *An Introduction to Zen Buddhism* (foreword by C. G. Jung, New York: Grove Press, Inc., 1964), 88. "자기 자신"을 온 세상에 이르는 관문으로 묘사하는, 몇몇 힌두교의 스승들은 세상을 이해하는 하나의 독특한 방법을 제공한다. J. Krishnamurti, *You Are the World* (New York: Harper & Row Publisher, 1972), 134f.
10) H. Mol, *Identity*, 50f.

리스마적 지도자는 추종자들이 과거의 가족 유대와 새로 규정된 가족 (새 공동체) 사이를 철저히 분리하도록 요구한다. 또 이전의 모든 일과 완전히 결별할 것을 요구한다. 추종자들에게는 새로운 공동체에 전적으로 헌신할 것이 촉구되기도 한다. 무엇보다도 새로운 정체성은 집단의 유대를 강화시키는 기능을 하는 제의에 의해서 효과적으로 공식화되고 강화된다. 이러한 제의가 계속 실행됨으로써 사회의 주변에 있는 추종자들은

> 높은 종교적 지위를 낮은 사회적 지위와 바꾸기 시작한다. … 한 때 가난하고 경멸을 받고 부랑아였던 자신이 어느날 하나님의 성스러운 자들 중 하나가 되는 최고 중의 최고로 여김을 받게 된다. 나중된 자가 먼저 된다. 아무 것도 달라지지 않았지만 모든 것이 변화된 것을 체험하게 된다.[11]

추종자들은 그들 나름대로의 독특한 방식으로, 강력하고 저항할 수 없었던 세계를 극복한 사람들이다.

카리스마적 지도자라는 표현은 마가가 그리고 있는 예수의 모습을 비교적 잘 나타내 준다. 카리스마적 지도자에게 필수적인 자격 요건이 되는 신적 능력이 예수가 세례 요한에게 세례를 받을 때 분명히 나타난다. "… 하늘이 열리고 성령이 그 위에 비둘기처럼 내려오면서 하늘에서 소리가 났다. '너는 내가 사랑하는 아들이다. 내가 너를 기뻐한다'"(막 1.10-11). 마가는 이 사건을 일반 사람은 가질 수 없는 신적 능력과 카리스마적 자질을 예수가 가지고 있음을 나타내는 암묵적인 표

---

11) Werner Stark, *The Sociology of Religion* (London: Routledge and Kegan Paul, 1967), 158f.

징으로 이해했다. 더구나 예수의 첫 시험기사 보도(막 1.12-13)는 예수를 백성의 실제적인 지도자로 부각시킨다.[12]

예수의 초기 정황에 관한 마가의 언급들은 예언자적, 묵시적 인물인 세례 요한과 밀접하게 연결되어 있다. 세례 요한의 메시지는 예언자적 사상을 종말론적으로 철저화 한 것이다.[13] 세례 요한의 옷과 음식(막 1.6)은 금욕주의라는 견지에서만 설명될 수는 없다.[14] 곧 그것은 종말론적 생활 스타일로 이해될 수 있다. 메뚜기와 석청은 "전형적으로 사막에서 유랑하는 부족들이 먹었던 음식"[15]이다. 세례 요한의 삶은 종말론의 영향으로 인하여 세상적 가치 체계를 포기한 것으로 보는 것이 적절하고 또한 유력하다.[16] 세례 요한은 그 시대에 유명한 카리스마적 지도자였다. 따라서 세례 요한의 외모에 대한 묘사는 마가에서 전혀 의도적인 것이 아니라는 슈바이쩌(E. Schweizer)의 주장[17]은 적절하지 않다. 왜냐하면 세례 요한이 활동하는 곳에 예수의 첫 등장을 설정한 것은, 마가가 자신의 공동체로 하여금 앞으로 있을 예수의 메시지, 생각, 활동을 예측하도록 하기 위한 것이기 때문이다.

카리스마적 지도자의 부름에 응하는 사람들은 대개 소외된 그룹의

---

12) J. W. van Henten, "The First Testing of Jesus: A Rereading of Mark 1.12-13," *NTS* 45 (3, 1999): 349-366. 여기서 반 헨텐은 40일의 기간을 출애굽 이후 40년간의 광야 생활과 관련시키고 있는 바, 그는 그 40년을 주와 백성과 그 지도자가 함께 시험을 받은 기간으로 해석한다.
13) Martin Hengel, *The Charismatic Leader And His Followers*, tr. by J. Greig (New York: Crossroad, 1981), 36.
14) E. LaVerdiere는 세례 요한의 옷과 음식에 관한 마가의 묘사를 성찬의 주제와 관련시킨다. 그의 "In the Following of Christ. The Eucharist in the Gospel According to Mark-II. Locusts, wild Honey, and the Bread of Angels," *Emmanuel* 106 (2, 2000): 68-76을 보라.
15) H. Anderson, *The Gospel of Mark* (New Century Bible Commentary, Grand Rapids: WM. B. Eerdmans Publ. Co., 1976), 72.
16) M. Hengel, *The Charismatic Leader*, 36.
17) E. Schweizer, *The Good News According to Mark*, tr. by D. H. Madrig (Atlanta: John Knox Press, 1970), 33f.

사람들이다. 소외된 그룹은 스스로 사회적 주도 세력의 특권에 접근할 권리를 박탈당했다고 생각한다. '소외 그룹'은 다른 여러 가지 이름으로 불릴 수 있다. 파슨스(Talcott Parsons)의 '상대적 비특권 그룹', [18] 윌슨(Robert R. Wilson)의 '주변 그룹', [19] 몰의 '변두리 그룹' [20]이 그것이다. 이러한 정의에는 약간의 개념 차이가 있으나 그 차이는 그리 중요하지 않다. 특히 몰의 '변두리'라는 용어는 인종관계와 관련된 사회학적 문헌에서 빌려온 것인데, 사회적 경계선상, 또는 규모가 큰 집단의 경계선상에 위치하고 있어 완전히 소속된 것도 아니고 철저히 배척 당하지도 않는 사람들이나 그룹들에 적용된다.[21] 주로 이들이 카리스마적 지도자의 부름의 대상이다.

그러나 몰은 카리스마적 '지도자들'은, 그들의 부름에 응하는 대상 그룹들과는 달리, 그 사회의 '외부'에서 들어온 변두리의 인물들보다는 그 사회의 '내부'에서 주로 생겨난다고 주장한다. 몰에 따르면, 변두리적 인물은 엄밀하게 말해서 대개 지도자로서 유능하지 못하다는 것이다. 왜냐하면 그는 자기가 있었던 이전의 세계와 그가 현재 자신을 발견하는 새로운 세계 모두에 대해 확신이 없기 때문이라는 것이다. 몰은 카리스마적 '지도자들'과 사회적 변두리성을 연결시키고 싶지 않다고 역설한다.[22]

이 주장이 일반적으로 타당성이 있다고 하더라도 마가의 예수에는 적용될 수 없다. 왜냐하면 그는 멸시당하고 힘없는 곳인 갈릴리의 조

---

18) Max Weber, *Sociology of Religion* (tr. by E. Fischoff, introd. by T. Parsons, Boston: Beacon Press, 1963), xliv.
19) R. R. Wilson, "From Prophecy to Apocalyptic: Reflections on the Shape of Israelite Religion," *Semeia* 21(1981): 84.
20) H. Mol, *Identity*, 31f.
21) *Ibid.*, 31.
22) *Ibid.*, 45.

그만 마을 나사렛 출신이기 때문이다(막 1.9; 1.24; 10.47; 14.67; 16.6). 갈릴리 사람들은 피의 순수성을 자랑하는 예루살렘의 유대인들의 모욕적인 태도로 인하여 오랜 세월동안 멸시를 당해왔다. "…갈릴리에서는 예언자가 나지 않는다"(요 7.52)는 조롱이 이러한 갈릴리의 변두리성을 잘 보여준다.[23]

갈릴리의 작은 마을들과 도시들 중에서 특히 나사렛은 "구약성서나 요세푸스, 그 지명에 관한 탈무드의 침묵, 예수 시대의 일반적 견해가 나타내 주듯이 별로 중요하지 않은 장소로 간주되었다. 신약 시대에 그 곳은 그 지역의 주요 도시인 세포리스에 가려져 있었다."[24] 더욱이 마가의 예수는 회당에 있는 사람들에게 무시를 당한다. "'이 사람은 마리아의 아들이고 야고보…의 형제인 목수가 아니냐?' 그리고 그들은 예수를 배척하였다"(막 6.3). '마리아의 아들'이라는 것은 그들이 아버지의 이름을 갖지 못한 예수의 모호한 탄생을 경멸하고 있었던 분위기를 반영한다. 가부장적 사회에서 어머니의 이름이 아닌 아버지의 이름은 전형적으로 한 개인의 근본을 나타내는 것이 일반적이다. 마가가 요셉이라는 이름을 마리아의 남편으로 언급하지 않고 있다는 것은 주목할 만하다. 이것은 마태가 그 이름을 11회, 누가가 8회 언급하고 있는 것과 날카롭게 대조된다. 이 구절에서 마가는 예수가 비특권적이고 주변적이고 멸시당하는 그룹 출신이라는 것을 암묵적으로 알리려고 했다. 마가에는 예수가 규모가 큰 사회 '내'의 특권 그룹 출신이라는 증거가 하나도 없다. 이 점 역시 마태가 그린 예수와 현저한 차이를 보여준다. 마태의 예수는 첫 장의 족보가 보여주듯이 왕가 출신

---

[23] Madeleine S. Miller and J. Lane Miller, *The New Harper's Bible Dictionary*, 1973 ed., s.v. "Galilee."
[24] *Ibid.*, s.v. "Nazareth."

으로 묘사되기 때문이다.

3. 혈연의 단절과 소유의 포기

예수를 카리스마적 지도자로 묘사하려는 마가의 전략은 예수가 제자들을 부르는 모습에서 효과적으로 드러난다. 소명 장면에 나타나는 몇가지 공통된 요소들이 있다. 예수의 부름은 평범한 일상성을 뚫고 들어온다. 추종자들은 예수의 부름에 대한 자신들의 결정을 유보할 수 없다. 그 부름이 뜻밖에, 그리고 준비 없이 찾아오는 것으로 그려지고 있다. 마가에는, 예수가 부른 사람들이 전에 세례 요한의 제자였거나, 예수의 설교나 활동을, 이전에 들었던 적이 있었다는 아무런 암시도 없다. 이것이 요한복음서와 현저하게 다른 점이다. 예수는 갑자기 나타나서 제자들을 부르고 즉시 응답할 것을 요구한다. 예수의 부름에 대한 마가의 보도에서 응답도 거부도 아닌 중립적 태도란 있을 수 없다.

마가복음에서 예수를 따른다는 사상은 여러 가지로 표현되어 있다. 1장 20절의 'ἀπέρχεσθαι', 8장 34절의 'ἔρχεσθαι', 2장 14절 이하와 8장 34b절의 'ἀκολουθεῖν' 이 그것이다.[25] 마가복음에서 '…를 따르다' 라는 단어는 제자도를 가리키는 전문 용어이다. 유대 랍비들 역시 자신의 학생들이 있지만 랍비 모델은 '따르다' 와 '제자도' 를 설명하지 못한다. 랍비 이야기의 '부름' 과 '따름' 은 마가의 것과 유사한 점을 갖지 않는다.

---

25) V. Taylor, *The Gospel According to St. Mark* (London: Macmillan Publishing Co., 1963), 169.

마가가 본 예수는 유대교의 랍비와는 다르다. 이점은 마태복음서와는 구별된다. 예수에게는 학교 수업의 분위기, 즉 단계적 교수법, 잘 정리된 암기술, 여러 해에 걸친 집중 연구, '40세에 토라에 입문하여 13년 후에는 많은 사람들에게 토라를 가르쳤다' 라는 독특한 경력에 관한 유대교적 서술에 나타나는 것과 같은 모습이 없다. 또한 추종자의 경우에도 장차 유명한 선생이 되고자 하는, 학생의 목표가 완전히 결여되어 있다.[26]

또한 랍비의 학생은 때때로 선생을 바꾸라는 권고를 받기도 한다. 이점에서 예수와 추종자의 관계는 랍비와 학생의 관계와 구별된다. 예수의 제자들에게 있어서 이러한 일은 불가능하다. 더구나 예수는 그가 선택한 사람들을 부르지만 랍비는 사람들이 찾아오기를 기다린다.[27] 마가가 본 예수의 경우, 제자가 되는 것은 항상 그가 어떤 사람을 보고 그를 부르는 데서 시작한다.[28] 이것 또한 요한복음서의 일부 보도와는 구별된다. 곧, 그 복음서에는 추종자들이 주도권을 갖고, 예수가 부르기 전에 그들이 먼저 그를 찾는 경우가 종종 있다. 가령, 베드로의 경우가 그러하다(요 1.42-43).

그러나 마가복음에서는 예수가 주도권을 갖고 있다.[29] 거라사의 귀신들린 자를 치료해 준 이야기(막 5.1-20)는 이러한 예수의 주도권을 가장 잘 나타내 주고 있는 본보기들 중 하나이다. "예수께서 배에 오르

---

26) M. Hengel, *The Charismatic Leader*, 53.
27) H. Anderson, *Mark*, 87.
28) E. Schweizer, *Mark*, 48.
29) T. B. Liew는 마가는, 예수에게만 절대적 권위를 귀속시킨다는 점과 내부-외부의 날카로운 구분을 강조한다는 점에서 제국주의적 이념을 내면화했다고 강조한다. 그의 "Tyranny, Boundary and Might: Colonial Mimicry in Mark's Gospel," *JSNT* 73 (1999): 7-31, 특히 13-23을 보라.

실 때에 귀신들렸던 사람이 함께 있기를 청했으나 그(예수)가 거절하였다(막 5.18-19)."30) 이것은 마가공동체의 멤버십이 누가공동체의 그것과 비교해볼 때 제한되어 있음을 반영한다.

그 부름을 받아들이는 경우, 충실히 제자직을 수행할 것이 예수의 추종자들에게 요구된다. 이 과정에서 어느 것이 중요한가에 대한 우선권이 바뀐다. 새로운 사고와 행동 양식이 제자직을 행하는 데 요구된다.31) 제자들이 예수를 따르는 일 이외에 다른 일을 한다는 것은 있을 수 없는 일이다.32) 예수의 부름에 응하려면 모든 세상적인 관심을 포기해야 한다. 제자직의 철저성은 모든 일반적인 인간적 유대와 이전에 했던 일을 포기하라는 예수의 분명한 요구에 명백히 나타난다.33) 'ἀφίημι' 라는 단어는 마가에서 자주 '떠나다', 혹은 '포기하다' (15회), '허락하다' (10회), '용서하다' (9회)로 사용된다. 이 모든 것은 결단력을 전제하고 고된 훈련을 필요로 한다. 어부들34)은 가족들을 남겨 두었다. 마가는 "그들은 그 아비 세베대를 버려두고 떠났다"고 보도한다. '가족'이라는 것은 개인이 그 안에서 자신의 진정한 사회적 정체성을 발견하는 중요한 기본 단위이다. 일반적으로 고대 사회에서 계급적 지위는 개인적 현상이기보다는 가족적 현상이다. 그것은 또한 일단 획득되면 몇 세대동안 상속, 유지되는 경향이 있다. 이러한 경우 가족이나 친족은, 한 개인이 사회적 정체감을 구축하는 데 중요한 요인이

---

30) 당시의 정치적 정황에서 이 이야기를 해석한 연구로는 Richard Dormandy, "The Expulsion of Legion: A Political Reading of Mark 5:1-20," *ExpT* 111 (10, 2000): 335-337를 보라.
31) E. Schweizer, *Mark*, 49.
32) H. F. Peacock, "Discipleship in the Gospel of Mark," *Review and Expositor* 75 (1978): 555-64.
33) B. B. Colijn은 마가의 제자도는 구원의 현저한 모델로까지 부각된다고 주장한다. 그의 "Salvation as Discipleship in the Gospel of Mark," *Ash Theol Journ* 30 (1998): 11-22를 보라.
34) 고대의 어부들에 대한 자세한 정보를 위해서는 W. Wuellner, *The Meaning of "Fishers of Men"* (Philadelphia: The Westminster Press, 1967)을 보라.

된다. 가족 유대의 파괴는 가족 유대가 매우 강조되는 가치 체계를 경시하는 결과를 산출해 낸다.35) 마가는 개인의 참된 모습은 혈연의 가족 개념에서가 아니라 새로 정의된 가족, 즉 새 공동체에서 찾아야 한다고 설명한다(막 3.31-35; 10.29-30).36)

어부들은 예수를 따르기 위하여 가족들을 버렸을 뿐만 아니라 그물과 배도 버렸다. 생계의 수단(그물, 배, 직업)을 버리라는 말에는 지도자를 따르겠다는 결심이 철두철미해야 한다는 것을 강조하려는 의도가 담겨져 있다. 추종자들은 "모든 것을 버려야 한다"(막 10.28).37) 부자가 예수를 따르는 데 실패한 것은 그가 기꺼이 자기 재산을 버리지 못했기 때문으로 설명된다. 따라서 마가의 예수가 "약대가 바늘귀로 들어가는 것이 부자가 하나님 나라에 들어가는 것보다 쉽다"(막 10.25)고 경고한 것은 당연하다. 이 말씀은 부(富)가 아니라 가난이 마가 제자도의 중심임을 나타내 준다. 또한 그것은 부나 소유에 관심이 없는 마가공동체의 현재 상태를 반영한다.

일반적으로 부는 삶의 선택의 폭을 넓히고, 생활 스타일이나 기회를 다양하게 한다. 부는 폭넓은 선택의 가능성들을 제공한다. 부의 소유 자체가 소유자에게 특권을 준다. 더구나 일반적으로 부는 성공과 힘의 상징이다. "소유는 단순히 인간의 내적인 마음 상태를 나타내는 것

---

35) 막 1.20; 10.29; 참조. 마 8.22. 눅 14.26은 훨씬 더 분명하게 이러한 극단적인 단절을 나타낸다.
36) 막 3.20-35에 관한 최근의 심리분석학적 접근을 위해서는 G. Aichele, "Jesus' Uncanny 'Family Scene'," JSNT 74 (1999): 29-49를 참고하라. 또 마가복음서의 가족 관계 및 가족 언어를 당시의 견유학파 및 알렉산드리아의 필로의 것과 비교한 연구로는 Stephen P. Ahearne-Kroll, " 'Who Are My Mother and My Brothers?' Family Relations and Family Language in the Gospel of Mark," Journal of Religion 81 (1, 2001): 1-25를 보라.
37) M. Lattke는 막 10.28-30의 제자직에의 부름 기사를 초기 기독교 개종과 관련시키고, 이것이 이미 Q(눅 14.26-27; 마 10.37-38)와 도마복음서 55 및 101에 반영되어 있다고 해석한다. 그의 "The Call to Discipleship and Proselytizing," HTR 92 (3, 1999): 359-362를 보라.

이 아니다. 그것은 사람들 사이의 관계가 권력 게임에 기초되어 있음을 나타낸다. 소유는 권력의 표시이기도 하다."[38] 그러나, 권력을 나타내고, 무엇보다 인간의 가치를 상징적으로 측정하는 이 부는 "재정적인 것만이 아니라 인간의 존엄성에도 위기를 초래하기 쉽다."[39] 마가의 예수는 이 부와 소유를 포기하고, 비난[40]할 것을 요구한다. 실제로 마가공동체 멤버들은 그럴 자격이 있다. 왜냐하면 소유도 없고 빵이나 주머니도 없고 한 벌 옷만 가진(막 6.8-9), 가난한 사람, 이 마을에서 저 마을로 떠돌아 다니는 사람(막 6.10-11)만이 부자와 재산의 소유에 관해서 진정으로 비판할 수 있기 때문이다. 이것은 어떤 개인이 자신의 소유를 포기했을 때만이 가능할 것이다. 소유를 포기하는 것은 제자직을 온전히 수행한다는 것을 나타내 주는 중요한 표시들 중 하나이다. 소유를 버리는 것은 세상적인 권력에 대한 애착과 욕망의 상징을 버리는 것을 뜻한다. 마가는 재물은 자라나는 말씀의 씨를 막아서 결실하지 못하게 하는 가시처럼(막 4.19) 사람들을 기만한다고 판정한다.

문제는 이러한 소유를 포기하는 태도가 과연 마가복음 10장 28-30절에 기록된 "이 세대"에서 그 포기한 것과 유사한 대치물로 보상될 수 있는가 하는 것이다.

---

38) L. T. Johnson, *The Literary Function of Possessions In Luke-Acts,* SBL Dissertation Series 39 (Missoula, Montana: Scholars Press, 1977), 221.
39) John G. Gager, *Kingdom and Community* (New Jersey: Prentice Hall, Inc., 1975), 24.
40) M. Hengel은 예수가 베드로의 집에서 베드로의 장모를 치유한 기사(막 1.29ff.)를 본보기로 제시하면서 "이 집은 예수가 자신의 전도 여행기간 동안 기지로 사용한 곳이다"라고 주장한다. 그의 *Property and Riches in the Early Church: Aspects of a Social History of Early Christianity,* tr. by J. Bowden (Philadelphia: Fortress Press, 1974), 27. 그의 주장은 가능하긴 하나, 명백하게 논증하지 못한 한계점을 갖고 있다.

베드로가 그에게 말하기 시작하였다. '주여, 우리가 모든 것을 버리고 당신을 따랐습니다.' 예수께서 대답하였다. '진실로 내가 너에게 이른다. 나와 복음을 위해서 집이나 형제, 자매나 어머니나 아버지나 자녀들이나 토지를 버린 자는 이 세대에 핍박과 함께 집들과 형제들, 자매들과 어머니들과 자녀들과 토지들을 받고 내세에 영생을 얻지 못할 사람이 하나도 없다.'

타이센(G. Theissen)은 "지역 공동체에서의 동조자들의 역할"이라는 주제로 이 문제에 해답을 시도한다. 타이센에 따르면, 예수 운동과 복음 전승을 카리스마라는 견지에서만 이해하는 것은 불가능하다는 것이다. 방랑하는 카리스마들과 함께 안정된 동조 그룹들인 '지역 공동체'가 있었다는 것이다. 마가복음 13장 14절 이하는, 타이센에 따르면, 지역 공동체의 심리 상태를 파악하는 데 빛을 던져 준다는 것이다. 여기에는 집을 버릴 준비가 보이지 않게 내재되어 있고, 사람들은 그들이 곧 집을 잃고 정처없이 떠돌아다니게 될지도 모른다는 것을 마음에 두고 있었다는 것이다.[41] 제자들은 예수 운동을 지원하는 자들에게서 그들이 남겨두고 온 가족들에 대한 백배의 보상을 찾는다고 타이센은 해석한다.[42]

그러나 이러한 타이센의 주장은 논란의 여지가 있다. 왜냐하면 이 구절(막 10.30)이 강조하는 것은 동조자들로부터의 지원이 아니라, 이 세상에서의 사회적 손실에 대한 심리적 보상에 있기 때문이다. 곧, 그 보상은 타이센의 가정과는 달리, 문자 그대로의 물질적, 가시적 보상이

---

41) G. Theissen, *Sociology of Early Palestinian Christianity*, tr. by J. Bowden (Philadelphia: Fortress Press, 1978), 17-18.
42) *Ibid.*, 12.

아니다. 그 보상은 새로 정의된 가족, 즉 새로운 공동체 안에서만 주어질 수 있다. 이러한 반론은 잃어버린 것과 새로 얻은 것을 주의깊게 살펴보면 더욱 확실해진다. 버린 것은 그의 '어머니'(10.29)이지만 현재 보상으로 받은 것은 '어머니들'(10.30)이다. 여기서 '어머니들'은 혈육이 아니라, 공동체 '내부'의 어른 여성들을 나타낸다. '외부'의 지원자는 '어머니들'로 불리어 지지 않는다.

> 원래 아내들과 자녀들과 세상의 재물에 의해서 이루어졌던 일들은 새로운 언약 백성들의 새로운 현실에 의해 충족된다.[43]

타이센의 가설의 문제점은 '토지' 항목에서 보다 분명히 드러난다. 곧, 토지를 버린자는 토지를 백배나 받는다는 말씀은 타이센의 가설대로라면, 실제로 지역 지원자들로부터 가시적인 토지를 받는다는 뜻이 되어야 하나, 이러한 보상은 가능하지 않다. 오히려 이 말씀은 마가공동체의 순례적 성격을 효과적으로 드러낸다. 말을 바꾸면, 이 말씀은 이곳 저곳 순례하는 토지 모두를 너희들의 것으로 간주하고 살라는 새로운 정신 세계를 제공한다. 더구나, 이러한 보상 품목들을 '핍박을 겸하여'(10.30) 받는다는 보충이 타이센의 가설을 어렵게 한다. 곧, 지역 지원자들이 마가공동체 멤버들을 지원하면서 핍박을 함께 가한다는 것은 있을 수 없기 때문이다.

마가복음 10장 28-30절은 "형제들이나 자매들이나 어머니나 아버지나 자녀들"이 죽임을 당하는 유대-로마 전쟁 기간 중에 마가공동체가

---

[43] H. C. Kee, *Community of the New Age: Studies in Mark's Gospel* (Philadelphia: The Westminster Press, 1977), 90.

엄청난 사회적, 정신적 피해를 입었음을 반영해준다. 마가공동체의 구성원들은 목자 없는 "양과 같다"(막 6.34). 그들은 각기 "흩어진 양"(막 14.27)으로 묘사된다. 목자 없이 흩어진 가련한 양으로 공동체의 멤버들을 묘사한 것은 전쟁으로 인한 재난의 상황과 걸맞는다. 이 주장은 "핍박과 함께"(막 10.30)라는 마가의 편집구에 의해 더욱 강화된다. 새 공동체가 주는 보상은 "핍박과 함께" 주어진다. 이 구절은 전쟁 동안 계속 핍박을 받고 있었던 마가공동체의 불안한 정황을 반영한다.

4. 고난과 순례의 길

마가의 예수는 끊임없이 순례한다. 그는 자신의 '고향으로 갔다'(막 6.1). 그는 '달마누다 지방으로 갔고'(8.10), '가이사랴 빌립보 여러 마을로 갔다'(8.27). 그는 높은 산에 올라갔다, 내려왔으며(9.2, 9), 여리고를 들려 베다니로 갔다(10.46; 11.1). 결국, 그 길은 겟세마네로 이어진다(14.32). 이러한 현상은 마가의 반복되는 '길' 주제에 의해 더욱 강화된다. 마가복음서의 첫 성경 인용은 '길'에 관한 것이다(1.2-3). 세례 요한이 예비할 것은 주의 길, 곧 이 경우에는 예수의 길이다. '길에서'(ἐν τῇ ὁδῷ)도 마가의 주요 주제이다(8.27; 9.33, 34; 10.52). 이러한 예수의 순례성에 관한 묘사는 마가공동체의 순례적 특성을 보다 더 강화 시켜준다.

마가공동체는 선교 여행을 위하여 고향을 떠날 것을 요구받는다. 마가 6장 7-13절에는 마가공동체 멤버들의 순례적 특성과 그 고달픔이 생생하게 묘사되어 있다.

> 예수는 제자들에게 여행을 위하여 아무 것도 가져가지 말라고 명령했다. … "너희가 들어가는 집에서 그 곳을 떠날 때까지 머물러라. 만일 어떤 곳이든 너를 영접하지 않고 네 말을 듣지 않으면, 떠날 때 그들이 너를 거부한 증거로 네 발에 묻은 먼지를 떨어 버려라"(막 6.8, 10-11)

선교 여행 과정에서의 거부가 빈번히 예견되고 있다. 추종자들은 "그들의 나라나 친족, 집"에서 환영받으리라고 기대해서는 안 된다는 것이다(참조. 막 6.4). 왜 그런가? 그들은 고향, 친척, 집과 결별하였고 이들에 대한 책임을 이미 소홀히 하였기 때문이다. 혈연과 지연이 매우 강조되었던 전통 사회에서 이러한 순례적 성격은 예수의 추종자들에 의해서 버림을 받았던 그 가족들에게는 거의 용납될 수 없는 것이었다. 예수 운동에 가담했던 추종자들의 가족들은 예수에 대해 깊은 반감을 가지고 있었을 것이다. 심지어 예수 자신도 그의 친속에 의하여 미친 사람으로 취급당했을 정도이다(막 3.21).[44]

추종자들은 이 마을이나 저 마을에서 거절당하고 핍박받게 될 것으로 예고된다. 마가공동체의 이러한 철저성과는 대조적으로, 누가는 (물론 그가 여전히 마가의 극단적인 요소들 중 많은 부분을 가지고 있다고는 해도) 그 날카로운 끝을 무디게 하는 경향이 있다.

> 그리고 그가 그들에게 말했다. "내가 너희들을 지갑이나 주머니나 신발 없이 보내었을 때, 너희에게 부족한 것이 있었느냐?" "그러나 이제 지갑이 있는 사람은 그것을 갖게 하고 가방도 갖게 하라. 그리고 검이 없는 사람은 겉옷을 팔아서 검을 사게 하라"(눅 22.35-36).

---

44) G. Theissen, *Sociology*, 12.

타이센은, 누가는 이 단락에서 예수가 급진적인 요소들을 폐지하기 위해서만 그 급진적인 자료들을 포함하고 있다고 주장한다(눅 22.35-36). 타이센에 따르면 이렇게 폐지하는 것은 누가의 삶의 정황을 반영한다. 즉 누가는 자신의 교회를 괴롭혔던 최초의 순례하는 카리스마들의 후손들에 대하여 논쟁한다.[45] 그러나 타이센의 이러한 주장은 설득력이 부족하다. 왜냐하면 누가 22장 35-36절은 급진적인 내용이 아니기 때문이다.[46]

누가가 마가의 반세속적 관심의 날카로운 끝을 무디게 한 것은 아마도 피할 수 없는 일이었을 것이다. 왜냐하면 누가공동체의 사회-경제적 수준이 상승하는 만큼 그들의 숫자가 엄청나게 증가하였기 때문이다. 비특정 그룹에서 열 둘을 선택한 마가(막 3.13-19)와 달리 누가복음 6장 12절 이하에서는 12사도가 "그의 제자들" 중에서 선택된다. 누가복음에서 제자는 12사도를 뜻하지 않는다. '제자'라는 용어는 이제 큰 규모의 그룹을 나타내는 의미로 사용된다. 심지어 누가는 "제자의 허다한 무리"를 언급한다. 극히 드문 몇 가지 경우를 제외하고는, 예수를 믿는 자와 따르는 자는 모두 제자로 불린다. 그 그룹의 크기는 일정하게 고정되어 있지 않다. 누가는 그의 독자들을 전체적으로 그 제자들과 동일시하고자 하였다. 제자들은 누가 시대의 교회를 나타내는 커다란 포괄적인 그룹이다.[47] 누가복음에서 철저성이 약화된 것은 다

---

45) G. Theissen, "Itinerant Radicals: Sociology of Literary Aspects of the Tradition of the Words of Jesus in Early Christianity," *Radical Religion* (Vol. 2, Berkeley, 1975), 84-93.
46) 여기에 관한 상세한 주석을 위해서는 본 저서의 제 6장을 보라.
47) 사도행전에서는 열둘(또는 사도들)과 많은 수의 제자들은 명백하게 구분되어 묘사된다(6.1). μαθηταί라는 용어는 결코 열둘이라는 용어에 적용된 적이 없다(6.7). 다메섹(9.25)과 예루살렘(9.26)과 욥바(9.36, 38), 그리고 다른 도시들(13.52; 14.20, 22, 28; 15.10; 19.1, 9, 30)의 멤버들은 "제자들"이라는 용어에 포함되었다.

른 가치 체계를 가진 다양한 사람들을 포괄하고 있는 누가공동체의 큰 규모에 걸맞는 일이라 하겠다. 마가공동체는 이러한 누가공동체와는 판이하게 다르다.

추종자들의 순례 성격에 대한 마가의 기술은 마가공동체가 현재 순례하고 있음을 반영한다. 마가복음서에서 무리는 예수가 여행하는 동안에 동행자가 된다. 때때로 무리는 아무 것도 먹을 것이 없는 상태로 "이미 사흘"을 예수와 함께 있기도 하였다(막 8.2). 그들 중에서 몇 사람은 멀리서 오기도 하였다(8.3). 예루살렘에서 올라가는 도중에(10.32; 11.1), 그리고 예루살렘에 들어가서 활동하는 가운데(11.18) 그들은 예수의 믿음직한 동행자가 된다. 그들 중 일부는 그(예수)가 갈릴리에 있을 때 그를 따르고 섬기던 자들인 "막달라 마리아, 작은 야고보와 요세의 어머니 마리아, 살로메"(15.40 이하)를 포함한 여인들이었다. 또 "그(예수)와 함께 예루살렘에 올라온"(15.41) 다른 많은 이름 없는 여인들도 함께 순례에 참여한다.

마가공동체의 순례적 성격은 농촌 배경과 잘 어울린다. 예수 생애의 마지막 기간 중 예루살렘에서 보낸 짧은 기간을 제외하면 마가의 예수는 거의 팔레스틴의 이 마을 저 마을을 돌아다닌 것으로 묘사된다.[48] 마가복음서에는 명백하게 도시에 대한 반감이 나타나 있다. 마가의 예수는 특색있게 "언덕 위에서"(막 3.13; 9.2; 13.3)나 "바닷가에서"(1.16; 4.1; 5.1, 12), "푸른 잔디"에서(6.39), "광야"에서(1.12; 1.35; 1.45; 6.31f; 8.4) 가르치고 활동하였다. 마가는 그의 편집구에서 예수가 도시를 피하는 것으로 묘사한다. 멸망의 가증한 것이 있어서는 안 될 곳에 서게 될

---

48) 물론 예수가 두로와 시돈과 데가볼리에 여행했다는 것이 언급되었다(7.31). 그러나 이러한 언급들을 순서대로 추적하는 것은 불가능하다.

때, 도시 대신에 예루살렘 밖에 있는 산이 바람직한 피난처로 제시된다(13.14). 또한 "들에 있는"(13.16) 농부에게 도시에 있는 집으로 피난하지 말라는 경고가 주어지고 있다.[49] 마을과 들판이 자주 언급되고 있다(여러 곳에). 도시는 마가의 예수가 물러난 장소이다.

> 그리고 저녁이 되자 예수는 도시 밖으로 나갔다 (막 11.19)

큰 다락방에서 은밀히 모임을 가질 때(14.5)를 제외하고, 예수는 예루살렘 밖, 마을에서 살았다. 도시는 예수에 대한 부당한 재판과 처형에 책임을 져야할 곳으로 제시된다. 마가는 예수를 마을 사람들의 접대로 생계를 잇는 순례하는(마을들이나 작은 고을들 사이를) 인물로 묘사한다.

> 그리고 그는 거기에서 일어나 두로와 시돈 지역으로 갔다. 그리고 어느 집으로 들어갔다(7.24)

> 그가 베다니 문둥이 시몬의 집에서 식사할 때 …(14.3)

마가의 예수는 그의 선교를 갈릴리에서 시작하여(1.14) 예루살렘 밖에 위치한 골고다에서 끝마친다(15.22, 24). 이러한 마가의 반-도시적 경향은 바울의 친-도시적 경향과 날카롭게 대조된다.[50] 바울은 소아시아

---

49) 만일 이러한 경고가 도시에 거주하는 자들을 위해 고안되었다면, "농장의 노동자들 보다는 오히려 시민들이나 장인들을 언급하는 것이 보다 자연스러웠을 것이다." V. Taylor, *Mark*, 512f.
50) Ramsey MacMullen은 시골과 도시의 가치 체계들 사이에 일어나는 전형적인 갈등 현상을 설명한다. "그들은 우호적이지 않다. 그 두 세계는 서로, 한편에서는 다른 한편을 꼴사나운, 야비한, 무식한, 미

중앙에서 마게도니아를 거쳐 남으로 펠로폰네소스에 이르는 길을 따라 이 도시에서 저 도시로 여행하였다. 규모 면에서 '바울의 도시들은' 빌립보처럼 약간 작은 도시에서부터 에베소, 고린도처럼 길게 뻗어 있는 도시들까지 있다. 그러나 그것들은 통치기구, 문화, 주민들의 의식 측면에서 모두 도시(적)이다.[51]

이러한 바울의 친-도시적 경향은 마가의 반-도시적 태도와 상당한 차이를 보여준다. 마가복음서에서의 반-도시적 경향은 마가공동체가 로마[52]나 안디옥같은 대도시에 위치하였을 것이라는 추정을 불가능하게 한다. 마가복음서가 농촌의 특징적인 모습들을 지니고 있다는 것은 그 공동체가 도시를 순회지역으로 삼는 데 반대하였음을 말해 준다. 마가공동체가 팔레스틴과 시리아의 시골과 작은 마을들을 오고가는 순례하는 그룹이라는 주장이 적절한 것으로 여겨진다면, 마가공동체의 순회지역들을 한 장소(예를 들면, 로마, 안디옥, 갈릴리)로 고정시키려는 노력들은 허사가 될 것이다. 마가의 예수가 도시를 회피하는 경향을 가졌던 근본적인 이유들 가운데 하나는 예수가 도전하였고, 그를 처형시킨 세상의 '권력'이 존재하는 곳이기 때문이다.

농촌을 배경으로 한 마가의 예수가 행한 이러한 카리스마적 순례는 마태의 분위기와 비교해 볼 때 더욱 두드러지게 나타난다. 슈바이쩌에 따르면 마태공동체는 예수의 부름을 문자적으로 해석하여, 가족 유대와 세상적 관심을 버리고 순례하는 카리스마적 지도자로서의 예수

개한 대상이라고 간주하지만, 다른 한편에서는 이해할 수 없는, 강탈하는, 거만한 대상으로 간주한다. R. MacMullen, *Roman Social Relations* (New Haven and London: Yale University Press, 1974), 15.

51) W. A. Meeks, *The First Urban Christians: The Social World of the Apostle Paul* (New Haven: Yale University Press, 1983), 49.

52) W. L. Lane, *The Gospel according to Mark* (Grand Rapids: Eerdmans, 1974), 24f.

의 생활과 '유사한' 생활을 시작한 일군의 크리스천들로 구성되었다는 것이다. 그러나 그의 주장은 빗나간 것이다. 왜냐하면 마태는 마가의 철저한 순례적 경향을 상당히 수정하고 있기 때문이다.

5. 결어

마가의 예수는 추종자들에게 과거의 가족유대로부터의 단절과 생계의 수단이나 부와 같은 소유의 포기를 촉구한다. 마가공동체 멤버들은 이 촉구를 자신들과 연관지어 이해했다. 그러나 마가공동체 멤버들은 옛 예수의 이 촉구를 자신들에 대한 직접적인 촉구로 생각하지는 않았다. 왜냐하면 그들은 이미 더 이상 포기할 가족이나 소유가 없었기 때문이다. 오히려, 그들은 이 촉구를 자신들의 현 상황에 대한 정당화로 이해하고 위로를 받는다.

한편, 마가의 예수가 보여준 끊임없는 순례의 모습은 마가공동체 멤버들을 위한 직접적인 모델이 된다. 마가공동체는, 모든 것을 포기하고 자신과 함께 순례의 길을 떠나도록 촉구한 카리스마적 지도자 예수를 '탈사회화'의 모델로 인식하고, 이러한 태도를 자신의 선교 활동에 이용한다. 이러한 의도적인 '탈사회화' 현상은 아노미 상태와는 다르다. 오히려 그러한 '탈사회화'는 아노미 상태에 대한 마가공동체의 가장 효과적인 방어책이다. 왜냐하면 일단 의도적인 '탈사회화'가 이루어지면, 그것이 설득력을 가지고 있는 한, 공동체를 내적으로 강화시키는 강력한 요인이 되기 때문이다. 마가복음서 도처에서 예수는 주로 '길에서' 있었던 것으로 보도된다. "여행을 위하여 지팡이 외에는 양식이나 주머니나 전대의 돈이나 아무 것도 갖지 말고, 오직 신만 신으라"(6.8-9)고 요구한 카리스마적 지도자 예수의 순례성은 주후 66년에 촉발된 유대-로마 전쟁으로 집과 혈육을 잃은 채 처참하고도 불안한 상태에서 함께 여행하는 마가공동체 멤버들의 순례적 성격을 반영하는 동시에, 그 성격을 정당화하고, 강화해 나갔을 뿐만이 아니라, 그들에게 새로운 사회적 정체감과 심리적 안정감을 제공해 주었다.

제2장
마가복음서의 예수 – 대결적 국외자

제2장
마가복음서의 예수 - 대결적 국외자

1. 서언

 마가가 제시하는 예수의 특징적인 모습을 규명하기 위해서는 마가 공동체의 성격 규명작업이 선행되는 것이 필요하다. 종교사회학적 전망에서 본다면, 마가공동체는 종파운동의 한 종류로 분류될 수 있다. 넓은 의미에서, "종파들"이라는 용어는 모든 주요한 기성체제들의 주변부에 존재하는 분리된 그룹들로 정의할 수 있다. '종파들'은 하나의 사회적인 현상이기 때문에, '교회'와 대조하여 이단과 같은, 단지 하나의 신학적인 개념으로 취급될 수 없다. 브라이언 윌슨(Bryan Wilson)이 적절하게 경고한 바와 같이,

> 매우 기구화된 교회와... 불안정한 종파들의 조직이 서로 크게 구별이 됨에도 불구하고, 교회와 종파에 대한 트뢸치의 이분법은 흔히 입증되지 않은 경솔한 가정들로 귀착된다.[1]

---

1) B. Wilson, *Magic and the Millennium: A Sociological Study of Religious Movements of Protest Among Tribal and Third-World Peoples* (London: Heinemann, 1973), 15.

종파들은 자발성, 배타성, 엄격한 멤버십, 멤버들 사이의 평등한 위상, 그들 자신의 공동체에 대한 자의식, 전적인 헌신 또는 자기 희생과 같은 전형적인 특징들을 가지고 있다. 보다 명확하게 표현하면, 종파들은 그들 자신을 거대한 사회의 가치로부터 구별짓는 소수 운동이다. 인구 대다수의 관점에서 볼 때, 종파들은 사회적으로 일탈된 것으로 인식된다. 마가공동체에 적용될 수 있는 종파의 유형은 무엇인가? 마가공동체가 제시하는 예수의 종파적 행위의 특징들은 무엇인가?

2. 종파의 유형

피터 버거(Peter Berger)는 종파들을 세상에 대한 그들의 반응에 초점을 맞추어 다음과 같이 세 가지 주요한 유형으로 분류한다.[2] (1) 열광적인 유형-세상을 취하거나 세상을 회피하는 것을 택일하는 형. (2) 예언적인 유형-세상을 경고하거나 세상을 정복하는 것을 택일하는 형. (3) 영지주의적 유형-세상을 무의미하다고 보는 형.

또 하나의 세밀한 유형은 브라이언 윌슨의 분류에 제시되어 있다. 윌슨은 종파들을 세상에 대한 그들의 "임무"에 따라 다음과 같이 네 가지 유형으로 범주를 나누었다. (1) 회심자 종파들, (2) 그리스도 재림론자 종파들, (3) 내향자 종파들, 그리고 (4) 영지주의 종파들.[3] 후에, 윌슨은 그들의 '임무' 대신에, 종파운동의 세상에 대한 반응에 초

---

[2] P. Berger, "The Sociological Study of Sectarianism," *Social Research* 21 (1954): 467-485, 특히 477f.

[3] B. Wilson, "An Analysis of Sect Development," *American Sociological Review* 24 (1, 1959): 3-15. *Patterns of Sectarianism: Organization and Ideology in Social and Religious Movements* (London: Heineman, 1967)의 1장, 22-48에 재인쇄.

점을 맞춤으로 그 유형을 네 개에서 일곱 개로 확장시킨다.[4] 그 일곱 유형은 다음과 같다. (1) 회심자 반응, 즉 인간의 정신이 부패했기 때문에 세상이 부패했다고 생각하는 반응. 만일 인간의 정신이 변화될 수 있다면, 세상은 변화될 것이다. 남자들/여자들이 필요로 하는 것은 '마음의 경험'이다. 그들이 초자연적인 것에 의해서 배태된 자아 변형감을 통해서 오는 그러한 구원의 경험을 가지고 있을 때만, 세상은 개선될 가능성이 있다. (2) 혁명적인 반응[5]은 어떠한 '마음의 경험'이 사물을 변화시킬 수 있다는 것을 부인한다. 구원의 유일한 측면은 신적인 행위에 의해서 세상을 전복시키는 것이다. 이 반응은 세상(자신이 아니라)이 틀림없이 변화될 것이라고 주장한다. 혁명주의자들은 현재 세상의 핍박에 직면하여 자신들이 무력하다고 보지만, 신적인 개입이 가져다 준 구원에서만 힘과 희망에 이르는 길을 발견한다. 이 유형은 종종 성서 예언에서, 그리고 현행 사건들에서 그 자체의 견해에 대한 증거를 얻으려 한다. 이 유형에서는 세상이나 세상 내에 있는 모든 주요한 기성의 권력조직들이 신적인 개입에 의해서 경고를 받거나 통제될 것으로 보인다. (3) 내향자들의 반응은 회심자들이나 혁명주의자들이 하듯이, 세상을 악한 것으로 간주한다. 하지만, 이 반응은 세상이 변화되어야 한다거나 인간의 정신이 변화되어야 한다고 말하는 대신에, 오히려 세상은 포기되어야 한다고 주장한다. 내향자들은 자신들의 공동체 자체는 신성하고, 그 공동체 밖의 모든 것은 세속적이라고 단언한다. (4) 조작자 반응은 일반적으로 세상에서 알려지지 않은 수단

---

[4] "A Typology of Sects," in *Types, dimensions et mesure de religiosité* (Actes of the Xth International Conference for the Sociology of Religion, Rome), 31-56; *Religious Sects: A Sociological Study* (McGraw-Hill, London: Weidenfeld and Nicholson, 1970), 37-47.
[5] 마가의 연구에 이 유형을 적용한 실례로, J. A. Wilde, "A Social Description of the Community Reflected in the Gospel of Mark" (Ph. D. dissertation, Drew University, 1974)를 보라.

으로, 세상 내 구원을 찾는다. 세상은 초자연적이고 비공개적인 수단을 통하여 이익을 위해 교묘하게 다루어진다. (5) 마술적인 반응6)은 초자연적인 힘으로부터 나오는 마술적인 처방으로 구원을 얻으려 한다. 구원의 효력은 개인에게 작용한다. 이 반응은 기적을 요구한다. (6) 개혁주의자 반응은 세상을 신으로부터 부여된 양심에 따라 개혁함으로 극복할 수 있는 악이라고 본다. (7) 유토피아 반응은 인간이 악한 체제를 창조했다는 이유로 세상을 악으로 본다. 이 반응은 창조자가 인간이 살아가도록 의도한 원래적인 원칙들로 돌아감으로 구원을 얻으려한다. 이와 같이, 이 반응은 극적인 재구성을 위한 토대를 모색한다.

윌슨이 제안했던 일곱 유형 사이에 '혁명주의자들' 유형은 마가공동체의 성격 규정을 위한 가장 적절한 유형 중 하나로서 간주될 수 있다. 그러나 이 유형의 명명에 관심하는 한, 윌슨의 '혁명주의자' 라는 명칭보다는 오히려 '대결적인' 이라는 명칭이 보다 적절할 것 같다. 이 유형에 어울리는 종파주의자들은 인간의 수고를 통해서가 아니라(예, 무기를 드는 것), 초자연적인 힘을 통하여 하나의 새 시대, 또는 새 세계를 기대한다. 더 나아가, 이 유형에 속한 자들은 남자들/여자들을 근본적으로 현 세계의 압제에 직면한 무력한 존재로 본다. 그들이 사회적인 부정과 사이비 종교 기관, 그리고 부패한 정치적인 체제에 대하여 항거한 것이 반드시 '혁명적' 일 필요는 없다.7) 그래서 본 연구에서는 '혁명적' 이라는 명명 대신, '대결적인' 이라는 명명을 선택할 것이다.

---

6) 마가의 연구에 이 반응을 적용한 실례로, B. R. Patten, "The Thaumaturgical Element in the Gospel of Mark" (Ph. D. dissertation, Drew University, 1976)을 보라.
7) H. Mol, *Identity and the Sacred* (New York: Free Press, 1976), 46. 몰은 "히브리 예언은…혁명적인 사회보다 오히려 더 재건적인 사회이다"라고 말한다.

'대결적인'이라는 용어가 다른 그 어떤 용어보다도 보다 선명하게 갈등하는 두 실체들(entities)을 보여주기 때문이다.[8] 불필요한 혼돈을 피하기 위해서 본 장에서는 가능한 한 '혁명적인'이라는 용어를 사용하지 않는다. 왜냐하면 일부 급진적인 '행동가들'은 '혁명적인'이라는 용어를 생각할 때, 즉각적으로 폭력의 의미를 환기하기 때문이다. "대결적인"이라는 용어는 '혁명적인'이라는 용어보다 광의의 개념이다. 이 용어는 폭력적인 종파를 나타낼 수도 있고, 비폭력적인 종파를 표현할 수도 있다.[9] 우리는 이 '대결적인'이라는 용어를 '비폭력'의 의미로 마가공동체의 자리에 적용해 나갈 것이다.

마가의 예수는 기성 권력에 대한 대결적 국외자로 제시된다. 그는 종종 기성 권력이 부여한 규정들에 순응하기를 거절하는 일탈자로서 묘사된다. 기성 권력은 일반적으로 그들의 규정을 특별한 백성들에게 적용하고, 규정을 파기하는 자들에게는 국외자라는 명칭을 부여한다. 이와 같이, 일탈은 개인이 범하는 행위의 결함으로 나타난 특성이 아니다.

> 오히려 다른 사람들이 '범법자'에게 규정들과 제재들을 적용한 결과이다. 일탈자는 그 명칭이 성공적으로 적용되어온 자이다. 일탈의 행동이란 사람들이 그렇게 명명한 행동이다.[10]

---

[8] 광의의 의미로, "대결적인"이라는 이 명칭 역시 대부분(만일 모두가 아니라면)의 종파 운동들에 적용될 수 있다. 왜냐하면, 그들의 세상관은 근본적으로 그들의 위치와 세상 사이에 이분법적이기 때문이다.

[9] 윌슨과 달리 구별되는 유형론에서 '폭력적인 종파 대 비-폭력적인 종파'에 대해서는, Werner Stark, *The Sociology of Religion*, vol. 2 (London: Routledge and Kegan Paul, 1967), 198ff를 보라.

[10] Howard S. Becker, *Outsiders: Studies in the Sociology of Deviance* (New York: The Free Press, 1973), 9.

마가의 예수는 흔히 "세리들과 죄인들과 함께 먹는" 자로서 명명된다(2.16). 그는 또한 "성전"을 파괴할 자(14.58), 하나님을 모독하는 자(참조. 14.63), 그리고 스스로 "유대인들의 왕"이라는 자(15.2, 9, 26)로 간주된다. 예외 없이 이러한 모든 명칭들은 종교, 정치 권력에 의해서 예수에게 적용되었다.

마가의 예수는 사회적인 일탈의 유형인 비순응주의자이다. 비순응주의자의 행동은 흔히 범법자임을 드러낸다. 비순응주의자의 행동은 흔히 자신이 범법자라는 것을 공언한다. 그러나, 지금 현존하는 규범들의 힘을 회피하려고 애쓰는 종류의 범법자와는 달리, 비순응주의자들은 규범들의 적합성 자체에 도전하려는 목적과 그 규범들을 양자택일의 규범으로 대치하려는 목적을 가지고 있다.[11]

규정을 파기하는 행동에는 두 가지 유형의 일탈의 행동이 있다: 순전한 일탈의 유형과 비밀스런 일탈의 유형(Howard S. Becker). 전자는 규정에 불순종하며, 또한 그렇게 행동하는 것으로 다른 사람에 의해 인식된다. 반면에 후자는 규정을 위반함으로써 불순종하고 있는 것을 다른 사람들이 눈치채지 못하게 하면서도, 그 규정에 불순종한다.[12] 마가는 일탈의 두 유형의 형식들로 예수를 제시한다. '일탈'이라는 용어는 '대결'이라는 용어와 바꿔 쓸 수 있는 것이다. 어떤 행동은 규범들을 수립한 넓은 사회의 관점에서 볼 때 '일탈한' 것일 수 있다. 반면에 동일한 행동은, 규범들을 파기하는 한 개인이나 한 그룹의 관점에서 볼 때, '대결적인'이라고 불려질 수 있다.

---

11) Robert K. Merton, *Social Theory and Social Structure* (Glencoe, Ill.: The Free Press, 1961), 357-368; L. A. Coser, *Continuities in the Study of Social Conflict* (New York: The Free Press, 1967), 123-133.
12) H. S. Becker, *Outsiders*, 21ff.

3. 공개적 대결

마가복음서에서 종교당국은 예수의 행동을 그들의 규범들과 가치들에 대한 공격으로 인식하였다. 마가의 예수는 그 당시에 지배적인 규범들로부터 자신이 벗어나고 있음을 숨기려고 하지 않는다. 오히려 그는 분명하게 자신의 의견 불일치를 선언한다. 그는 자신이 "의인들을 부르려고 오지 않고 죄인들을 부르려고" 왔다고 명백하게 선언한다(막 2.17). 마가의 예수는 여기서 배타적인 언어를 사용한다. 그는 단지 'A뿐만 아니라 B도' 대신에 'A가 아니라 B를' 이라는 공식을 사용한다. 이와 같은 이분법적인 태도는 마태복음서의 포괄적인 태도와 날카로운 대조를 이룬다.

> 이는 하나님이 그 해를 악인과 선인에게 비춰게 하시며 비를 의로운 자와 불의한 자에게 내리우심이니라…그러므로 하늘에 계신 너희 아버지의 온전하심과 같이 너희도 온전하라(마 5.45, 48)

마태의 이곳에서는 인간의 온전함이 포괄적인 정신의 완전한 실현으로 이해되었다. 마가에는 그러한 종합적인 언어를 사용하지 않는다. 반면에, 마가는 예수를 대결적인 국외자로서 묘사한다. 마가의 예수의 대결적인 태도는 구약의 예언적인 전승에 기원을 둔다. 마가는 예언자 이사야로부터 일부 단어들을 인용하면서(막 1.2-3), 그의 복음서를 기록하기 시작하고, 세례자 요한의 맥락에 예수를 위치시킨다(1.4-15).

발터 브뤼그만(Walter Brueggemann)은 그의 논문 "구약문헌과 고대 이스라엘의 사회학에 있어서의 전승궤도들"("Trajectories in Old Testament Literature and the Sociology of Ancient Israel")[13])에서 문학적이고 신학적인 전승들의 궤도와 상호 관련된, 갈등하는 이스라엘의 사회적 그룹들의 궤도를 탐구하였다. 이 연구는 '사회학적 방법 내에 있는 잠재력들을 시사하며, 우리의 지식에 있어서 주된 공백을 정확하게 지적한다.'[14] 브뤼그만은 다른 각 궤도들에서 지속적으로 나타나는 공통요소들을 인지하고, 해방 전승궤도(liberation trajectory)와 왕조 전승궤도(royal trajectory)를 구별한다.[15]

왕조 전승궤도

(1) 통일의 신화로 말하는 것을 선호한다.

(2) 비옥(창조)과 연속(왕족 제도)의 언어를 말한다.

(3) 선호하는 인식의 방식은 우주적인 이해의 것이다.

(4) 도시의 '가진자'에 의해서 육성되고 그들 사이에서 가치 있는 것으로 드러난다.

(5) 안정성을 우선적인 가치로 삼고 사회적으로 보수적인 경향을 띤다.

(6) 하나님의 인격의 영광과 거룩함, 그리고 그 거룩함에 관련된 제도에 초점을 맞춘다.

---

13) W. Brueggemann, "Trajectories in Old Testament Literature and the Sociology of Ancient Israel," *JBL* 98 (2, 1979): 161-85.
14) Norman K. Gottwald, "Sociological Criticism of the Old Testament," *The Christian Century* 99 (1982): 477.
15) W. Brueggemann, "Trajectories in Old Testament Literature and the Sociology of Ancient Israel," 180.

> **해방 전승궤도**
>
> (1) 자유의 구체적인 이야기들을 말하는 것을 선호한다.
> (2) 전쟁과 불연속의 언어를 말한다.
> (3) 선호하는 인식의 방식은 역사적인 구체성의 것이다.
> (4) 농촌의 '가지지 못한자'에 의해서 육성되고 그들 사이에서 가치 있게 드러난다.
> (5) 변화를 우선적인 가치로 삼고 사회적으로 혁명적인 경향을 띤다.
> (6) 하나님의 의지의 정의와 의에 초점을 맞춘다.

왕조 전승(예루살렘 전승)에 가담한 제사장과 사두개인들의 계층과는 달리, 예수운동, 에세네파, 그리고 젤롯과 세례자 요한 그룹은 해방 전승(반-예루살렘 전승)에 가담한다.

마가의 예수의 정황은 대도시의 유대인들에 의해서 경멸받던 갈릴리였다. 갈릴리의 지정학적인 배경 그 자체는 예루살렘에 대한 마가의 예수의 대결적인 분위기를 간접적으로 시사한다. 갈릴리는 예수의 사역의 중심이었던 반면에, 예루살렘은 예수의 대결의 중심이었다.

> 마가(St. Mark)에서 그 복음서의 이야기가 진행되어 가면서 갈릴리와 예루살렘이 드러나듯이, 서로 반대적인 위치에 서게 된다. 경멸받고 다소 탈 율법적인 갈릴리는 복음서와 인자의 계시의 자리로서 하나님에 의해서 선택되어야 했던 것으로 제시된다. 반면 유대교의 경건과 애국주의의 본향인 예루살렘의 그 거룩한 도시는 냉혹한 적의와 죄의 중심이 되었다.[16]

로메이어(E. Lohmeyer)는 마가복음서에서 갈릴리와 예루살렘의 공간적인 명명의 의의에 주의를 기울인 첫 학자이다.[17] 로메이어에 의하면, 갈릴리에서의 기본적 가정은 '주 예수'이지만, 예루살렘에서의 기본적 가정은 '예수 그리스도'이다. 인자 기독론은 갈릴리에서 우세한 반면, 민족주의적인 메시야 소망은 예루살렘에서 지배적이다.

라이트푸트(R. H. Lightfoot)[18]와 막센(W. Marxsen),[19] 그리고 켈버(W. H. Kelber)[20]는 로메이어의 통찰력을 발전시켰다. 라이트푸트에 의하면, 갈릴리의 의의는 인자로서의 종말론적인 예수가 종말론적으로 오는 지역이라는 점에 있다. 이와 유사하게, 막센에 의하면,

> 갈릴리는 주로 역사적인 의미의 배경이 아니라 오히려 임박한 파루시아의 장소와 같은 신학적인 의미의 배경이다.[21]

갈릴리를 임박한 파루시아의 장소로 보는 이와 같은 견해들은 켈버에 의해서 강화된다.

> 만일 유대와 예루살렘 그리고 성전에 대한 마가의 부정적인 평가가 이처럼 역사적으로 조건지어 진다면, 갈릴리에 할당된, 상응할만한 긍정적 역할도 마찬가지로 마가의 시대에 있어 역사적인 실재일 수 있다.

---

16) R. H. Lightfoot, *Locality and Doctrine in the Gospels* (New York: Harper & Brothers, 1938), 124f.
17) E. Lohmeyer, *Galiläa und Jerusalem* (Göttingen: Vandenhoeck & Ruprecht, 1936).
18) R. H. Lightfoot, *Locality and Doctrine in the Gospels*.
19) W. Marxsen, *Mark the Evangelist* (Nashville: Abingdon, 1969).
20) W. H. Kelber, *The Kingdom in Mark* (Philadelphia: Fortress Press, 1974).
21) W. Marxsen, *Mark the Evangelist*, 92.

갈릴리는 하나님 나라의 배경이다. 그곳은 하나님 나라의 역사가 시작한 곳이고, 마가의 자신의 세대에서 그것이 완성될 장소이다. 저자가 갈릴리와 연대를 같이하고, 그가 그곳의 유대인 크리스천 공동체의 관점으로 구체적으로 논의하기 때문에, 저자를 갈릴리의 크리스천들의 대변인으로 보는 것이 설득력이 있다.[22]

마가의 연구에 있어서 그들 모두의 현저한 공헌에도 불구하고, 그들은 갈릴리를 단순하게 신학적인(보다 엄밀히 말하면, 기독론적이고 종말론적인)상징으로 취급하였다.[23] 그러나, 갈릴리는 추상적인 정황이 아니라, 마가의 예수의 구체적인 사회적 정황이다. 갈릴리는 예루살렘 밖의 한 주변지역이었다. 그 흔적은 요한복음 1장 46절에서 찾아볼 수 있다. "나사렛에서 무슨 선한 것이 날 수 있느냐?" 더 나아가, "이방인들의 갈릴리"(마 4.15)라는 구절에서 볼 수 있는 것처럼 그곳은 경멸받는 지역이었다. 이와 같이, 갈릴리와 예루살렘의 상호 적대감은 신학적인 개념들이 적용되기 전에, 사회학적인 개념들로 먼저 설명되는 것이 적합하다. 두 실체간 적대감은, 시골의 삶과 도시의 삶 사이, 비-특권 신분과 특권 신분 사이, 그리고 주변성과 중심성 간의 사회-정치적인 대결들로 이해될 수 있다. 이러한 요인들은 로메이어와 막센의 논의에서는 전혀 찾아볼 수 없다. 라이트푸트와 켈버의 논문들은 의식적으로나 무의식적으로, 이러한 요인들의 일부를 지적한다. 그러나 그들은 신학적인 차이점을 결정할 수 있는 이러한 요인들을 충분히 고려하지

---

22) W. H. Kelber, *Kingdom*, 130.
23) 이같은 신학적인 접근들과 달리 이 주제에 대한 문학적인 접근을 한 것으로는, Elizabeth S. Malbon, "Galilee and Jerusalem: History and Literature in Marcan Interpretation," *CBQ* 44 (1982): 242-55 를 보라.

않았다.

경멸받는 자들이 살고 있는 갈릴리와 달리, 예루살렘은 다윗 왕의 도시이다. 다윗은 무력으로 여부스의 도시인 예루살렘을 점령하고, 그곳을 그 자신의 왕궁 장소로 삼는다.

> 왕이 부하들을 거느리고 예루살렘으로 가서, 그 땅에 사는 여부스 사람을 치려고 하니…다윗이 시온 산성을 점령하였으므로, 그 곳의 이름을 '다윗 성' 이라고 하였다… '눈 먼 사람과 다리 저는 사람은 왕궁에 들어갈 수 없다' (삼하 5.6 이하)

다윗 왕은 그의 시대의 억눌린 자들에게 관심을 가지지 않았다. 그의 관심은 그의 세력의 확장에 관한 것에 집중되었다. 예수의 왕조 계보, 다윗의 자손이 명시적으로(마 1.1; 롬 1.3)나 암묵적으로(마 1.20; 눅 1.27; 2.4; 2.11) 언급된 마태복음서와 누가복음서, 그리고 심지어 로마서와는 달리, 마가는 결코 예수를 다윗의 자손이라고 칭하지 않는다.[24] 마가의 예수는 베들레헴과 달리, 다윗과 전혀 상관없는 갈릴리의 나사렛으로부터 출생하였다. 오히려 마가는 유대인의 민족적인 기대를 볼 때, 예수가 다윗의 자손이라는 관념을 거절한다. "다윗이 그리스도를 주라 하였은즉 어찌 그의 자손이 되겠느냐?" (막 12.37).

성서의 상징들을 사용함으로 그들의 행위를 신비화하는 왕들의 상황이 재현되는 예들이 있어왔다 해도, 반복해서 바로 그 동일한 전승의

---

[24] '다윗'이라는 이름이 마가에서 7회가 나타난다(2.25, 26; 11.10; 12.35, 36, 37a, 37b). 그러나 마가는 예수를 다윗의 자손으로 묘사하지 않고, 예수도 자신을 다윗의 자손이라고 칭하지 않는다.

이름으로 다른 합법적인 상징들을 이끌어내어 그들을 인간적인 신비 조작자라고 폭로한 나단과 같은 사람들도 있어 왔다.[25]

마태와 누가와는 달리, 마가는 동일한 성서에서 예수를 두 전승궤도들 사이에서 반-왕조 계보(반-예루살렘 전승)내에 위치한 것으로 묘사한다.

마가의 예수가 기성당국과 공개적인 대결을 한 주제는 마가복음서 전반에 걸쳐서 나타난다. 이 주제는 다음의 구절들에 제시되어 있다. 2장 1-12절, 16-17절, 18-22절, 23-28절; 3장 1-6절, 21-30절; 6장 1-6절; 7장 1-23절; 8장 14-15절, 31절; 10장 1-12절, 33-34절, 42절; 11장 15-18절, 27-33절; 12장 1-12절, 13-17절, 18-27절, 28-34절, 35-37절, 38-40절; 14장 1-2절, 43-50절, 53-65절; 15장 1-15절, 16-20절, 21-37절.[26] 이러한 구절들 모두를 세부적으로 조사할 필요는 없다. 대표되는 몇몇 구절들만 살펴본다 해도 우리의 현재의 관심을 충족시킬 것이다.

마가의 예수와 종교 당국자들과의 공적인 대립은 율법에 대한 그의 극단적인 이해의 기록들에 생생하게 묘사되었다. 마가의 예수는 안식일 법에 대한 전통적인 이해를 파기한다. 그는 공적으로 가르치고(1.22; 6.2, 6, 34), 더러운 영들을 쫓아내며(1.23ff.; 5.1-20), 바리새인과 논쟁하고(2.23ff.), 안식일에 치료한다(1.29ff.; 3.1ff.; 5.21-43).[27] 마가의 예수는 안식일

---

[25] Peter Berger, *The Sacred Canopy: Elements of A Sociological Theory of Religion* (Garden City, New York: Doubleday & Company Inc., 1969), 99.
[26] 인용된 마가 구절의 역사적, 정치적 정황에 대한 연구로는 Nicholas Taylor, "Herodians and Pharisees: the Historical and Political Context of Mark 3:6; 8:15; 12:13-17," *Neotestamentica* 34 (2, 2000): 299-310를 보라.
[27] 공관복음서에 전해오는 안식일 치유 사건의 개별적 정황을 역사적으로 구분하고, 그 특징을 드러내는 연구로는 John P. Meier, "The Historical Jesus and the Plucking of the Grain on the Sabbath," *CBQ* 66 (4, 2004): 561-581를 보라.

법 자체에 대면하지 않고, 바리새인들의 율법 이해에 대립한다. 그는 율법에 대한 바리새인들의 엄격한 태도를 상대화한다. 마가공동체의 멤버들의 입장에서 율법에 대하여 참된 이해를 가지고 있는 사람은 자신들이다. 그 멤버들은 자신들이 참된 이스라엘이라는 인식을 가지고 있다. 바리새인들과 마가공동체는 그들 자신의 이익을 위해 성서를 활용한다(2.24; 2.25f.). 그들의 상호 대결은 율법에 대한 해석의 차이에서 기인한다. 마가의 예수의 권위는 율법에 대한 당대의 우세한 해석과는 대조적으로 율법에 대한 독특한 해석을 제공하는 능력으로부터 나온다.

"안식일을 위해 인간이 만들어진 것이 아니고, 인간을 위해 안식일이 만들어졌다. 그러므로 인자는 안식일에도 주인이다(2.27-28)."

이처럼 새로운 해석은 금식의 쟁점에 관한 보도에도 반영되어 있다(2.18-22). 이 해석에 의하면, 금식은 옛 체제에 속한다. 새 시대는 그러한 형식들을 뚫고 나온다. 거대한 기쁨은 엄격한 종교적인 수행들을 고려하지 못하게 한다. 예수의 오심은 인간을 압도하는 그러한 기쁨을 가져온다. 여기서 결혼은 새 시대의 영광의 한 예증으로서 마가공동체를 위해 기능하고 있는 것이 명확하다. 마가공동체는 신랑을 예수에 대한 우화적인 묘사라고 본다.[28] 마가공동체가 유대교의 고대 형식들을 통하여 공동체의 종교적인 삶을 표현하는 것은 불가능하다.[29] 마가는 그러한 형식들을 그의 공동체에 무의미한 것으로 본다. 마가

---

28) E. Schweizer, *The Good News According to Mark* (Richmond: John Knox Press, 1970), 68.
29) A. E. J. Rawlinson, *The Gospel According to St. Mark* (Westminster Commentaries, 7th London, ed., 1949), 32.

는, 금식을 참된 이스라엘의 멤버십을 위한 기준으로 간주하는 바리새인들과 요한의 제자들과 달리, 더 이상 금식을 그의 공동체의 멤버십의 지표로서 간주하지 않는다.[30]

마가의 예수의 대결적인 해석은 역시 "장로들의 전승"의 쟁점에 대한 보도에서 두드러지게 드러난다(7.1-23). 예루살렘으로부터 온 바리새인들과 몇몇 서기관들은 예수에게 그의 제자들 중 몇몇이 불결한 손으로 먹는 이유에 대하여 질문한다(1-5절). 마가의 예수는 그들이 "하나님의 계명을 떠나서, 인간들의 전통을 주장한다"(6-8절)는 반론으로 질문자들을 책망한다. 마가는 이 반론을 7장 9-13절에서 확장한다. 이 구절은 후대의 확장이다. 왜냐하면 그것은 장로들 또는 사람들의 전승(5절, 8절) 대신에 "너희의 전승"(9절, 13절)을 말하고 있기 때문이다. "너희의 전승"이라는 구절은 바리새인들과 마가공동체 간의 갈등을 반영한다. 마가의 예수는 하나님의 계명에 대립하는 것이 아니라, 계명에 대한 바리새적인 인간 해석(11-12절)에 대립한다. 바리새인들과 서기관들은 손씻음, 발씻음, 그리고 컵, 항아리, 청동 그릇의 씻음을 포함하여 많은 피상적인 규범들 때문에 마가의 예수에 의해 비난받았다(3-4절). 그들은 보다 더 중요한 것, 곧 사람의 마음에 대한 태만으로 인하여 비난받았다(14-23절). 15-16절 단락은 바리새인들과 서기관들의 해석에 대한 예수의 대결적인 해석의 절정이다.

> 무엇이든지 밖에서 사람에게로 들어가는 것은 능히 사람을 더럽게 하지 못하나, 사람 안에서 나오는 것이 사람을 더럽게 한다.

---

30) J. A. Wilde, "A Social Description of the Community Reflected in the Gospel of Mark" (Ph. D. Dissertation, Drew University Press, 1974), 210.

이 선언은 유대교 지도자들(바리새인들)의 증오를 야기하거나 증가시켰다.[31] 이 선언은 또한 예수의 독특하고도 새로운 해석으로부터 나온 그의 권위를 드러낸다.[32] 그러한 바리새인의 관습에 대한 예수의 단정적인 거절은 마가공동체의 멤버십이 율법적인 표준으로 정의될 수 없다는 것을 반영할 뿐만 아니라, 마가공동체가 그러한 율법주의와 지속적인 대결로 나아 가야하는 방향도 제시한다.

마가의 보도에 따르면, 기성 종교 당국자들에 대한 예수의 대결적인 입장은 성전을 그 대표로 하고 있는 기구의 차원에까지 확장된다. 11장 15-19절에서 성전 청결의 보도는 무화과나무를 저주한 사건(11.12-14)과 그 사건의 결과(11.20f.) 사이에 끼어 넣었다. '핵심' 자료(11.12-14, 20f)와 삽입된 자료(11.15-19)는 서로 해석하는 방식에서 상호 관련된다.[33] 무화과나무의 이야기는 그것이 역사적이든(V. Taylor), 아니든(B. Weiss), 상징적으로 해석되는 것이 적합하다. 무화과나무는 열매맺지 못하는 이스라엘이나 서기관들 또는 제사장들을 상징한다. 그것은 사람이 무엇을 기대하나, 아무 것도 열매맺지 못하는 유대교의 종교적인 삶의 한 형식을 상징한다. 무화과나무는 성전 청결의 보도에서 "너희"

---

31) J. Lambrecht, "Jesus and the Law: An Investigation of Mk. 7.1-23," *Ephemerides Theologicae Lovanienses* 53 (1, 1977): 79 참조. 그는 특별히 막 7장 15절에 관심을 집중하여, 이 15절에서 유대교 지도자들의 적의를 본다. 그러나 15절 뿐만 아니라 이 단락(15-16절)과 예수의 대답 전체(6-13절)도 유대교 지도자들의 적의를 야기했을 수 있다. 막 7장 15절이 기독론적인 말씀이라는 그의 논의는 가능하긴 하나, 그것은 충분한 증거를 결여하고 있다.

32) 마가의 예수의 가르침이 정결법 자체의 폐기가 아니라 예루살렘 회의 이후 정결법에 대한 해석임을 논증하는 것으로는 David J. Rudolph, "Jesus and the Food Laws: A Reassessment of Mark 7:19b," *Evang Quart* 74 (4, 2002): 291-311를 보라. 한 편, 역사적 예수가 정결 규정에 관해 취했던 태도에 대해서는 James D G. Dunn, "Jesus and Purity: An Ongoing Debate," *NTS* 48 (4, 2002): 449-467를 참조하라.

33) 다니후(J. R. Donahue)는 다음과 같이 제시한다. "마가는, 지나는 시간의 오해를 야기하는 문학적인 고안으로서 뿐만 아니라, 제자들을 예수의 사역 및 운명과 관련시키려는 신학적인 관심이라는 의미에서, 삽입의 기술을 사용한다." *Are You the Christ?*, SBL Dessertation Series 10 (Missoula, Montana: University of Montana Press, 1973), 60.

에 의해서 의인화되었다(17절).

비록 소위 성전 청결 보도가 몇몇 역사적인 예수의 행동에 토대를 둘 수 있음에도 불구하고, 이 보도 역시 상징적으로 해석되는 것이 적절하다.

> 예수가 광대한 성전 법정을 청결하려면 특별히 곁에 서 있는 유대교 성전 군인들 또는 로마의 군인들의 개입을 야기함이 없이 청결하게 하기는 거의 불가능했을 것이다. 한 상인이 성전 뜰에서 판매를 위해 한번에 삼천 마리를 제공하였다고 기록되어 있다. 예수는, 상징적인 방법으로, 성전 뜰의 제한된 범위만 청결하게 했다는 것이 보다 그럴듯하다.[34]

그것은 상업적인 행위가 암시하듯이, 이방인들의 뜰에서 행해졌을 것이다. 그곳을 넘어서는 곳에는 이방인들의 출입이 허락되지 않았다.[35] 마가가 이 성전 청결 보도에서 그의 공동체에게 말하려는 것은 무엇인가? 제사 제도를 육성하고 타락시킨 성전 권력자들은 마가의 예수의 이 행위에 의해서 상징적으로 비난받았다. 성전 권력자들이 그들 자신의 이익을 위해서 허용한 상업적인 행위는 예수에 의해서, 하나님을 경배한다는 명목으로 무리들을 착취하기 위한 수단으로 간주되었다. 그것은 마가의 예수에 의해서 "강도들"의 행위와 동일시되었다(17절).

성전 청결 보도는 먼저 그들의 부당이득, 왜곡, 착취, 그리고 부패에

---

34) E. Schweizer, *Mark*, 231.
35) H. C. Kee, *Community of the New Age: Studies in Mark's Gospel* (Philadelphia: The Westminster Press, 1977), 161.

대하여 성전 권력자들에 대결한 것이다. 이 가정은 분명히 17절에서 2인칭 대명사 '너희' 에서 드러난다. 와일드(J. A. Wilde)는 '무화과나무' 와 '너희' 를 독특하게 연결지었다. 그러나, 그는 '무화과나무' 와 '성전' 의 또 하나의 다른 연결을 보는 데는 실패한 것 같다. 성전 청결 행위가 특별히 성전 자체에 대결한 것이 아니라고 강하게 주장하는 와일드와 달리,36) 성전 청결 기사는 성전 권력자들에게만 대결한 것이 아니라, 성전 그 자체에 대결한 것이다. 마가의 예수는 '성전을 통하여 어떤 것을 수행하려는 자들' 을 금지함으로(16절), 성전의 제의적인 기능을 중지시킨다.

> 그러므로 마가의 관점에서, 예수는 성전의 사업 수행을 끝낼 뿐만 아니라, 그는 또한 제의와 의식의 실행을 금지한다. 이 점에서 성전은 더 이상 아무런 역할도 하지 않는다. 그것은 모든 성전의 기능들을 막았다.37)

마가의 예수는 이사야 56장 7절과 예레미야 7장 11절을 자유롭게 인용하여, 성전이 '만민의 기도하는 집' 이어야 한다고 선포한다(17절). '기도의 집' 은 유대 종교의 백성들에게 제한되지 않았다. 이 곳은 유대인들을 위한 집일뿐만 아니라 소위 유대의 경건하고 종교적인 백성들에 의해서 경멸받은 이방인들을 위한 집이기도 하다. 이와 같이, 성전 청결 기사는 성전 휘장이 위에서 아래까지 찢겨지는 묘사를 예비한다(15.38). 성전의 찢어진 휘장은 제사장들과 평신도들 사이의 구별의

---

36) J. A. Wilde, "A Social Description," 218f.
37) W. H. Kelber, *Kingdom*, 101.

중단을 상징하고, 백성들 사이에서 위계질서식의 사회적인 분류의 중단을 상징한다.

마가의 예수의 성전 청결은 그를 대적하는 음모를 제공한다(11.18). 그는 종교제도를 파기하고, 그 자신은 그것에 의해 파기된다. 마가는 그의 공동체와 성전 사이에 평화스러운 공존이 없다는 것을 명료하게 제시한다.

마가의 예수는 유대 종교 당국자들 뿐만 아니라 제자들, 특히 '마가에게 있어 한 개인으로만 고려될 수 없는 베드로, 곧 대표적인 가치를 지니고 있는' 베드로에 의해 인도되는 사도계 권력에 대결한다.[38] 최근, 핸슨(J. Hanson)의 연구에 따르면, 마가복음서에서 예수와 종교정치 당국 사이의 갈등은 예수와 제자들 사이의 갈등과 서로 밀접히 관련되어 있을 뿐 아니라, 서로가 서로를 해석하고 조명해 준다고 밝혀 놓았다.[39] 예수가 '인자는 많은 일들로 고난을 받아야한다. 장로들과 대제사장들, 그리고 서기관들에 의해서 거절당하며, 죽임을 당하고, 삼일 후에 다시 일어난다(8.31)'라고 가르치기 시작했을 때, 베드로는 그를 책망하기 시작한다(32절). '그의 제자들을 돌아보고' 예수는 고난의 길을 벗어나고, 핍박을 거절하는 베드로를 오히려 책망한다(33절). 마가의 예수는 베드로를 하나님의 방식보다는 오히려 인간의 사고방식에 이끌리는 '사탄'으로서 정의한다. 켈버는 이 사건(막 8.32-37)을 그 이전 단락(막 8.27-30)과 분리할 수 없다고 주장한다. 이와 같이, 베드로의 이전 '고백'(29절)은 여기서 베드로를 '사탄'으로 묘사하는 것에서 거짓임

---

[38] R. E. Brown, K. P. Donfried, and J. Reumann, eds., *Peter in the New Testament* (New York: Paulist Press, 1973), 62.
[39] J. Hanson, "The Disciples in Mark's Gospel: Beyond the Pastoral/Polemical Debate," *Hor Bib Theol* 20 (2, 1998): 128-155.

이 자명하게 드러난다(33절).⁴⁰⁾ 그러나, 8장 29절의 고백과 8장 33절의 책망은 분리해서 해석될 수 있다.

> 마가는, 그의 복음이 예수 그리스도의 복음이라고 선언한(1.1) 이후로, 예수를 메시야로 고백하는 것에 반대하지 않는다. 대제사장들 앞에서 행해진 마가의 재판 장면에서 예수는 자신이 메시야라고 인정한다 (14.62). ···베드로가 사탄의 일을 수행한 것은 메시야로서의 예수에 대한 그의 고백에 있는 것이 아니라, 신적으로 부여된 예수의 고난과 죽음을 인정하지 않는 메시야 관념으로 예수를 유혹한 데에 있다.⁴¹⁾

마가가 베드로에게 그가 예수를 메시야로 인식함으로 약간의 명예를 허용한다는 사실은 마가공동체와 사도계 권위자들 간의 '교차 갈등'(crisscrossing conflict)을 반영한다. 비록 마가공동체가 사도계 권력과 갈등이 있음에도 불구하고, 그 공동체는 자신의 그룹과 사도계 그룹 사이에 일부 공통된 확신이 있다는 것을 인정하지 않을 수 없었다. 가장 중요한 부분적 일치 가운데 하나는 예수가 메시야라는 것이다.

그러나, 마가는 몇몇 공통된 신념들을 제외하고는, 반-베드로 전승에 서 있다.⁴²⁾ 사도계 권력의 대변인으로서 베드로는 앞의 사건에서 마

---

40) W. H. Kelber, *Kingdom*, 82-84.
41) R. E. Brown and others ed., *Peter in the New Testament*, 69.
42) 이 마가의 반-베드로(또는 반-제자들) 경향은 마태와 누가에서는 모두 축소된다. 누가는 베드로의 책망을 완전히 삭제한다. 누가는 독자들로 하여금 베드로의 회복을 기대하게 한다. "시몬아, 시몬아 보라 사단이 밀 까부르듯 하려고 너희를 청구하였으나, 그러나 내가 너를 위하여 네 믿음이 떨어지지 않기를 기도하였노니"(눅 22.31ff.), 그리고 그는 회복된다(눅 24.34). 누가에서는 제자들이 떠나가게 될 것이라는 예언이 생략된다. 심지어 유다가 전적으로 책망 받지 않는다. 그의 배반은 하나님의 뜻에 놓고(행 1.16), 예언의 성취라고 언급한다(행 1.16; 1.20). K. N. Giles, "The Church in the Gospel of Luke," *SJT* 34 (1981): 131f. 사도행전에서 베드로는 "이스라엘의 사람들"(행 3.12)이 예수를 부인하는 것을 책망한다(행 3.14). 마태에서 베드로는 예수에 의해서 "복있는" 것으로 선포되고,

가의 예수에 의해 혹독한 비난을 받는다(8.33). 이 사건은 그들의 고난과 핍박에 대한 이해에서 마가공동체와 사도계 권력간의 첨예한 대결을 선명하게 제시한다. 고난과 핍박은 마가공동체에 의해서 하나님의 변호를 위한 필연적인 단계로 제시된다. 반면에 그러한 품목들은 사도계 권력 내에서는 중요한 위치를 점하지 못한다.

산헤드린 심문 보도(14.55-65) 역시 마가의 예수와 베드로 사이의 날카로운 대조를 보여준다.[43] 예수는 마가에 의해서 자신이 누구인가에 대하여 공개하는 것으로 제시된다(62절). 반면에 베드로는 예수가 누구인지를 숨기는 자로 제시된다(14.66-72). 예수는 자신의 정체를 폭로함으로써 자신을 '죽음을 받을 만한' 자로 선고받게 만든다(64절). 반면, 베드로는 자신이 예수와 연관된 것을 숨김으로써 예수와 같은 동일한 운명으로부터 자신을 구한다. 그 때부터 베드로는 그의 이름이 간접적으로 짧게 언급된 것을 제외하고(16.7), 복음서로부터 사라진다. 베드로의 부인에 대한 마가의 보도는, 부활한 예수가 베드로에게 출현했다(고전 15.5)는 공식적인 전승조차도 삭제하는 그의 반-베드로적 경향을 반영한다.[44] 베드로와 제자들 대신 여성 제자들이 그 자리를 차지한다.[45]

교회를 지을 "반석"으로 불린다. 그리고 그는 하늘의 열쇠를 받게 될 것을 약속 받는다(마 16.17-19). 열한 제자는 전적으로 회복된다(마 28.16-20). 베드로의 궤적에 대한 간결한 정리로는 Kim E. Dewey, "Peter's Curse and Cursed Peter (Mark 14:53-54, 66-72)," in *The Passion in Mark*, ed. by W. H. Kelber (Philadelphia: Fortress Press, 1976), 113-114를 보라. 마가의 반-베드로 경향이 왜 마태와 누가에서는 축소되는가? 마가공동체가 제자들의 공동체가 아니라, 무리들(the crowd)의 공동체인 반면, 마태공동체와 누가공동체는 제자들의 공동체들이기 때문이라는 답변은 설득력이 있다. 마태와 누가에서 제자들은 각각 그들 자신의 공동체들을 대표한다.

43) B. D. Chilton은 이 단락이 기독론적인 것에 초점이 있지 않고, 그리스도의 이름으로 인하여 핍박을 받을 때 어떻게 대처해야 하는가를 보여주는 예전적 모델을 예시한다고 주장한다. "The So-Called Trial Before the Sanhedrin. Mark 14:53-72," *Forum* 1 (1, 1998): 163-180.

44) G. Klein, "Die Verleugnung des Petrus: eine traditionsgeschichtliche Untersuchung," *Zeitschrift für Theologie und Kirche* 58 (1961): 285-328.

마가의 예수는 오해하고 배반하고, 부인하고, 포기하며 도망하는 베드로 및 모든 제자들과 대결한다. 이러한 증거들로부터 우리가 추론할 수 있는 것은, 제자들의 대변자인 베드로는,

> 성전과 도시의 편에서 발견될 것이다. …만일 그렇다면, 배반자 이상인 베드로는 주된 대적자이다. 자신의 갈릴리 정체성을 거절함으로 그는 예수의 돌아옴과 마지막 시대의 공동체 설립에 대한 희망을 부정한다. 다시, 그 공동체로부터 베드로의 궁극적인 배제가 제시되었다.[46]

마가의 예수는 사도계 권력의 위계질서적이고도 가부장적인 지배에 대결하는 평등주의의 입장에 선다. 그는 그러한 권력 구조를 금지하고 역전시킨다. "먼저 된 자로서 나중 되고 나중 된 자로서 먼저 될 자가 많다"(10.31). 예수는 평신도들에게 권위를 행사하고 즐기는 사도계 권력에게 혹독한 경고를 한다. "너희 중에 누구든지 으뜸이 되고자 하는 자는 모든 사람의 종이 되어야 한다"(10.44).

---

45) K. E. Corley는 마가 15.40-41을 고대 그리스, 로마, 유대의 매장 관습과 비교한 후, 이 단락 배후에 예수의 여성 제자들을 십자가 처형과 매장에 연결시키려는 원 마가의 구전이 있었을 것으로 추론한다. 그의 "Women and the Crucifixion and Burial of Jesus, 'He Was Buried: On the Third Day He Was Raised'," *Forum* 1 (1, 1998): 181-225 참조.
46) Kim E. Dewey, "Peter's Curse and Cursed Peter (Mark 14:53-54, 66-72)," in *The Passion in Mark*, ed. by W. H. Kelber (Philadelphia: Fortress Press, 1976), 110.

4. 은밀한 대결

마가에서 예수의 일탈의 또 다른 유형은 은밀한 대결로 부를 수 있다. 이 대결은 다른 사람들이 규정들의 파기나 위반을 인식하지 못하도록 은밀히, 또는 상징적으로 그 규정들을 파기하는 것이다. 이러한 경우에는 보는 눈을 가진 자들만이 볼 수 있다. 마가의 예수의 은밀한 대결은 세속적인 지배자들(로마제국)에 대한 그의 입장에서 잘 드러난다. 마가복음 13장 14절에서 예수는 로마 제국의 제의물을 "황폐케하는 가중한 것"(the desolating sacrilege)이라는 통렬한 상징의 말로써 명명하고 있는 것으로 보도된다. 해석자는 저자와 독자 사이의 공동의 근거로 암묵적으로 가정된 것에 관심을 갖게된다. "멸망의 가중한 것"이라는 이 문구는 마가의 독자들로 하여금 주전 168년에 안티오쿠스 에피파네스(Antiochus Epiphanes)에 의해서 성전에 세워진 이교도의 제단을 회상하게 한다. 이것은 다니엘 9장 27절과 11장 31절, 그리고 12장 11절에 언급된 "번제의 제단 위에 있는 멸망의 가중한 것"(마카비 상 1.54)이다.[47] 만일 로마제국이 이 문구를 판독할 수 있다면, 그것은 제국에 대한 강한 반역으로 이해되었을 것이다. 그러나, 마가는 상징적인 언어를 사용한다. "들을 귀 있는 자는 들으라"(4.23). 여기서 마가의 상징적인 언어는 정치적인 지배자들과 대결적인 입장의 첨예한 위치를 완화시키려는 데 의도가 있는 것이 아니라, 그들을 당혹스럽게 하려는 데 있다. 그들이 들을 수 있더라도 인식하지 못하게 하기 위함이다.

이와 비슷한 입장이 마가의 납세의 문제에 대한 보도에서 발견할 수

---

47) 마가가 임박한 미래의 비슷한 정황을 예견한 것처럼, "멸망의 가중한 것"은 로마의 장군인 티투스에 의해서 성전에 세워졌다. Josephus, *The Jewish War*, VI.260, 316.

있다(막 12.13-17). 바리새인들과 헤롯당들은 "예수의 말씀을 책잡으려 하여"(12.13) 예수에게 왔다. 그들의 질문은 그들이 가이사에게 세금을 지불해야하는 지의 여부에 관한 것이었다. 마가의 예수는 평가절하 되거나 위험에 처할 수 있었다. 긍정적인 답변은 그 사람들을 만족시키고, 부정적인 답변은 로마권력의 감정을 상하게 하는 것일 수 있다. 마가의 예수는 데나리온 하나를 요구한다(15절).

> 데나리온은 오직 멀리 떨어져 있는 가울(Gaul)에서만 주조되는 로마의 동전이었고, 이것은 몹시 증오를 받던 로마의 군대들에게 지불하기 위하여 사용되곤 했다. 데나리온은 로마인들 및 이들과 동역하는 부유한 자들이 사용하였다. 데나리온은 일반인들에게는 보기 드문 동전이었다. 하지만, 그들은 로마와 동역하는 자들의 동전으로서 그것이 상징하고 있는 바를 잘 알고 있었다. 데나리온은 헤롯가문 사람들과 면세되는 상위 계층들의 다른 멤버들에 의해서, 점령된 이스라엘의 지배귀족이었던 대제사장들에 의해서 사용된 동전이었다.[48]

데나리온을 가져왔을 때, 마가의 예수는 그것에 담겨있는 초상과 명각이 누구의 것인지를 질문한다. 오직 가능한 대답은 '가이사의 것' 이다. 유대의 율법은 성전에서 어떠한 초상이 존재하는 것을 금한다. 데나리온에 새겨진 문구는 "대제사장, 신 아우구스투스의 아들, 티베리우스 가이사" 이었다. 마가의 예수는 이렇게 말한다.

---

48) A. B. Ogle, "What is Left for Caesar? A Look at Mark 12:13-17 and Romans 13:1-7," *Theology Today* 35 (3, 1978): 256. 또한 J. S. Kennard, *Render to God: A Study of the Tribute Passage* (New York: Oxford University Press, 1950)를 보라.

가이사의 것은 가이사에게, 하나님의 것은 하나님께 바치라(17절).

이 선언의 영향은 교회와 국가의 복잡한 관계에 관한 모든 일련의 논의들에 이르기까지 타당성을 지속한다. 테일러(Vincent Taylor)는 "예수는 하나님의 요구가 모든 것을 포용한다고 주장하나, 결국 그는 국가에 대한 의무들이 신적인 질서 내에 있다는 것을 인정한다"[49]고 주장한다. 이 견해는 많은 다른 유사한 견해들 가운데, 널리 알려진 대표적인 것이다. 그러나, 이 견해는 설득력이 부족하다. 왜냐하면, 마가의 묵시적인 세계관에서는, 민족의 적들이 일부 우주적인 악의 세력들을 위한 대리자들로 보일 수 있고, 악의 세력들의 패배는 신적인 개입에 의해서 성취될 것이기 때문이다. 가이사의 세계는 하나님의 세계와 첨예하게 대조된다. 이 두 세계는 마가에게는 구별된 영역들이다.

이와 비슷하게, 슈바이쩌(Eduard Schweizer)의 논증 역시 매우 의문스럽다.

> 예수의 대답은 다른 사람에게 속한 재산은, 그것이 정당하게 획득되었느냐의 여부와 상관없이, 반환되어야 한다는 원칙에 토대를 둔다. 이러한 진술에 의해서, 초기 그리스도교는, 세계가 중요하지 않고 사라지게 될 것이라는 묵시적인 관점으로부터, 그리고 세계가 악한 것에 속하였기 때문에 싸워야하는 어떤 것이라고 믿는 젤롯당의 태도 그 자체로부터 예수를 명확하게 구분 짓는다. …모든 것이 하나님께 속한다.[50]

---

49) V. Taylor, *The Gospel According to St. Mark* (London: Macmillan Publishing Co., 1963), 480.
50) E. Schweizer, *Mark*, 244.

마가의 예수에 의해서 제시된, "가이사의 것은 가이사에게 돌리라"라는 말은, 슈바이쩌가 주장한 것과는 달리, 예수가 묵시적인 관점에서 멀리 떨어져 있기 때문이 아니고, 현재의 세계가 중요하다고 생각했기 때문도 아니다. 오히려, 이 말은 그가 현재의 악한 세계가 하나님의 세계에 의해서 대치된다는 묵시적인 세계관에 의해서 영향을 받았기 때문이다. 성전 안으로 가이사의 초상들과 표어들을 가져오는 사람들, 곧 악한 세계에 속해 있는 그 사람들은 가이사에게 그가 요구하는 것을 바쳐야 한다. 그러나 신들이라고 주장하는 사람들의 초상들로 성전을 더럽히는 것을 거부하는 믿는자들, 곧 하나님의 세계에 속한 믿는자들은 삶의 모든 것을 하나님에게 바쳐야 한다.[51]

언뜻 보면, "가이사에게 돌리라"라는 말은 세금을 지불하도록 독려하는 것처럼 보인다. 그러나, 마가는 독자들이 이 말을 통해 또 다른 이해의 수준에서, 가이사에 대한 세금의 지불을 거절하는 아이러니한 표현으로 보도록 의도한다. 가이사에게 돌리라는 것은 마가의 예수의 답변에 있어서 작은 일면에 지나지 않는다. 강조의 모든 무게는 하나님께 바침에 있다.[52] 마가의 예수가 두 대조적인 논점들을 제시할 때마다, 그의 의도는 대립하는 논점들 모두를 수용하려는 것이 아니라, 하나는 강조하고 다른 하나는 경시하려는 것이다. 의인들은 죄인들을 강조하기 위해서, 소개되었다(막 1.16-17). "손으로 짓지 않은" 성전을 강조하기 위해서, "손으로 지은 성전"이 제시되었다(14.58).[53]

---

51) A. B. Ogle, "What is Left for Caesar?," 257.
52) H. Anderson, *The Gospel of Mark* (Grand Rapids: Wm. B. Eerdmans Publishing Company, 1976), 275.
53) 막 14장 58절에 대해서, 주얼(Donald Juel)은 "…동의하기 위한 거짓 증거와 증인들의 실패에 대한 진술들임에도 불구하고, 거기에는 저자가 어떤 면에서 참된 것으로, 즉 또 다른 이해의 측면에서 참된 것으로 독자들이 이 항목을 보도록 의도하는 지시들이다"라고 주장한다. D. Juel, *Messiah and*

따라서, "가이사에게 돌리라"라는 말은, 두 가지 측면에서 이해될 수 있다. 보다 깊은 측면에서, 이 말은 아이러니하게도 단지 "하나님께 바치라"라는 말에 비추어볼 때, 그 바침에 대한 거절을 표현하는 것으로 보인다. 하나님의 세상을 강조하기 위해서, "가증한 것들"로 상징될 수 있는 가이사의 세상이 소개된다. 동시에, 표면적인 측면에서, 이 말은 가이사에게 세금을 바치라고 독려하는 것으로 보일 수 있다. 가이사에게 바치는 것에 대한 노골적인 거절은

> 보다 정치적인 긴장을 자극할 수 있다. 왜냐하면, 그 당시 로마는 마가의 모든 크리스천들을 민족주의자인 젤롯당과 함께 다루려고 했기 때문이다.[54]

결국, 심지어 후자의 측면에서 보더라도, 세금을 돌리는 것은 원칙의 문제가 아니라, 마가공동체가 로마제국으로부터의 임박한 정치적인 핍박으로부터 생존할 수 있는, 일시적인 전략의 문제로 독려한 것이다.

리유(T. B. Liew)는 그의 최근의 마가연구에서 마가가 로마 식민 정책에 반대했음에도 불구하고, 그 기본 구조를 모방하여 자신의 복음서의 골격으로 삼았다고 주장했다. 곧 마가는 식민 정책의 폭정, 경계선, 힘이라는 세 가지 요소를 내면화 시켰다는 것이다. 이를 구체적으로 세론하면, 황제에 대한 충성을 예수에 대한 충성으로 바꾸고, 식민정책의 내부인-외부인이라는 경계선의 구조를 그대로 유지, 적용하고, 합

Temple, SBL Dissertation Series 31 (Missoula, Montana: Scholars Press, 1977), 57. 주엘에 따르면, "손으로 짓지 않은" 성전은 마가공동체를 상징한다.
54) J. A. Wilde, "A Social Description," 178.

법적 권위의 중요성을 인지, 재현했다는 것이다.[55]

 그러나 이러한 리유의 해석은 매력적이긴 하나, 일방적이다. 첫째, 황제에 대한 충성과 예수에 대한 충성의 동일시 문제인데, 이는 '충성' 자체에로 관심을 제한한다면 빗나간 추론은 아니다. 그러나 그 경우, 그 추론이 주는 정보의 내용은 빈약할 수밖에 없다. 가령 민주국가에서 통치자에 대한 충성이나 독재국가에서 통치자에 대한 충성이, '충성'이라는 점에서는 같다한다면 그 진단은 그 둘의 상당한 차이를 무시한 후 얻어지는 결론이 될 것이다. 곧 폭군에 대한 충성과 예수에 대한 충성은 질적으로 다르다. 폭군은 강압적 충성을 강요하나, 마가의 예수는 자발적 충성을 요구한다. 더구나, 마가에서 예수에 대한 충성이 폭군에 대한 충성의 전이인지, 모세에 대한 충성의 전이(가령, 막 10.1-11)인지는 판정하기 어렵다. 둘째와 셋째, 곧 내부인-외부인의 구분이나, 합법적 힘의 강조도 비단 정치적인 식민정책에만 나타나는 독특한 현상이 아니다. 이것은 모든 종교 활동의 보편적인 현상이다. 따라서 마가가 내부인-외부인의 구분을 적용했거나, 합법적 힘의 의의를 적용했다면, 이것이 당시 식민정책의 구조를 전이시킨 결과인지, 당시 유대 종교의 구조를 전이시킨 결과인지는 쉽게 판별할 수 없다.

 마가가 어떠한 구조를 채용했든지 간에, 그는 그것을 그것의 공급자와 대결하기 위한 수단으로 이용한다. 사회 정치적으로나 기존 종교적 기준으로 볼 때 내부자였던 황제나 종교지도자는 마가가 제시한 기준에 따라, 대결의 적대자로 규정되면서 결국 외부인으로 전락한다. 오히려, 그들의 기준에 따라 외부인이었던 마가공동체 멤버들이 마가

---

55) T. B. Liew, "Tyranny, Boundary and Might: Colonial Mimicry in Mark's Gospel," *JSNT* 73 (1999): 7-31.

의 기준에 따라, 내부인으로 격상된다.

5. 결어

마가가 본 예수는 윌슨이 분류한 종파의 일곱 가지 유형 중 '혁명주의자들'이라는 유형에 걸맞는다. 그러나 이 논문은 불필요한 혼란을 막기 위해 '혁명'이라는 용어 대신 '대결'이라는 용어를 선택했다. 더 나아가 윌슨의 획일적인 '혁명'의 내용에는 담겨있지 않은 대결의 종류를 세분하여, 이러한 전망으로 마가 본문을 주석했다. 마가는 예수가 예루살렘의 종교당국에 대해서는 주로 공개적으로 대결하고, 로마의 정치권력에 대해서는 주로 은밀히 대결하는 국외자로 묘사한다. 유대-로마 전쟁의 막바지에 성전을 정점으로 한 종교당국은 그 세력을 현저히 잃어갔고, 반면 로마당국은 그 승리의 기세를 몰아 유대인들을 무차별 살육하고 있었다. 우선, 마가는 예루살렘을 그 활동 영역의 중심으로 삼았던 기구는 그것이 유대교의 종교당국이든, 그리스도교의 사도계 지도 그룹이든 가리지 않고 공개적으로 대결했다. 예루살렘의 전통으로는 대참화를 겪고 있는 자신들의 삶을 해석할 수 없다고 판정했기 때문이었다.

반면, 로마당국에 대해서는 그 대결의 입장은 뚜렷이 유지했으나, 그 방법은 은밀한 형식을 취했다. 전쟁의 불씨가 유대인들의 로마황제 숭배거부와 납세거부, 그리고 열심당원들의 가세에 의해 촉발된 것으로 이해한 로마당국은 유대인들에 대한 가혹한 보복을 했다. 이때 로마당국의 눈으로 보면 유대인이나 그리스도인은 구별 짓기 어려웠다. 따라서 마가는 "가이사의 것은 가이사에게 돌리라"는 이중으로 해석될 수 있는 전승을 제시함으로써 표면적으로 자신의 공동체 멤버들은 납세를 거부하는 유대인들과 다르다는 것을 보여주고, 동시에 실제로 "하나님께 바치라"를 강조함으로써 완곡하게 납세를 거부하는 입장을 취했다. 마가는 "들을 귀 있는 자"만이 이것을 이해할 것으로 여겼다. 마가가 이러한 은밀한 대결의 형태를 취한 것은, 로마권력에 대한 공개적인 대결은 즉시 자신의 공동체 멤버들의 처참한 처형으로 이어졌기 때문이다. 결국 이것은 마가의 공동체 생존 전략의 일환으로 이해할 수 있다. 결국, 마가에 있어서 유대의 종교당국은 로마의 정치당국에 비해 상대적으로 덜 위협적이었다.

한편, 예수를 대결적 국외자로 설정한 마가의 보도는 마가공동체의 내적 결속에 기여했을 것이다. 다른 그룹들과의 외적 갈등은 그 그룹 내부의 정체성을 재강화하는 데 기여하고, 주변의 사회적 세계에 대하여 그 그룹의 경계를 유지하는데 기여하게 되기 때문이다.[56] 공동체결속은 마가에게 있어서 가장 긴급한 과제 중의 하나였다. 왜냐하면, 그 공동체는 종교적, 사회-정치적 불안의 한 가운데서 목자 없이(6.34) 흩어지고 있었던 방랑하는 순례자들이었기 때문이다(14.27).

---

[56] Lewis A. Coser, *The Functions of Social Conflict* (Glencoe, Ill.: The Free Press, 1956), 38. 사회적 갈등이라는 주제에 대한 보다 깊은 연구를 위해서는, Coser, *Continuities in the Study of Social Conflict* (New York: The Free Press, 1967)를 보라.

제3장
마태복음서의 예수와 세례 요한

제3장
마태복음서의 예수와 세례 요한

1. 서언

이 장의 목적은 마태복음서의 예수와 세례 요한을 로마의 지배체제라는 사회정치적 정황을 배경으로 조명하는 것이다. 마태복음서의 예수와 세례 요한에 관한 기존의 연구는 주로 신학적이고 종교적인 측면에서 이루어졌다.[1] 이러한 연구 경향은 마태복음서 이해에 일정한 기여를 하였으나, 1세기 로마의 지배체제라는 정치, 사회적 현실을 도외시하는 결과를 초래했다.

1세기 지중해 세계는 로마제국의 지배 아래 놓여 있었다. 이러한 상황에서 시리아 및 팔레스타인에서 일어나는 유대인의 여러 운동들은 로마의 지배체제와 관련하여 일정한 사회정치적인 함의를 띨 수밖에 없었고,[2] 예수와 세례 요한의 활동 역시 예외가 될 수 없었다. 마태복음서 저작 시점인 90년대에는 유대-로마 전쟁 이후 로마의 팔레스타

---

1) 마태복음서의 예수와 세례 요한 연구사를 위해서는 Gary Yamasaki, *John the Baptist in Life and Death: Audience-oriented Criticism of Matthew's Narrative* (Sheffield: Sheffield Academic Press, 1998), 33-63.
2) R. A. Horsley and John S. Hanson, *Bandits, Prophets, and Messiahs: Popular Movements at the Time of Jesus* (San Francisco: Harper & Row, 1985).

인 통치가 더욱 직접적이고 강력해진 때였기에 마태복음서 연구에 로마의 지배체제를 고려하는 것은 적절한 연구 배경의 설정이라 할 수 있다.3)

이 장(章)은 마태의 예수와 세례 요한이 로마의 지배체제에 맞서 형성한 '반로마체제공동전선' 과, 그 공동전선의 강령 및 선포의 사회정치적 의미를 해명한다. 또 이 '반로마체제공동전선' 내에 존재했던 마태공동체와 세례 요한공동체 사이의 상호 경쟁과 마태공동체의 우위 확보 전략을 탐구할 것이다. 마태의 예수와 세례 요한에 관한 사회정치학적 접근은 마태의 중요한 두 인물 뿐 아니라 마태공동체에 대한 이해의 지평을 확장하는데 기여할 수 있을 것이다.

2. 마태의 예수와 세례 요한의 반로마체제 공동전선

유대-로마 전쟁 전, 로마제국은 1세기 시리아와 팔레스타인 지역을 통치하였고 그 지역의 유대인들은 명목상의 자치를 유지하였다. 로마제국은 후원자(patron)로 실질적이고 최종적인 통치권을 행사했고, 자신의 뜻에 따라 지역 지도자들을 중개자(broker)로 세우는 대리 통치의 전략을 취했다.4) 이것은 로마의 지배 비용을 줄여줄 뿐 아니라 피식민

---

3) 마태복음서 해석의 배경으로 로마제국을 본격적으로 도입한 연구로는 Warren Carter, *Matthew and the Margins - A Sociopolitical and Religious Reading* (New York: Orbis Books, 2001); Idem, *Matthew and Empire: Initial Explorations* (Harrisburgh, Pennsylvania: Trinity Press International, 2001)를 들 수 있다. 최근 마태복음서의 유대적 성향을 강조하던 학자들도 마태 해석에서 차지하는 로마 제국의 중요성에 주목한다. John Riches and David C. Sim, eds., *The Gospel Of Matthew In Its Roman Imperial Context* (Edinburgh: T. & T. Clark Publishers, 2005).
4) 이러한 통치 형태를 흔히 '후원자체제'(patronage)라고 부른다. S. N. Eisenstadt and L. Roniger, "Patron-Client Relations as a Model of Structuring Social Exchange," *Comparative Studies in*

지인, 특별히 유대인들의 종교적 반감을 완화하는 효과를 가져왔다. 로마는 자신의 이익에 부합하는 지역 엘리트들을 임명, 관리, 교체하는 것만으로 광범위한 지역의 통치를 수행할 수 있었을 뿐 아니라, 지역 부역자들을 통해 로마에게 직접 납세하기를 꺼려했던 유대인들의 정서를 효율적으로 조절하였다.

기원 후 6년 아켈라오(Archelaus)가 추방되어 유대와 사마리아가 로마의 직접 통치 대상이 되고, 유대인들이 로마에게 직접 납세하게 되었을 때 로마는 갈릴리의 유다가 일으킨 급진적인 신정주의적 저항에 직면하게 되었다. 이러한 저항과 반발은 기원후 44년 아그립바 1세가 죽고 갈릴리 역시 로마의 직접 통치를 받게 되었을 때, 갈릴리 유다의 아들들에 의해서 다시 촉발되었다(Josephus, *Ant.* 18.4ff, 23-25; *War.* 2.117ff). 이와 같은 일련의 사건들은 세금징수의 효율과 통치의 안정성을 위해 유대의 지역 엘리트들의 도움이 계속적으로 필요하다는 점을 로마에게 재인식하게 하였다. 따라서 로마는 자신들이 택한 지역 지도층들에게 세금 징수를 지속적으로 맡기고, 대신 그들의 지위와 특권을 유지하게 하여, 통치의 수월성을 지속했다. 예를 들어 아켈라오 이후 유대 지역은 로마의 직접 지배 지역이었지만, 로마는 대제사장직을 임명하고, 그에게 납세의 책무를 맡겨 통치의 수월성을 도모했다. 요세푸스는 이러한 통치 체제에 대한 기록을 남겼다. 그에 따르면 당시의 대제사장직은 납세문제와 대단히 밀접히 연루되어 있었다. 가령 대제사장직

Society and History 22 (1980): 42-77. 신약 연구에 후원자체제를 소개하고 적용한 작품들로는 John Dominic Crossan, *The Historical Jesus: The Life of a Mediterranean Jewish Peasant* (San Francisco: HarperSanFrancisco, 1991); Efrain Agosto, "Patronage and Commendation, Imperial and Anti-imperial," in *Paul and the Roman Imperial Order*, ed. by Richard A. Horsley (Harrisburg: Trinity Press International, 2004), 103-123 등이 있다.

을 얻고자 하는 이들은 로마에게 더 많은 양의 납세를 경쟁적으로 약속하였다(Ant. 20,213). 로마의 인정을 받은 예루살렘의 대리 통치자들은 그들이 약속한 세금의 양을 채우기 위해 유대 촌락이나 가문의 장로들에게 일정한 세금을 책임지도록 강요했다.5)

로마가 그들의 통치를 지역의 대리인들을 통해 이루고자 했기 때문에 그 대리인들을 거부하는 행위는 크게 두 가지로 나누어진다. 하나는 로마와 그 대리인들의 통치, 둘 모두를 거부하는 것이다. 다른 하나는 로마의 권위는 인정하되, 그 대리인들만을 부정하는 것이다. 후자의 경우, 곧 로마의 대리인들만을 거절하고자 하는 세력들은 대리인의 교체를 로마의 승인 아래서 달성하고자 했다. 대표적인 예로 아켈라오의 대리 통치권을 반대하던 일단의 유대인들이 벌인 정치적 행위를 들 수 있다. 예레미아스(J. Jeremias)는 요세푸스의 고대사와 전쟁사를 통해 아켈라오가 유대지방에 대한 그의 통치권을 확인하기 위해 로마로 떠나갔는데, 동시에 유대인 대표 50명이 그의 임명을 저지하려고 로마로 갔다는 역사적 사실을 지적했다.6) 유대인 대표들은 로마로 대리 통치권의 승인을 받으러 가는 아켈라오를 뒤따라가, 아켈라오에게 대리 통치권을 주지 말 것을 로마에게 청원했다. 로마의 통치를 인정하지만 그 대리인을 반대하고자 할 때에는 이와 같이 로마에게 호소하는 방식을 택하였다. 이는 주로 로마로부터 대리 통치권을 인정받지 못

---

5) 로마의 과도한 세금 및 공출 요구와, 로마에 대한 저항은 직결되는 경우가 많았다. 바 코크바 항쟁의 중심지 역할을 했던 유대의 베타르(Bethar) 지역은 로마군대에 의해 조상 대대로 물려 받은 토지를 빼앗긴 거주민들이 사는 곳이었다. K. C. Hanson and Douglas E. Oakman, *Palestine in the Time of Jesus - Social Structures and Social Conflicts* (Minneapolis: Fortress Press, 1998), 115-16.
6) 예레미아스는 이른바 '므나의 비유' (눅 19.11-28)에 이러한 역사적 정황이 반영되어 있다고 지적했다. J. Jeremias, *The Parables of Jesus* (New York: Charles Scribner's Sons, 1963), 59-60. 이 비유의 해석을 위해서는 본 저서의 제 5장을 보라.

한 대리 통치 후보 세력, 다시 말해 지역의 또 다른 엘리트들이 택한 방법이었다. 그러나 제2성전 시대 유대교에서, 로마가 아니라 하나님에게 억압적인 이방 세력과 결탁해 있는 자신들의 유대 통치자들을 교체해 달라는 요청이나 염원은 이방 통치자들에 대한 심판 전승과 깊이 관련되어 있었다. 기원 후 1세기에 나온 『솔로몬의 시편』은 이 전승의 단면을 보여준다.

> "주님, 보시옵소서. 그들[이스라엘]을 위하여 그들의 왕, 다윗의 아들을 일으키셔서 주의 종 이스라엘을 통치하게 하소서. 능력으로 그를 두르사 불의한 통치자들을 멸망케 하시고, 예루살렘을 짓밟고 파괴하였던 이방인들로부터 예루살렘을 깨끗하게 하소서. … 그들의[불의한 통치자] 모든 것들을 철장으로 부수시고, 무도한 열방들을 그 입의 말씀으로 멸하소서" (Ps. Sol. 17.21-4).

마태가 활동하던 시기에는 이방의 압제와 그에 부역하는 '악한 세대'의 지도자들이 하나님의 대리인에 의해 심판 받을 것이라는 전승이 풍부한 시대였다.[7] 이러한 전승을 배경으로 하여 마태는 "이 악하고 음란한 세대"(12.39)의 지도자들과, 하나님의 대리인인 예수 및 세례 요한의 전면적 대치를 보도한다. 다시 말해, 마태는 그 세대의 지도자들과 대치하고 있는 예수 및 세례 요한의 '공동전선'을 묘사하고, 그 공동전선의 적대자들의 정체를 인종적, 종교적 차원이 아니라 사회정치적인 측면에서 조명한다. 우선 마태는 세례 요한과 예수가 격렬히

---

7) N. T. Wright, *Jesus and the Victory of God* (Minneapolis, MN: Augsburg Fortress Publishers, 1997); Richard A. Horsley, *Jesus and Empire: The Kingdom of God and the New World Disorder* (Minneapolis, MN: Augsburg Fortress Publishers, 2004), 35-53, 79-104.

맞선 대상이 전체 유대인 무리가 아니라 유대인의 지도자로 행동하는 사람들이었음을 명확히 한다. 그는 예수 및 세례 요한에게 맞선 유대인 지도자들과 유대인 무리를 의식적이고 선명하게 구분한다.

3장 1-6절에서 마태는 세례 요한이 유대 광야에 등장하고 요단 강에서 세례를 베푸는 장면을 보도한다. 마태는 "예루살렘과 온 유대와 요단 강 부근 사람들이 모두 다"(5절) 세례를 베푸는 요한에게 나아 왔고, 그들이 죄를 자복할 때 요한이 세례를 준 것으로 보도한다. 이 때 요한은 어떤 질책의 말도 없이 자신에게 세례를 받으러 나오는 사람들을 맞아들인다. 그러나 7절에 이르러 상황은 급변한다. 유대인 지도자들 곧 "많은 바리새인들과 사두개인들"이 세례 베푸는 데로 나오는[8] 것을 보고, 요한은 그들을 향해 "독사의 자식들"[9]이라는 저주의 말과 함께 그들에게 임박한 진노를 선언한다(7절). 이어 요한은 바리새인들과 사두개인들에게 회개에 합당한 열매를 요구하고(8절), 아브라함의 혈통적 후손됨의 무용함을 나무 뿌리에 놓인 도끼의 비유(9-10절)로 경고하며, 이후 심판과 구원을 실행할 메시아에 대하여 예언한다(11-12절).

마태의 세례 요한이 그에게 나오는 무리와 유대인 지도자들을 날카

---

[8] 표준새번역과 새번역(표준새번역개정)은 7절의 "ἐρχομένους ἐπὶ τὸ βάπτισμα αὐτοῦ"를 "세례를 받으러 오는"으로 번역한다. 그러나 이 번역은 개역 및 개역개정의 "세례 베푸는 데로 오는"의 번역보다 후퇴한 것이다. 요한과 그의 '세례'는 성전 체제에서 기득권을 누리던 사두개인들을 위협하는 것이었고, 바리새인들의 율법해석과 구전전승에 의한 행동을 열매 없는 것으로 선언하며 비판한다. 또한 마태는 요한에게 나아오는 무리들이 요한에 의해 세례를 받았다(ἐβαπτίζοντο ὑπ' αὐτοῦ)고 분명히 보도하는 반면, 요한이 바리새인들과 사두개인들에게 세례를 주었다는 언급은 하지 않는다. 데이비스와 앨리슨(W. D. Davies/Dale C. Allison, Jr.)이 지적한대로 전치사 'ἐπί'가 문법적으로 '반대하여'(against)를 의미할 수 있다는 점을 감안하면, 마태의 바리새인들과 사두개인들이 요한에게 "세례를 받으러" 왔다는 표준새번역과 새번역의 번역은 'ἐπί'의 '위하여'라는 뜻을 지나치게 강조한 번역이라고 할 수 있다. W. D. Davies and Dale C. Allison, Jr., *Commentary on Matthew*, 3 vols (Edinburgh: T&T Clark, 1987-1997), 1:304. 따라서 "ἐρχομένους ἐπὶ τὸ βάπτισμα αὐτοῦ"를 "세례 베푸는 데로 오는"으로 번역한 개역과 개역개정이 독자들에게 더 넓은 해석의 가능성을 제공한다.

[9] 키너는 이 저주의 말이 담은 심각성을 환기한다. Craig S. Keener, " 'Brood of vipers' (Matthew 3.7; 12.34; 23.33)," *JSNT* 28 (1, 2005): 3-11.

롭게 구분한 것은 누가의 보도와 사뭇 다르다. 누가의 세례 요한은 유대 지도자들 곧 "바리새인과 사두개인"이 아니라 세례를 받으러 나아오는 "무리에게"(ὄχλοις) "독사의 자식들"이라는 저주의 말과 장차 올 진노를 경고한다(눅 3.7). 또한 회개에 합당한 열매를 맺을 것과 아브라함의 혈통적 후손의 무용함을 말한다. 누가의 무리는 자신들을 향한 요한의 심판 선언에 대해 자신들이 어떻게 해야 할 것인가를 묻는다. 요한은 무리들 중 세리와 군인들, 그리고 "옷 두 벌 있는 자"와 "먹을 것이 있는 자" 곧 최소한의 여유를 가지고 있는 이들에게 회개에 합당한 윤리적 교훈을 전한다(눅 3.10-14).

누가의 요한은 자신에게 나아오는 전체 '무리'를 향해 저주의 말을 퍼붓지만, 마태의 요한은 저주의 대상을 오직 '바리새인과 사두개인'에게만 한정한다. 누가에서는 '무리' 전체가 '회개에 합당한 열매'를 맺지 못한 채 임박한 진노를 맞을 위험에 처해있는 반면, 마태는 하나님의 진노의 대상이 '바리새인과 사두개인'으로 국한되어 있다. 도리어 누가의 요한에게 비판 대상이었던 세리와 창기는 마태의 요한을 기꺼이 받아들인 것으로 되어 있다(21.32).

마태의 예수 역시 유대인 지도자들과 이스라엘의 무리들을 명확하게 구분한다. 그는 이른바 "의인"이 아니라 "죄인"을 위해 왔다고 선언하고(9.13), 무리, 심지어 "세리와 죄인"(9.10; 11.19)까지도 적극적으로 맞아들인다. 그러나 예수는 유대인 지도자들에 대해서는 '독사의 자식들"이라고 부르며 심판을 선언한다(23장). 21장 33-46절의 소위 "사악한 포도원 농부의 비유'는 마태의 예수가 지도자들과 이스라엘 무리를 구분하며, 전체 이스라엘이 아니라 유대 지도자들에게 비판의 초점을 맞추고 있음을 보여주는 본문 가운데 하나이다.

프랑스(R. T. France)는 마태 21장의 비유가 전체 이스라엘에 대한 심판을 의미하는 구절이라고 주장한다. 그에 의하면, 그 비유에 속한 21장 43절은 '이스라엘을 대체하는 새로운 하나님의 백성이 존재해야 한다는 마태의 견해가 가장 확실하게 선언' 된 구절이다.[10] 올름스테드(W. G. Olmstead)도 이러한 입장에 동조하고 있다.[11] 그러나 이 비유는 이스라엘을 의미하는 '포도원' 이 아니라 열매를 제 때에 바치지 않는 '농부' 들을 비판한다(21.43).[12] 이 비유를 듣고 있던 유대인 지도자들인 '대제사장들과 바리새인들' 도 이 비유가 "자기들을 가리키는" 것임을 확실히 알아챘다(21.45). 이 때 예수가 유대인 지도자들의 결정적인 버림받음을 나타내기 위해 차용한 '열매를 바치지 못함' (41절)은 마가와 누가의 병행본문에는 없는 것으로 요한이 '바리새인과 사두개인' 을 비판할 때 쓰던 바로 그 형용이었다. 이와 같이 마태의 예수와 세례요한 모두 무리와 유대인 지도자들을 구분하고, 무리는 받아들인 반면에 지도자들을 향해서는 격렬한 비판을 감행한다.

이제 마태가 비판하는 주요 대상의 정체와 그 특징을 살펴보자. 마태는 로마의 지배체제라는 사회정치적 현실에 어떻게 대응하느냐를 예수 및 요한의 공동전선과 유대인 지도자들을 나누는 주요 기준으로 사용한다. 말을 바꾸면, 마태복음서에서 예수 및 요한의 공동전선과 그들의 적대자들의 대치는 신학적, 교리적 차이가 아니라 로마의 지배

---

10) R. T. France, *The Gospel according to Matthew* (Grand Rapids: Eerdmans, 1985), 310.
11) Wesley G. Olmstead, *Matthew's Trilogy of Parables - The Nation, the Nations and the Reader in Matthew 21.28-22.14* (Cambridge: Cambridge University Press, 2003).
12) Anthony J. Saldarini, *Matthew's Christian-Jewish Community* (Chicago: University of Chicago Press, 1994), 44-45; J. Andrew Overman, *Church and Community in Crisis - The Gospel according to Matthew* (Valley Forge, Pennsylvania: Trinity Press, 1996), 303; K. R. Snodgrass, "Recent Research on the Parable of the Wicked Tenants: An Assessment," *BBR* 8 (1998): 192-213; D. L. Turner, "Matthew 21:43 and the Future of Israel," *Bibliotheca Sacra* 159 (2002): 46-61.

체제에 부역하느냐의 여부로 형성된 것으로 보도된다. 마태가 특징적으로 사용하는 '바리새인과 사두개인'이라는 표현은 이를 뒷받침할 여러 증거 가운데 하나이다.

마태는 세례 요한이 자신에게 나아오는 '많은 바리새인들과 사두개인들'(πολλοὺς τῶν Φαρισαίων καὶ Σαδδουκαίων)을 비판했다고 보도한다(3.7). 마이어(John P. Meier)는 마태가 하나의 관사(τῶν)로 바리새인과 사두개인을 묶은 것에 대해 다음과 같이 주장한다.

> "바리새인과 사두개인을 … 하나의 그룹으로 묶는 것은 마태 저작 시점이 70년 이전이건 이후이건 간에 상관없이 비역사적인 것이다. 전통적으로 적대적인 두 집단을 마태가 분별없이 묶은 것은 그가 개인적으로 유대교 당파에 대해 익숙하지 않았거나 심지어 그 자신이 유대인이 아니었다는 증거이다."[13]

그러나 이렇게 바리새인과 사두개인을 하나의 집단처럼 묘사한 것은 마태가 그 두 집단의 차이를 몰랐다기보다는[14] 마태가 특정한 기준에 따라 두 집단이 동일 목적을 가지고 움직이는 하나의 집단이었음을 천명하기 위한 것이다. 이는 마가복음서 8장 11-21절의 세부적인 부분에 대한 의도적이고 면밀한 마태의 변경에서 확인된다(16.1-12).

마가는 '바리새인들'이 예수에게 나아와 하늘로부터 오는 표적을 구했다고 보도한다. 마가의 예수는 이를 거절하고, 이후 배에 올라

---

13) John P. Meier, "John the Baptist in Matthew's Gospel," *JBL* 99 (3, 1980): 383-405, 인용은 389, n.2.
14) 마태가 바리새인과 사두개인의 두 집단에 대해서 상세히 알고 있었다는 주장에 대해서는 W. D. Davies and Dale C. Allison, Jr., *Commentary on Matthew*, 1:31-2을 보라.

'바리새인들의 누룩과 헤롯의 누룩을 주의하라'고 제자들에게 경고한다. 마태는 이 장면을 변경한다. 마태에서는 하나의 관사로 묶인 "바리새인들과 사두개인들"이 예수를 시험하는 주체로 나선다(16.1). 마태의 예수 역시 표적에 대한 요구를 거절하고 배에 오르고 나서, 제자들에게 "바리새인들과 사두개인들의 누룩"을 경계하라고 당부한다. 이 때에도 바리새인들과 사두개인들의 누룩은 하나의 단수 관사(τῶν)로 묶여 있다(16.6). 마가에는 '바리새인들의 누룩과 헤롯의 누룩' 이라는 어구가 다시 등장하지 않는 반면, 마태복음에는 16장 11절에 '바리새인들과 사두개인들의 누룩' 이 반복된다. 나아가 마태의 예수는 12절에서 바리새인들과 사두개인들의 누룩이 무엇인지를 해명하는 자리에서 다시 한 번 바리새인들과 사두개인들이 하나의 단수 관사로 묶인 가르침(τῆς διδαχῆς)을 소유한 것으로 묘사한다. 이와 같은 변경은 매우 의도적인 것으로 마태가 익히 잘 알고 있는 두 그룹을 특정한 기준에 따라 한 데 묶으려 했다는 것을 보여준다.

　마태가 바리새인과 사두개인 및 그들의 가르침을 하나의 관사로 묶은 기준은 신학적이고 종교적인 것이 아님은 분명하다. 마태는 사두개파가 부활을 부정한다는 사실을 알고 있었고(22.23),[15] 바리새인들이 장로들의 전통과 그들만의 율법 해석을 따른다는 것을 알았다(15.2-6;

---

15) 마태는 막 12.13-37의 4개의 논쟁이야기를 22.15-41에서 새롭게 기록한다. 이 때 마태는 예수에게 논쟁을 걸어온 대상을 마가의 '바리새파 사람들과 헤롯당원' (막 12.13)에서 '바리새파 사람들의 제자들과 헤롯당원들' (마 22.15-16)로, 마가의 '율법학자' (막 12.28)에서 '바리새파 사람들 가운데 한 율법 학자' (마 22.34-35)로, 특정한 청중이 밝혀지지 않은 채로 마가의 예수가 스스로 물은(막 12.35) 질문을 '바리새파 사람들이 모였을 때' 예수가 바리새파 사람들에게 물은 것으로(마 12.41) 각각 변경한다. 앞의 세 논쟁 이야기 가운데 뒤의 두 개는 확실히 논쟁 상대로 바리새파가 강조되었다. 그리고 첫 번째 논쟁 상대는 마태공동체 당시 바리새파의 후예들과의 논쟁 정황이 반영된 것으로 보인다. 이런 경향 가운데도 마태는 부활에 관한 논쟁의 상대에 관해서만은 바리새인에 대한 어떤 언급도 하지 않고 오직 사두개인만을 부활과 관련짓는다. 이것은 마태가 사두개파와 바리새파 각 그룹의 신학적 차이점이 무엇인지를 알고 있었다는 증거 가운데 하나이다.

23.16-24 등등). 또한 마태가 그 차이로 말미암아 두 그룹 사이에 경쟁관계가 존재했음을 몰랐다고 할 수 없다. 그렇다면 마태는 어떤 기준에서 하나의 관사로 바리새파와 사두개파 및 그들의 가르침을 묶은 것인가?

사두개파는 기원후 70년 자신들의 기반이었던 성전이 파괴되고 나서, 더 이상 실질적인 영향력을 행사할 수 없었다. 마태복음서 저작 시점인 90년대에, 마태공동체가 활동하던 시리아 지역에서 자신을 사두개파라고 주장하는 사람들을 만나기란 매우 어려웠을 것이다. 그런데도 마태가 사두개파를 바리새파와 짝 지우는 것은 사두개파가 보여주었던 사회정치적 지위와 입장 때문이다. 사두개파는 하스모니아 통치 말기 때부터 성전 제의 및 대제사장 가문들과 결탁하여 유대 사회의 지도층으로 등장했다. 로마에게 유대의 통치권이 넘어간 후, 로마의 유대 지배체제였던 이른바 성전 체제 속에서도[16] 사두개인들은 산헤드린 등의 권력 기구를 통해 보수적인 성향을 드러내며, 로마와 철저히 협조하였다.[17] 사두개파는 적어도 로마로부터 임명을 받은 한 명(안나스) 이상의 대제사장을 배출했다. 요세푸스는 사두개파를 정치적 권

---

16) 요한의 세례 운동은 성전의 정화 기능과 경쟁한다는 점에서 성전 체제에 대한 비판이라고 할 수 있다. 이것은 일면 타락한 종교 체제에 대한 비판인 동시에 성전 체제를 통하여 유대 지역을 통치하고자 하였던 로마 지배체제에 대한 반대이기도 하다. Robert L. Webb, *John the Baptizer and Prophet: A Socio-historical Study* (Sheffield: JSOT Press, 1991), 370-73. 성전 체제에 대한 반대는 로마에 의해 세워진 대제사장에 대한 혐오와 이어졌다. 반로마항쟁을 벌이던 유대인들은 예루살렘을 장악한 후 제일 먼저 대제사장 아나니아의 집을 불태웠고, 그 후에 아나니아와 그의 형제들을 차례로 살해했다(*War*. 2.426). 이것은 로마에 의해 임명되던 대제사장 성전 체제가 반로마항쟁을 벌이던 이들에게 로마지배체제로 여겨졌던 것을 반증한다. 반로마항쟁을 벌이던 이들은 성전 자체를 없애기보다는 자신들의 새로운 대제사장을 세우고자했다. 로마에 투항하고 로마의 지배를 하나님이 정한 운명으로 받아들이라고 설득하던 요세푸스는 로마가 임명하지 않은 새 대제사장을 세우고자 하는 이들을 격렬히 비판함으로써 기존 성전 체제와 로마 지배체제의 긴밀성을 드러낸다(*War*. 4.147-325).

17) K. C. Hanson and Douglas E. Oakman, *Palestine in the Time of Jesus*, 146-48.

력과 부, 그리고 높은 사회적 지위를 누리던 이들로 묘사한다(*Ant.* 18.17).

바리새파는 성전보다는 율법 해석과 조상들의 전통에 근거해 민중들에게 영향력을 확대하려 했다. 바리새파의 활동은 당시 사회정치체제를 유지하고 강화하는 것을 목적으로 삼거나, 설혹 그러한 목적 의식이 없다 하더라도 로마의 유대 지배체제 곧 성전 체제 운용에 순기능을 담당했다. 다시 말해, 성전 파괴 이전 바리새파는 로마의 유대 지배체제 곧 성전 체제에 협조적인 분파였다. 마태는 이러한 바리새파의 모습을 여실히 보여준다. 주목할 만한 본문 중 하나는 로마 황제에게 유대인이 세금을 바치는 것이 옳은가를 두고 벌인 논쟁이야기이다 (22.15-22).[18] 그곳에서 바리새파 사람들은 자기 제자들을 헤롯 당원들과 함께 예수에게 보낸다. 헤롯 당원들은 헤롯 가문의 지지자들로서 헤롯 가문의 권위가 로마의 호의에 힘입어 완전히 회복되기를 소망하는 이들이었고,[19] 로마 황제를 위한 납세에 실질적인 관심을 갖고 있었다. 여기서 마태의 바리새파가 납세에 대해 부정적인 견해를 보이면서 제자들을 헤롯 당원들과 함께 보냈으리라는 추정하는 것은 설득력이 없다. 마태의 바리새파는 납세에 관한 한 헤롯 당원들과 유사한 입장을 갖고 있었던 것이다. 마태의 보도는 바리새파가 로마의 지배체제에 협력하고 있으며, 이 지배체제를 흔드는 인물에 대해 헤롯 당원들과 공동으로 대응하는 집단임을 보여준다. 바리새파는 또한 역사적으로 성전세를 적극적으로 납부한 집단으로 추정되는데,[20] 마태는

---

18) 이 단락에 대한 최근 논의로는 David T. Ball, "What Jesus Really Meant by "Render unto Caesar" (It's Not about Taxes)," *Bib Rev* 19 (2, 2003): 14-17, 52를 보라.

19) Marcel Simon, *Jewish Sects at the Time of Jesus* (Philadelphia: Fortress Press, 1967), 86.

20) S. Mandell, "Who Paid the Temple Tax when the Jews were under Roman Rule?," *HTR* 77

바리새파가 성전 체제의 유지에 도움을 준 십일조를 과도하게 강조한 것으로 보도한다. 더 나아가 마태는 바리새파가 엄격한 십일조를 강요하면서도 더 중요한 정의, 자비, 신의는 버렸다고 비판한다(23.23). 성전 멸망 이전 바리새파 역시 로마의 지배 형태인 성전 체제를 유지하는 데에 헤롯 당원과 공통의 이해를 가졌던 것이다.

마이어는 바리새인과 사두개인을 하나의 관사로 묶어 처리한 것이 두 집단에 대한 마태의 무지를 드러낸다고 주장하였지만, 그러한 주장은 마이어가 두 집단을 단지 종교적, 교리적 측면에서 바라볼 때에만 성립 가능한 것이다. 종교적, 교리적 기준이 아니라 사회정치적인 전망에서 바리새인과 사두개인을 바라보면, 그 두 종파는 충분히 하나의 관사로 함께 묶일 수 있다. 역사적으로도 이 두 종파는 로마의 지배체제를 유지하고, 공고히 하는 유대인 권력기구인 산헤드린에서 함께 공존했다. 또한 공동의 이익을 위해서 사두개파와 바리새파는 일정한 협력을 마다하지 않았다. 일례로, 요세푸스는 사두개인 대제사장이 주로 바리새인들로 구성된 대표단을 갈릴리에 보냈다고 보도한다(Life. 193-197). 이것은 바리새인과 사두개인이 로마의 지배를 인정하고, 그 지배체제에 협력하며, 로마의 지배를 공고히 하는 데에 일치한 하나의 역사적 증거이다. 따라서 마태는 성전 체제와 그것에서 오는 혜택을 누리며, 하나님의 대리인인 예수와 요한을 반대하는 그 두 집단을 사회정치적인 전망에서 하나의 관사로 묶을 수 있었다.[21]

더 나아가 마태는 바리새인과 사두개인 사이에 이루어진 긴밀한 공

(1984): 223-32.
21) 마태는 또한 마가와는 달리 성전체제의 핵심적 인물인 대제사장과 바리새인의 공동 행동(21.45, 27.62)을 보도한다.

조를 기술한다. 마태는 예수가 요한의 고난 소식을 '듣고'(ἀκούσας) 피하였다고 보도함으로써 그 둘 간의 공동 운명을 표현했는데, 이에 상응하게 마태의 바리새인들은 예수가 사두개인들의 입을 막았다는 소식을 '듣고'(ἀκούσαντες), 예수를 시험하기 위해 한 자리에 모였다(22.34). 예수는 자신 및 요한과의 공동 적대자들을 피하였고, 바리새인들은 자신들 및 사두개파와의 공동 적대자를 시험하기 위해 모였다는 차이점이 있다. 그러나 마태는 세례 요한과 예수의 공동 운명을 표현하는데 사용한, 또 마가에는 없는 용어(ἀκούσας)를 삽입함으로써 바리새파와 사두개파가 현 체제에 도전하는 예수를 저지하는 데 밀접히 협력하고 있음을 보여준다. 이는 바리새파와 사두개파가 표면적으로는 교리의 중요성을 내세우고 서로 거리를 두는 듯 하지만, 로마 지배체제를 유지하고 확장하는 데에는 서로 거리낌 없이 일치한다는 점을 독자들에게 폭로하는 것이다. 마태는 예수 및 요한을 공격하는 데에 공동 보조를 취한 바리새인과 사두개인이 결국 공동 운명을 맞이할 것임을 분명히 하고 있다. 마태의 예수와 세례 요한은 이스라엘이나 무리 전체가 아니라 하나의 관사로 묶인 바리새인과 사두개인들이 닥쳐올 징벌의 분명한 대상이 될 것이라고 천명한다(3.7; 23.33).

　마태는 로마 지배체제라는 사회정치적 차원에서 예수와 세례 요한의 공동적대자들의 정체를 밝히는 데에 그치지 않고, 예수와 세례 요한이 그들에 맞서 뚜렷한 공동 전선을 구축했음을 밝힌다. 이전의 학자들은 주로 유대인 지도자들 곧 대제사장, 백성들의 장로, 헤롯, 헤롯 안티파스, 서기관과 바리새인, 사두개인 등등이 하나님이 보낸 예수 및 요한에 반대하는 데에 일치했음을 지적하였다.[22] 그러나 그들은 예

---

22) W. Wink, *John the Baptist in the Gospel Tradition* (Cambridge: Cambridge University, 1968),

수와 세례 요한이 유대인 지도자들에 맞서 공동의 심상과 용어를 사용할 뿐 아니라, 공동 운명을 의식하며 서로 간에 긴밀히 연락을 취하여 공동전선을 능동적으로 형성했음을 지적하지 못했다.

마가 및 누가와는 달리 마태는, 세례 요한과 예수가 같은 심상과 용어를 사용하여 유대인 지도자들을 비판하는 것으로 보도한다.[23] 세례 요한은 유대인 지도자들을 '독사의 자식들'이라고 부르며, 그들이 합당한 '열매'를 맺지 못하는 이들이라고 선언한다(3.7-8). 또 아브라함의 '후손'이라는 혈통이 아니라 좋은 열매를 맺는 것이 심판의 기준이라고 천명하며, 다가오는 '심판'을 이들이 결코 피할 수 없을 것이라고 단언한다(3.9-10).[24]

마태의 예수 역시 유대인 지도자들을 비판하는 데에 세례 요한과 동일한 단어와 심상을 사용한다. 12장 33-35절에서 예수는 바알세불과 자신을 연결 지으려는 바리새인들을 '독사의 자식'으로 부르며, 좋은 '열매'를 맺느냐의 여부를 심판하는 기준으로 제시한다. 또한 예수는 그들에게 다가올 '심판'을 예고한다. 23장 29-33절에서도 예수는 '서기관과 바리새인들'을 '독사의 자식'이라고 부른다. 예수는 이곳에서도 그들에게 다가올 지옥의 '심판'을 예고하며, 그들이 선지자를 죽인 사람들의 '자손'이라고 선언한다. 이와 같이 마태의 예수와 요한은 공

27-41; John P. Meier, "John the Baptist in Matthew's Gospel," *JBL* 99 (3, 1980): 383-405; E. Krentz, "'None Greater among Those Born from Women': John the Baptist in the Gospel of Matthew," *Curr Theol Miss* 10 (1983): 333-38.

23) 이후의 논의는 유대인 지도자들을 향한 비판에 쓰인 용어와 심상에 한정한다. 예수와 세례 요한이 공유한 핵심 강령과 선포는 "3. 공동전선의 강령과 선포: 의와 하늘나라"에서 다룰 것이다.

24) 커크(Kirk)는 세례 요한의 날카로운 예언자적 선포와 Q의 차분한 지혜론적 자료 사이에 존재하는 긴장을 장르비교연구를 통해 풀어내려 한다. Alan Kirk, "Upbraiding Wisdom: John's Speech and the Beginning of Q (Q 3:7-9, 16-17)," *NovT* 40 (1998): 1-16. 그러나 커크는 Q를 지혜 자료로 부당하게 전제하는 논리적인 오류를 범했다.

통의 심상과 용어 곧 '독사의 자식들', 심판의 기준으로서의 '열매' 맺음, '다가올 심판', 혈통의 무용함 등을 통해 유대인 지도자들을 비판한다. 공통의 심상과 용어를 사용한다는 것은 예수와 세례 요한의 유대인 지도자 비판이 개별적으로 이루어진 것이 아니라, 공통의 비판의식과 담론을 공유한다는 뜻이다.

더 나아가 마태는, 마가를 변경하고 누가와는 달리, 예수와 세례 요한이 공동 적대자들에 대항하면서 신변에 관한 정보를 서로 주고받은 것으로 보도한다. 마태는 마가의 순서에 따라 예수가 요한에게 세례를 받은 후 40일간의 시험을 거쳤다고 보도한다. 이후 마태는 "요한이 잡혔다는(παρεδόθη)을 소식을 [예수가] 듣고(ἀκούσας), 갈릴리로 피했다(ἀνεχώρησεν)"고 보도한다(마 4.12; 막 1.14). 이에 대해 루쯔는 다음과 같이 주석한다.

> "세례 요한이 잡힌 후 예수는 갈릴리로 갔다. 수난이야기 덕분에 청중에게 익숙한 παραδίδωμι 동사는 여기서 예수와 요한이 선포와 운명에서 명백한 병행을 이루도록 하기 위해 사용되었다."[25]

루쯔의 주석은 부분적인 설득력만 지닌다. 왜냐하면 그는 마태가 4장 12절에서 마가를 변형하여 'μετά'를 삭제하고 대신 'ἀκούσας'를, 'ἦλθεν' 대신 'ἀνεχώρησεν'을 기록한 이유를 설명하지 못하기 때문이다. 'ἀκούσας'와 'ἀνεχώρησεν'이 마태의 예수와 세례 요한의 관계를 설명하는 데에 14장 13절에서 다시 한 번 사용된 단어들인 것을 고려하면, 루쯔의 주석은 마태의 의미를 충분히 드러내지 못했다고 할

---

25) U. Luz, *Matthew*, 2vols. trans. James E. Crouch (Minneapolis: Fortress Press, 1997-2001), 1: 294.

수 있다.

　마가의 예수는 요한이 잡힌 '후에'(μετά) 자신의 사역을 위해 갈릴리로 '갔다'(ἦλθεν). 이 때 'μετά'와 'ἦλθεν' 만으로는 요한이 잡힌 것과 예수 사역의 시작 사이에 연관성을 쉽게 추측할 수 없다. 그러나 마태의 예수는 요한이 잡혔다는 소식을 '듣고서'(ἀκούσας), 갈릴리로 '피했다'(ἀνεχώρησεν). 마태의 이 보도는 두 가지 추측을 가능케 한다. 하나는 예수가 세례 요한에게 일어나는 일에 관심을 가졌을 뿐 아니라 그에 관한 일을 들을 수 있는 통로가 있었다는 것이다. 또한 예수가 요한에게 일어난 일을 염두에 두고 활동을 판단했다는 것이다. 다른 하나는 세례 요한의 적대자가 예수에게도 똑같이 행하리라는, 곧 둘은 공동의 적대자에 의해 공동의 운명을 경험하도록 되어 있다는 것이다. 루쯔는 'παραδίδωμι'를 통해 이를 지적했지만, 요한의 체포 소식에 예수가 '피했다'는 것은 예수와 요한 사이의 공동 운명을 더욱 뚜렷이 보여준다.[26]

　14장 13절은 위의 두 추측에 무게를 더한다. 14장 1-12절은 헤롯 안티파스가 세례 요한을 죽인 이야기를 전해준다. 요한이 죽자 요한의 제자들은 그 시체를 거두었고, 그 소식을 예수에게 '가서 전해준다'(12절). 예수는 그 소식을 '듣고'(ἀκούσας), 거기서 광야 지역으로 '피했다'(ἀνεχώρησεν). 마가 및 누가와는 달리 마태는 14장 13절에서 4장 12절의 주요 두 단어를 똑같이 사용하면서, 요한 진영과 예수 사이에 긴밀한 상호 정보 교류와 두 사람의 공동 운명을 강조한다.

　11장 2절 역시 세례 요한과 예수 사이의 교류를 보여준다. 요한은

---

[26] 웹은 '피해갔다'보다는 '듣고서'가 요한의 체포와 예수의 갈릴리 후퇴 사이의 인과관계를 더 명확히 보여준다고 말한다. Robert L. Webb, *John the Baptizer and Prophet*, 58.

비록 감옥에 있었지만 예수의 일에 대해서 '듣고'(ἀκούσας) 이에 대해 질문하기 위해 그의 제자들을 예수에게 보낸다. 예수는 이에 자신이 무슨 일을 하는지를 요한에게 가서 '알리라'(ἀπαγγείλατε)고 요한의 제자들을 되돌려 보낸다. 이 장면에서 두 사람 사이의 대화 내용이 무엇이건 간에 둘은 서로의 생각과 행하는 일에 대하여 막힘없이 교류하는 모습을 보여준다. 마태의 예수와 세례 요한은 공동의 적대자들에게 공통의 심상과 용어를 사용하여 비판하고, 생각과 신상에 대한 정보를 서로 소통하며, 유사한 운명에 처해질 것으로 생각하였다. 이것은 이른바 로마지배체제에 맞선 공동전선이 예수와 세례 요한 사이에 능동적으로 형성되었음을 보여준다.

마태의 세례 요한과 예수는 공동의 운명을 나누고, 신상의 정보를 교류하며, 공통의 심상과 용어를 사용하여 유대인 지도자들에게 심판을 선언하는 하나의 공동전선을 구축한다. 반대로 유대 지도자들 역시 세례 요한과 예수에 대항하는 하나의 전선을 형성하는데, 이 전선은 종교적, 교리적 요소가 아니라 로마의 지배체제를 유지하고 공고히 하는 사회정치적 이해에 따라 형성된 것이다. 마태의 예수와 세례 요한은 로마의 적극적인 개입 및 인준 하에 성립된 유대인 지도자들의 통치 정당성을 인정하지 않고, 그 유대인 지도자들의 교체를 로마 제국의 승인 밖에서 구한다는 점에서 로마체제에 대해 저항하는 인물들로 나타난다. 하나님의 대리인들이 압제하는 이방 세력과 그에 부역하는 악한 세대의 지도자들을 심판하리라는 높은 사회적 기대와, 이 기대에 관련된 풍부한 심판 전승에 익숙했던 마태의 청중들은 하나님의 대리인인 예수와 요한이 로마에 협력하는 유대인 지도자들과 대치하며 형성한 공동전선이 무엇을 지향하는지 어렵지 않게 알 수 있었다. 그것은 로마의 지배체제에 대한 심판이었다. 따라서 마태의 세례 요한과 예수가 형성한 공동전선은 사회정치적으로 '반로마체제공동전선'이라고 명명할 수 있다.

3. 공동전선의 강령과 선포: 의와 하늘나라

예수와 세례 요한의 '반로마체제공동전선'은 동일한 심상과 용어를 사용하여 공동 적대자들을 비판하였을 뿐만 아니라 전선의 핵심 강령과 선포를 공유했다. 이것들은 마태복음서의 핵심적인 품목들인 의(δικαιοσύνη)와 하늘나라인데, 이 강령과 선포는 '반로마체제공동전선'의 성격을 잘 보여준다. 의는 7번밖에 나오지 않지만(3.15; 5.6, 10, 20; 6.1, 33; 21.32), 마태복음서의 핵심어 중 하나이다. 마태복음서에서 '의'는 오로지 예수의 입에서만 나오는데, 세례 요한은 그 중 두 곳(3.15; 21.32)에 등장한다. 이 두 곳 중 첫 번째 것은 마태복음서에서 '의'가 제일 처음 등장하는 장면이고, 나머지 것은 '의'가 맨 마지막으로 나오는 곳이다. 이 두 장면 모두 '의'로 세례 요한과 예수가 묶이게 된다. 곧 마태복음서의 의는 예수와 세례 요한으로 시작해서, 예수와 세례 요한으로 마무리되는 구조를 갖는다. 이는 모두 마태가 섬세하게 '의'와 예수, 그리고 세례 요한의 관계를 처리한 결과이다.

세례 요한이 광야로 '와서'(παραγίνεται, 3.1) 하늘나라를 선포할 때, 예수는 갈릴리에서 요르단 강가로 '와서'(παραγίνεται, 3.13) 요한에게 세례를 받으려 했다. 세례 요한은 도리어 자신이 예수에게 세례를 받아야

한다며 물러서지만(3.14), 예수는 요한에게 "이제는 허락하라. 이와 같이 하여 우리가 모든 의를 이루는 것이 옳다"라고 답변한다(3.15).[27]

예수는 여기서 세례 요한과 자신을 특징적으로 '우리'(ἡμῖν)로 부른다. 마태복음서에서 예수가 자신과 다른 사람을 포함하여 '우리'라고 부른 경우는 세례 요한 외에는 아무도 없다. 심지어 예수는 자신의 제자와 함께 할 때에도 '우리'라는 말을 사용하지 않았다. 복음서의 다른 인물들도 예수와 자신들을 묶어 '우리'라고 부르지 않는다.[28] 논란이 될 수 있는 유일한 예외는 제자들이 가나안 여인에 대해 "'우리' 뒤에서 소리를 지르는 여인"이라고 말할 때 뿐이다(15.23). 이 때에도 이 '우리'가 제자들만으로 한정되어 제자들이 예수에게 이 여인에 대해서 보고하는 것인지, 아니면 '우리'에 예수도 포함되어 있는지는 명확하지 않다. 더구나, 이 때의 '우리'는 예수에 의해 언급된 것이 아니다. 따라서 예수가 세례 요한과 자신을 '우리'로 부른 것은 유일한 것으로, 둘의 연합을 매우 강조한 것으로 볼 수 있다.

루쯔는 '우리'인 예수와 세례 요한이 이루어야 할 '모든 의'가 마태 전반에 나온 의와 동일한 것이라고 주장한다. 그에 따르면 마태는 복음서 전반에 걸쳐 의를 동일한 의미로 사용하는데, 이 의는 인간이 행해야 할 도덕적이고 윤리적인 율법 규범 및 이것의 수행이다. 따라서 3장 15절의 의도 이와 같이 해석되어야 하며, 이 수세 장면에서 마태의 예수가 모범적으로 보여준 의는 겸손이다.

---

27) 이 말은 마태복음서에서 예수가 행한 첫 발언이기도 하다. 이 대화에 있는 호교론적 함의에 대해서는 Craig S. Keener, *A Commentary on the Gospel of Matthew* (Grand Rapids, Michigan: Eerdmans, 1999), 131-2를 보라.
28) 마태복음서에서 '우리'에 해당하는 ἡμεῖς(5회), ἡμῶν(13회), ἡμῖν(18회), ἡμᾶς(13회)는 총 49회 사용되었다.

"πραΰς와 ταπεινός는 마태복음서에서 기독론적이고 윤리적인 핵심 용어들이다(e.g. 11:29). 예수는 순종하고 겸손을 보여주는 모범적인 예로서 제시된다."[29]

3장 15절의 '의'를 윤리적이고 율법적인 규범 및 그것의 수행이라고 제안한 루쯔는 마태복음서에 나오는 '의'가 모두 동일한 용법으로 사용된다는 부당한 전제 위에 서 있다.[30] 그러나 이곳의 '의'는 단지 윤리적이고 종교적인 규범 및 그것의 실천이 아니다. '우리'가 '모든 의'를 '이루어야 한다'고 말할 때 '이루다'(πληρόω)는 하나님의 뜻을 인간 행위자가 실행한다는 의미가 아니기 때문이다. 마태는 사람들이 하나님의 율법을 수행한다는 것을 나타내기 위해서 'ποιεῖν'(5.19; 7.12, 21, 24; 8.9; 12.40; 19.16; 21.6, 31; 23.3, 23; 26.19), 'τηρεῖν'(19.17; 23.3; 28.20), 'φυλάσσειν'(19.20) 등을 사용한다. 반면 'πληρόω'는 이른바 예언 성취 인용절과 함께 특별히 사용되며, 3장 15절의 세례 요한을 제외하면 예수와 관련하여 배타적으로 적용된다.[31] 3장 15절의 '이루다' 역시 예언성취인용구의 형식을 취하지는 않지만,[32] 그것이 바로 이어서 나오는 3장 17절의 예언, 곧 이사야서 42장 1절과 시편 2편 7절의 성취임은 어렵지 않게 확인할 수 있다.[33] 다시 말하면 마태의 용례에서

---

29) U. Luz, *Matthew*, 1:178.
30) 해그너는 이러한 부당전제에 대해 적절하게 비판한다. Donald A. Hagner, "Law, Righteousness, and Discipleship in Matthew," *Word & World* 18 (4, 1998): 364-71, 367.
31) πληρόω는 총 16회 나오는데, 그 중 13회(1.22; 2.15, 17, 23; 4.14; 5.17; 8.17; 12.17; 13.35; 21.4; 26.54, 56; 27.9)가 예언성취인용과 관련되어 있다. 논의 중인 3.15은 제외하고, 13.48은 '그물이 가득찼다'는 일상적 의미로, 23.32은 서기관과 바리새인들을 향해 예수가 '너희 조상의 분량을 채우라'고 질책할 때 나타난다.
32) 예언성취인용구의 형식은 마태에서 총 12회 등장한다(1.22-23; 2.5-6; 2.15; 2.17-18; 2.23; 4.14-16; 8.17; 12.17-21; 13.14-15; 13.35; 21.4-5; 27.9-10). 이중 10회가 πληρόω 동사를 사용한다.
33) 깁스(Jeffrey A. Gibbs)는 3.17이 이사야서와 시편의 인용이라는 전통적 해석에 이의를 제기한다. 그

'πληρόω'는 인간 행위자가 하나님의 뜻과 율법을 주도적으로 성취하는 것을 가리키기보다는, 하나님이 그의 뜻과 이전에 계시한 그의 말씀을 주도적으로 이루어가고, 사람과 상황은 그에 순종함으로써 참여하는 것을 의미한다. 몇가지 예를 살펴보면 이것은 쉽게 확인된다. 예수가 예언된 말씀에 따라 동정녀를 골라 출생하여 하나님의 뜻을 이룬 것이 아니라, 하나님이 그가 이전에 한 말씀에 따라 예수를 동정녀에게 탄생하게 하여 그의 계획을 이루었다(1.22). 또한 요셉이 이집트로 피하라는 예언을 알고 그것을 성취한 것이라기보다는, 하나님이 예수의 가족을 불러 이집트에 머물게 하였고 요셉은 이 하나님의 명령에 순종하여 하나님의 뜻이 이루어지는 데에 참여했다(2.15). 예수가 나사렛에서 산 것(2.23), 가버나움에 정착한 것(4.14) 등의 모든 'πληρόω'는 하나님이 그의 계획을 이루어가고, 예수가 이에 참여한 것을 가리킨다. 3장 15절의 '이루다'도 이미 예언자들을 통해 선포된 하나님의 뜻이 이루어지는 것을 우선적으로 의미하며, '우리'가 그것을 '이루자'는 것은 하나님이 자신의 뜻을 성취하는 데에 참여하자는 의미이다. 예수와 세례 요한이 참여해야 할 하나님의 뜻은 '모든 의'로 표현되는데, 이 의는 겸손이나 온유 같은 윤리적 내용이 아니라 이루어져야 할 하나님의 뜻, 곧 예언자들을 통해 미리 선포된 말씀인 3장 16-17절을 통해서 이해되는 것이 적절하다.

'모든 의' 이해의 관건이 되는 3장 16-17절은 이미 지적했듯이 이사야서 42장 1절과 시편 2편 7절의 인유인데, 이사야서 42장은 하나님의

에 따르면 이사야서 인용은 분명하지만 시편에 대한 증거는 없고, 대신 칠십인역 예레미야서 38.20이 3.17에 반영되어 있다고 논증한다. "Israel Standing with Israel: the Baptism of Jesus in Matthew's Gospel (Matt 3:13-17)," *CBQ* 64 (3, 2002): 511-526. 그러나 그의 논지는 마태 1-2장에 나타난 예수의 왕 정체성을 대폭 축소하고서야 성립되었다.

성령을 받고 이스라엘을 구원하며 이방의 억압하는 세력을 물리치는 종의 선택을 말한다. 이른바 고난 받는 종인 그는 군사적, 폭력적 방법이 아니라 정의를 선포하고 가르침을 통해 이 일을 이루려 한다.[34] 시편 2편은 이른바 왕조 시편으로 다윗 가문의 왕의 등극식을 축하하는 시편이다. 이 시편에서 하나님은 그의 대리자이자 선택받은 아들로서 왕을 세우고, 그로 하여금 하나님의 정의와 통치를 시행하며, 이방 나라 및 민족들의 헛된 일을 비판하고 그들의 멸망을 가져오게 할 것으로 찬양받는다. 인용된 이 두 본문은 모두 하나님의 대리자의 선택과 이스라엘의 구원, 그리고 압제하는 이방 세력의 심판을 공통 요소로 담고 있다. 이것은 구약에서 고백되는 하나님의 의, 곧 이스라엘을 구원하고 이방세력을 심판하는 하나님의 보호와 연결되어 있다.[35] 따라서 3장 15절의 '모든 의'는 하나님의 구원하는 의, 그의 대리자를 세워 이스라엘을 구원하고 이방을 심판하는 의를 의미한다고 할 수 있다. 마태는 하나님의 대리자 예수의 세례를 예수의 정체성을 널리 알리는 일종의 '왕의 등극식'으로 변경하며, 하나님의 구원하고 심판하는 의를 이루는 데에 예수와 세례 요한인 '우리'가 참여하게 하였다.

예수와 세례 요한, 그리고 의가 다시 등장하는 21장 32절의 '의'와 그 주변 맥락도 하나님의 구원 및 회복과 심판, 그리고 예수와 세례 요한의 긴밀한 관계를 보여준다. 예수는 권세의 출처를 묻는 유대인 지

---

34) 이사야 42장은 마태복음서 12.18-21에 다시 한 번 길게 인용된다. 이사야서가 제시한 하나님의 종은 가르침을 통해 지배를 실현하는데, 마태의 예수는 바로 그 가르침의 이미지가 크게 부각되어 있다. Mogens Müller, "The Theological Interpretation of the Figure of Jesus in the Gospel of Matthew: Some Principal Features in Matthean Christology," NTS 45 (1999): 157-73.
35) Richard Beaton, "Messiah and Justice: A Key to Matthew's Use of Isaiah 42.1-4," JSNT 75 (1999): 5-23.

도자들에게 요한의 권세의 출처가 하늘인가, 사람인가를 되물어 요한과 자신의 권세의 출처가 같음을 알린다. 이후 예수 자신의 권세의 기원과 세례 요한의 권세의 기원을 동일하게 하늘[하나님]로부터 구하는 한편(21.24-25),[36] 사람[로마]으로부터 권세를 구하며 '그[요한]를 믿지 않은' 유대인 지도자들에게 심판을 선언한다. 또한 세례 요한이 '의의 길로' (ἐν ὁδῷ δικαιοσύνης) 왔다고 천명한다.

데이비스와 앨리슨은 '의의 길'을 "하나님과 영생으로 이끄는 신적 계시의 도덕적 요구"라고 주장하며 요한은 이러한 도덕적 요구들을 설교했고 실행했다고 말한다.[37] 그러나 그들의 논증은 주변 문맥을 통해 어떤 근거도 확보하지 못한 채 마태의 의가 윤리적 의라는 그들의 생각만을 확인한 것이다. 적대자들이 제기한 권세의 근원 문제 및 예수와 요한의 권세의 출처로서의 '하늘[하나님]' (21.23, 25), 하나님의 대리인인 요한을 믿는 것, 사회적 소외자들이 하나님의 나라에 들어감의 주제 등(21.31)은 21장 32절의 '의'가 하나님의 구원하는 의임을 보여준다. 곧 요한이 의의 길로 '왔다' (ἦλθεν)는 것은 요한이 도덕적 요구를 설교하고 그것을 실행한 것이라기보다는 하나님의 구원하고 심판하는 의의 계획에 따라 그의 뜻을 성취하는 대리인으로 왔다는 뜻이다.[38] 이와 같이 예수와 세례 요한의 '반로마체제공동전선'은 하나님의 구원하고 심판하는 의를 핵심 강령으로 삼고, 하나님의 의가 이루어지는 데에 '우리'로서 적극 참여한다.

---

36) 마태의 예수는 권세의 기원에 대하여 매우 민감하게 반응한다. 예수는 자신이 소유한 권세가 바알세불이나 마귀가 아니라(4.8-10; 12.22-32), 아버지 하나님임을 천명한다(11.25-27; 28.16-20).
37) W. D. Davies and Dale C. Allison, Jr., *Matthew*, 3:170.
38) 마태는 특징적으로 예수와 요한에게 '왔다' (ἦλθεν)를 적용한다. 11.18-19에 따르면 요한이 '왔고' (ἦλθεν), 예수도 '왔다' (ἦλθεν). 세례 요한으로 밝혀진 마지막 날의 엘리야도 '왔고' (ἦλθεν, 17.12), 예수인 인자도 '왔다' (ἦλθεν, 20.28). 이 '왔다'는 특정한 임무를 띠고 보냄을 받았음을 암시한다.

예수와 세례 요한은 '우리'로서 하나님의 구원하고 심판하는 '의'에 참여할 뿐 아니라 동일한 선포, 곧 '회개하여라. 하늘나라가 가까이 왔다'라는 선포를 공유한다. 마가의 세례 요한은 광야에 나타나서 '죄사함을 받게 하는 회개의 세례'를 선포했다(1.4). 누가는 마가를 따라 세례 요한이 "죄사함을 받게 하는 회개의 세례"를 선포하였다(3.3)고 보도한다. 그러나 마태의 세례 요한은 세례 대신에 회개를 촉구하며 하늘나라를 선포한다(3.2). 마가와 누가의 요한은 세례를 선포한 '세례' 요한이지만, 마태의 요한은 회개를 촉구하고 하늘나라의 도래를 선포한 선지자 요한에 가깝다.[39]

마태는 마가복음서 1장 15절을 변경하여 예수와 세례 요한의 선포를 재구성한다. 마가의 예수는 '때가 찼고, 하나님의 나라가 가까이 왔다. 회개하고 복음을 믿어라'라고 선포하였다. 마태는 마가의 '때가 찼다', '복음을 믿어라'를 삭제하고, '하나님의 나라'를 '하늘나라'로 바꾸고, 그 순서를 조정하여 성립된 '회개하라. 하늘나라가 가까이 왔다'를 예수와 세례 요한이 동일하게 선포한 것으로 보도한다.

마태는 이 선포가 무엇을 의미하는지 명확히 하기 위해 세례 요한과 예수의 선포 전후에 이사야의 예언을[40] 배치한다(3.3; 4.14-16). 마태에

---

[39] 마태와 유사하게 요세푸스는 세례 요한을 '세례'의 선포자라기보다는 의의 선포자로 묘사한다. Josephus, *Ant*. 18.116-119. 요세푸스는 요한이 세례자라고 불렸다고 말하면서, 세례 요한이 선한 사람(ἀγαθὸν ἄνδρα)으로 유대인들에게 '덕을 실행하도록'(ἀρετὴν ἐπασκοῦσιν) 촉구했고, 서로에게 '의'(δικαιοσύνη)를 행하고 하나님을 향해서는 '경건'(εὐσεβείᾳ)을 요구했다고 전한다. 또한 요세푸스에 따르면 요한은 자신의 세례가 죄를 씻을 수 있는 것이 아니라 단지 몸의 정화를 위한 것으로 받아들였고, 또 사람의 영혼은 의로 말미암아(δικαιοσύνη) 전적으로 정화될 수 있다고 믿은 것으로 묘사된다. 한편, 역사적 세례 요한이 자신을 예언자로 인식했을 것이라는 주장에 대해서는 M. Tilly, *Johannes der Täufer und die Biographie der Propheten* (Stuttgart: W. Kohlhammer, 1994)를 보라. 이와는 반대로 카메론은 초기 기독교 문헌들이 요한을 성서적 예언자라기보다는 견유학파로 묘사한다고 주장한다. Ron Cameron, "'What Have You Come Out To See?' Characterizations of John and Jesus in the Gospels," *Semeia* 49 (1990): 35-69.

따르면 세례 요한의 선포는(3.3) 이사야서 40장 3절의 예언의 실현이다. 이사야서 40장은 바벨론이 유대와 그 성전을 파괴하고, 유대인들을 포로로 잡은 사건을 배경으로 한다. 폭력적인 이방 세력이 유대 땅을 점령하고 있을 때에 이사야는 하나님이 바벨론의 지배를 끝내고 유대인의 바벨론 포로를 종식하리라고 예언한다. 이사야는 하나님이 유대인을 구원하고, 이방제국세력을 심판할 그 때를 준비하라고 유대인들에게 요청한다. 마태는 이사야의 근본 주제, 곧 이방제국에 대한 심판과 유대인들의 회복 주제를 배경으로 세례 요한의 등장과 선포를 설명한다. 마태의 청중들은 기원 후 70년 예루살렘 및 성전을 파괴한 로마와, 오래 전 예루살렘과 성전을 멸망시킨 바벨론 사이에 근본적인 유사성을 쉽게 감지할 수 있었다.

예수의 회개 촉구와 하늘나라 선포(4.17)는 로마의 유대인 대리자인 헤롯 안티파스의 요한 체포 소식이 보고되고(4.12), 예수가 가버나움에 정착한(4.13) 후 이사야서 9장 1-2절의 예언이 이루어진(4.14-16) 다음에 나온다. 이사야서 9장은 이스라엘 사람들이 아시리아의 공격과 이민(移民) 정책으로 고통 받고 있는 사건을 다루고 있다. 이사야는 다윗 가문에서 태어날 한 아들이 구원을 이끌리라고 예언한다(9.6-7). 이 본문 역시 이방제국의 공격과 백성들이 받는 고통으로부터 구원을 약속하고, 이방세력에 대한 심판(9.3-5)을 말한다. 마태의 이사야 인용에 대해 데이비스와 앨리슨은 다음과 같이 주석한다.

---

40) 마태 4.14-16에 인용된 이사야 본문은 마가에는 없는 것이다. 이사야서가 마태복음서에 미친 영향에 대한 연구동향을 살펴보려면 Adrian M. Leske, "Isaiah and Matthew: the Prophetic Influence in the First Gospel - a Report on Current Research," in *Jesus and the Suffering Servant*, 152-169 (Harrisburg: Trinity Press, 1998)를 보라.

"마태에서 이 예언은 메시아의 사역을 위해 취해지고 적용되었다. 복음서 기자는 의심할 여지없이 그 메시아가 사 9.6-7의 그 아들이 되게 한다. 따라서 이 본문의 어둠은 파괴와 정치적인 역경을 뜻하는 문자적 의미에서 도덕적이고 영적인 어둠을 의미하게 되었다."[41]

그러나 이사야서의 예언이 예수에게 적용되기 위해 취해진 것과 인용본문의 정치적 의미가 도덕적이고 영적인 것으로 바뀌는 사이에는 어떤 논리적 연관성이 없다. 도리어 이사야서의 인용은 이방세력을 심판하고 이스라엘을 구원하겠다는 그 예언의 온전한 실현이 '지금' 이루어졌다고 이해하도록 돕는다. 마태의 청중들은 이사야 인용 본문 중에 나오는 '스불론 땅과 납달리 땅에 있는 바다 길'이라는 말을 통해 공물과 세금을 실어 나르고, 군대가 이동하는 다마스쿠스와 가이사랴 사이의 로마의 도로, 비아 마리스(via maris)를 연상할 것이다(4.15).[42] 또 '이방인의 갈릴리'라는 말을 통해 이방인 곧 '로마가 정복하여 소유한 갈릴리'를 떠올렸을 것이다.[43] 유대-로마 전쟁을 통해 베스파시안과 티투스는 갈릴리를 소유하고, 그 땅을 자신들의 지지자들에게 재분배하였기에, '이방인의 갈릴리'는 마태의 청중들에게 아픈 현실을 지적하는 말이었을 것이다.

마태는 이사야서를 인용하여 이방세력이 가져온 그 어둠의 땅, '그

---

41) W. D. Davies and Dale C. Allison. Jr., *Matthew*, 1:380.
42) Donald. A. Hagner, *Matthew 1-13* (Dallas: Word Pub., 1993), 73.
43) '이방인의 갈릴리'는 갈릴리 지역에 비유대인이 많이 살거나, 갈릴리가 헬레니즘에 동화 되었거나, 유대인 및 유대적 경건함이 사라졌거나, 예수가 이방인을 위해 사역했음을 의미하지 않는다. Seán Freyne, *Galilee from Alexander the Great to Hadrian, 323 BCE to 135 CE* (Wilmington, Del.: Univ. of Notre Dame Press, 1980), 138-145. '이방인의 갈릴리'는 그 땅이 이방세력에 의해 점령된 상태를 가리킨다. Warren Carter, "Evoking Isaiah: Matthean Soteriology and an Intertextual Reading of Isaiah 7-9 and Matthew 1:23 and 4:15-16," *JBL* 119 (3, 2000): 516-517.

늘진 죽음의 땅'에 앉은 사람들이 '큰 빛' 곧 예수를 보았고, 예수로 말미암아 그들에게 빛이 비치었다고 이사야서 예언의 성취를 말한다. 이 곳의 "빛은 '하나님의 정의, 의로움, 평화의 통치'를 의미한다. 이 통치는 '억압자들의 지팡이'(사 11.4-7)를 부순다."44) 어둠에 대한 심판과 이스라엘을 위한 구원에 대한 함의가 마태의 이사야서 인용본문을 통해 드러난다.

마태는 이사야서를 예수와 세례 요한의 동일한 선포의 배경으로 설정함으로써, 그 선포의 해석 방향을 제시한다. 마태의 문맥에서 '회개하라. 하늘나라가 가까이 왔다'는 것은 하나님의 구원과 심판이 임박했다는 것이고, 인간은 하나님의 임박한 통치 앞에 이제까지의 삶의 방식에서 돌이켜45) 그의 나라에 참여하여야 한다는 뜻이다. 이것은 근본적으로 마태의 예수와 세례 요한이 이루려고 한 '모든 의'와 일맥상통한다. 이루어지기 시작한 하나님의 구원과 심판하는 의에 예수와 세례 요한이 참여하여 그 의를 이루어야 하듯이, 반로마체제공동전선은 공동 선포를 통해 이 하늘나라에 참여하도록 사람들을 부르고 있다.46) 이것은 하나님에 의한 임박한 로마체제의 종식과 이스라엘의 회복에 대한 희망을 포함한다.

---

44) Warren Carter, "Evoking Isaiah: Matthean Soteriology and an Intertextual Reading of Isaiah 7-9 and Matthew 1:23 and 4:15-16," 518.
45) '회개'는 '마음의 변화'가 아니라 하나님께로 '돌아감' 혹은 '되돌아감'을 의미한다는 것이 초기 유대교에 편만한 생각이었다. Craig S. Keener, *Matthew*, 120.
46) 예수는 제자들에게 "하늘나라가 가까이 왔다"는 선포를 하도록 명령한다(10.7).

4. 공동전선의 상호 경쟁과 마태공동체의 전략

마태가 예수와 세례 요한의 공동전선 및 공동 강령과 선포를 명확히 하고, 두 인물 사이의 병행과 공동 운명을 말하는 것은 마태공동체 주변에 존재했던 세례 요한공동체의 활동성과 영향력을 반증한다. 정교하게 묘사된 예수와 세례 요한의 '공동전선'은 마태공동체와 세례 요한공동체와의 공존과 협력을 반영한다. 그러나 공동전선을 구축한 마태공동체와 세례 요한공동체 사이에 우위 확보 경쟁은 피할 수 없었다. 이 경쟁은 예수 및 세례 요한의 정체와 사역, 그리고 하늘나라와의 관련성을 중심으로 일어났다(11.1-19). 마태공동체는 세례 요한공동체와의 반로마체제공동전선을 유지하면서 동시에 경쟁에서 주도권을 확보하려 했다. 마태는 이를 위해 크게 두 가지 전략을 구사한다. 그 중 하나는 세례 요한공동체와의 직접적 갈등을 피하면서 우위를 확보하는 전략이었다. 이 전략은 세례 요한공동체가 간과한 것들이지만 로마의 통치 이데올로기에서 중요한 역할을 담당하였던 '복음', '치유', '죄 사함' 등의 품목을 강조하는 것이다.

마태의 예수와 세례 요한은 "회개하라, 하늘나라가 가까이 왔다"라고 공동 선포한다(3.2; 4.17). 이것은 마가의 예수의 선포, "때가 찼고, 하나님의 나라가 가까이 왔다. 회개하고, 복음을 믿어라"(막 1.15)가 재구성된 것이다. 마태는 이 때 '복음을 믿어라'라는 말을 삭제하여 '복음'을 예수와 세례 요한의 공동 선포에서 제외한다. 대신 마태는 '복음'을 오직 예수와만 관련하여 사용한다. 마태복음서에서 복음(εὐαγγέλιον)은 네 번 등장하는데(마가는 일곱 번), 마태는 예수의 선포를 가리켜 '그 나라의 복음'이라고 특징적으로 부른다(4.23; 9.35). 마태의 예수 역시 자신의 복음을 '이 복음'(26.13) 혹은 '이 나라의 복음'(24.14)이라고 한정하여 사용한다. 마태의 예수에 의해 선포되는 '복음'은 특징적으로 치유와 관련 되는데(4.23; 9.35), 치유와 복음은 예수와 세례 요한 사이를 구분해 준다.

세례 요한은 감옥에서 예수의 행한 일을 듣고 "오실 그분이 그대인가?"라고 예수의 정체를 묻는다(11.3). 예수는 세례 요한의 질문에 자신의 '치유' 사역과 '복음' 전파로 대답한다. "가서 너희들이 듣고 본 것을 요한에게 전하라. 눈 먼 사람이 보고, 다리 저는 사람이 걷고, 나병 환자가 깨끗하게 되고, 듣지 못하는 사람이 듣고, 가난한 사람에게 복음이 전파된다(εὐαγγελίζονται)"(11.4-5). 예수의 대답은 요한의 제자들이 '듣고' '본' 것 곧 5-7장에 나온 가르침과 8-9장의 이적에 대해 각각 듣고 본 것을 요한에게 전하라는 것이다. 11장 5절에 제시된 다섯 개의 이적 항목은 8-9장에서 일으킨 예수의 기적들로 메시아가 행하리라고 예언된 이적들이다.[47] '가난한 자에게 복음이 전파된다'는 5장 3절을 환기하며, 예수가 5-7장에서 전한 가르침을 통칭한다. 이와 같이 마태복음서에서 치유[48]와 가난한 사람에게 전파된 복음은 세례 요한과 예수를 결정적으로 구분해 주는 품목들이었다. 마태는 세례 요한과 관련이 없는[49] '치유' 사역과 '복음' 전파를 강조하여 예수에게 적

---

[47] 눈먼 자가 보게 됨(마 9.27-31; 사 29.18), 저는 자가 걷게 됨(마 9.1-8; 사 35.6), 나병 환자가 깨끗하게 됨(마 8.1-4; 사 53.4), 듣지 못하는 자가 듣게 됨(마 9.32-34; 사 29.18), 죽은 자가 일어남(마 9.18-26; 사 26.19), 가난한 자에게 복음이 전파됨(마 9.35; 사 61.1).

[48] 네 복음서를 임의대로 구성하는 약점에도 불구하고 홀렌바흐는 세례자 예수가 치유자 예수로 변한 것이 세례 요한과 예수의 결정적 차이점을 만들었다는 논지를 제시하였다. Paul W. Hollenbach, "The Conversion of Jesus: From Jesus the Baptizer to Jesus the Healer," *ANRW* 25 (1, 1982): 196-219. 한 편 마태는 다른 복음서보다 두드러지게 치유자 예수를 강조하다. Kim Paffenroth, "Jesus as Anointed and Healing Son of David in the Gospel of Matthew," *Biblica* 80 (1999): 547-554.

[49] 마태 뿐 아니라 마가와 누가, 그리고 요세푸스도 세례 요한을 '복음' 및 '치유'와 관련짓지 않는다.

용한다. 이러한 마태의 기술은 반로마체제공동전선에서 마태공동체가 세례 요한공동체에 대해 주도권을 확보하기 위한 효과적 전략이었다. 치유와 복음 전파는 세례 요한공동체가 시행하지 않은 것인 동시에 당시 로마의 통치 이데올로기에 즐겨 사용되던 품목들이었다. 로마의 통치 이데올로기는 로마 황제와 관련하여 '복음'이라는 단어를 사용하고, 로마 제국의 통치를 '질병과 고통에서의 치유'라고 선전했다.[50] 마태는 세례 요한이 행하지 않은, 그러나 로마의 통치 이데올로기에 중요한 역할을 담당하던 품목들을 예수와 연관 지어 '반로마체제공동전선' 내에서 예수의 주도권과 우월성을 뚜렷하게 보여주려 했다.

마태는 '복음'과 '치유' 뿐 아니라 '죄 사함' 품목도 예수와 그가 제정한 성만찬에 한정한다. 마가의 세례 요한은 '죄를 용서받게 하는 회개의 세례'를 선포하지만(막 1.4), 마태는 마가의 '죄를 용서받게 하는'을 삭제한 채 단지 사람들이 죄를 고백하면서 세례 요한에게 세례를 받았다고 보도한다(마 3.6). 반면 마태의 예수는 죄 사함을 시행한다. 마태는 '예수'라는 이름 자체가 그의 백성의 죄에서 그들을 구원한다는 뜻이라고 밝힌다(1.21). 이에 걸맞게 예수는 이 땅에서 죄를 용서하는 권세를 행사한다(9.6). 또한 예수는 세례가 아니라 자신이 흘리는 피, 곧 언약의 피를 죄 사함과 연결한다(26.28). 마태의 예수는 세례와는 다른 성만찬 의식을 제정함으로써, 죄 용서가 성만찬 의식 속에 반복적으로 가능하도록 하였다(26.26-29).[51] 뿐만 아니라 예수는 의인이 아

---

50) Warren Carter, *Matthew and Empire*, 71-72.
51) 성만찬은 예수가 없을 때에도 마태공동체에 의해 반복적으로 시행되면서 죄 사함의 제의적 기능을 담당했다. 마태는 세례 요한의 세례와는 구별된 마태공동체의 세례를 '아버지와 아들과 성령의 이름으로 주는 세례'(28.19)로 부르지만, 그 세례도 죄 사함과 결부하지 않는다.

니라 죄인을 부르러 왔으며(9.13), 자기 목숨을 많은 사람을 위한 속죄물로 주러 왔다(20.28)고 선언한다.

마태가 죄 사함을 예수에게 배타적으로 연결한 것은 예루살렘 성전 멸망 이후 '속죄' 제사를 대체할 만한 의식의 필요성에 마태공동체가 적극적으로 반응한 결과이다. 마태는 예수에게 배타적으로 귀속되어 있는 죄 용서의 권세가 자신의 공동체로 위임된(9.8[52]; 18.18) 것으로 주장하는 동시에 세례 요한의 '세례'는 단지 죄의 고백과 회개를 돕는 것으로 제한한다.[53]

'죄 사함' 역시 마태의 세례 요한이 주장하지 않았던 품목인 동시에 로마의 통치 이데올로기에서 중요한 것이었다. 버질(Virgil) 등의 로마의 궁정시인은 로마 황제, 특별히 아우구스투스가 '죄 사함'을 실행하였고, 이를 통해 평화의 시대가 도래했다고 선전하였다.[54] 이러한 제국 이데올로기를 배경으로 볼 때, 마태가 '죄 사함'을 예수에게 한정하고, 그것을 강조한 것은 '반로마체제공동전선'의 주도권이 세례 요한이 아니라 예수에게 있음을 확정지으려 했던 것으로 이해할 수 있다.

마태공동체가 세례 요한공동체와의 공동전선을 유지하면서 동시에 우위를 확보하려 했던 두 번째 주요한 전략은 세례 요한을 엘리야로

---

52) 마태는 예수의 죄 사함을 보도하는 장면에서 무리들이 죄를 사하는 권세가 '사람들'(예수의 제자들)에게 주어졌다는 것에 놀라 하나님께 영광을 돌렸다고 보도한다.
53) 마태가 요한의 세례를 "죄를 용서받게 하는 회개의 세례"라고 하지 않은 것은 마태가 세례와 죄 용서의 관계에 관한 한 마가보다는 요세푸스와 가까운 것이다. '각주 39'를 참조하라.
54) Andrew Wallace-Hadrill, "The Golden Age and Sin in Augustan Ideology," *Past and Present* 95 (1982): 19-36, 특별히 25. 웰리스-하드릴은 아우구스투스의 이데올로기를 바울의 신학과 비교한다. 마태의 죄 사함과 관련하여 1장 21절에 담긴 반로마 함의에 대해서는 Warren Carter, "'To Save His People From Their Sins'(Matt 1:21): Rome's Empire and Matthew's Salvation As Sovereignty," *SBL Seminar Papers* 39 (2000): 379-401을 보라.

선언하여 세례 요한의 지위 및 하늘나라와 관련된 세례 요한공동체의 주장을 적절하게 제어하는 것이었다. 세례 요한공동체의 주요 주장 중에 하나는 세례 요한이 "선지자 이상의 사람"(περισσότερον προφήτου, 11,9)이라는 것이다. 세례 요한을 '엘리야'로 선언하는 것은 세례 요한 공동체의 주장대로 그가 단순한 선지자 이상임을 인정하는 것이다. 마태의 세례 요한은 단순히 보냄을 받은 선지자가 아니라 종말에 올 것으로 '예언된 선지자' 엘리야이다. 마가가 단 한 번만 세례 요한과 관련된 예언을 명시적으로 언급하는 반면(막 1,2), 마태는 세례 요한이 '예언된' 사람임을 이사야서(3,3)와 말라기서(11,9-10)를 인용하고, 율법 학자들의 성서 해석을(17,10) 근거로 세 차례에 걸쳐 청중들에게 알린다. 유대 전승에서 종말에 올 것으로 예언된 엘리야는 하나님의 말씀을 대언하는 역할 이상의 인물로 묘사되는데,[55] 마태는 세례 요한을 엘리야로 천명하여 '세례 요한은 선지자 이상의 사람'이라는 세례 요한공동체의 주장을 수용했다. 그러나 세례 요한을 종말에 올 엘리야로 선언하는 것은 예수에 의해 본격적으로 시작된 하늘나라의 시대에 세례 요한의 개입과 역할을 제한하는 것이기도 하다. 이것은 "여자가 낳은 사람 가운데서 세례 요한보다 더 큰 사람이 일어난 적이 없다"(11,11)는 세례 요한의 지위에 대한 또 다른 주장에 대한 마태의 대응에서 드러난다.

마태의 예수는 "여자가 낳은 사람 가운데서 세례 요한보다 더 큰 사람이 일어난 적이 없다"라는 말에 이어 "하늘나라에서는 보다 작은 자(μικρότερος)라도 그보다 크다"라고 덧붙인다(11,11). 이것은 예언된 엘리

---

[55] 세례 요한과 관련된 엘리야 논의를 점검하기 위해서는 Robert L. Webb, *John the Baptizer and Prophet*, 250-54.

야로서 세례 요한의 지위를 인정하면서도 하늘나라에서 그가 담당할 역할이 크지 않음을 지적하는 것이다. 마태의 예수와 세례 요한은 모두 '하늘나라'를 공동으로 선포하지만, 세례 요한은 하늘나라를 준비하고 그것의 시작점에 서 있는 엘리야로 규정된다.[56] 반면 하늘나라는 예수의 선포 뿐 아니라 '복음'과 '치유', 그리고 '죄 사함'과 함께 본격화되는데, 마태에 따르면 하늘나라의 '보다 작은 자'는 세례 요한이 하늘나라에서 담당했던 역할보다 더 큰 역할을 수행한다. '보다 작은 자'는 예수나 하늘나라 시대에 속한 사람들 전반을 가리키기보다는[57] 마태복음서의 '작은 자'(μικρός, 10.42, 18.5, 6, 10, 14) 및 '지극히 작은 자'(ἐλαχίστων, 25.40, 45)와 함께 마태공동체의 하늘나라 선교에 나선 이들을 가리킨다. 마태는 'μικρός'와 그것의 최상급인 'ἐλαχίστων'을 예수의 제자, 특별히 선교를 위해 나선 제자들로 제시한다. 예수는 이들을 자신과 동일시하여 그들을 영접한 사람들이 곧 자신을 영접한 사람이며, 영접한 이들이 보상을 받을 것이라고 말한다(10.40-42; 18.4-5). 더 나아가 세계심판 시에는 인자와 동일시된 '지극히 작은 자들' 곧 마태공동체의 파송선교단에 대한 영접이 심판의 기준으로까지 등장한다

---

56) 해그너는 세례 요한의 시대적 위치를 두고 옛 시대와 새 시대에 모두 속하는 '전환기적 인물'이라고 표현한다. Donald A. Hagner, *Matthew 1-13*, 305-7.

57) 'μικρότερος'의 정체를 두고 학자들은 크게 두 가지 선택을 해 왔다. 하나는 'μικρότερος'가 예수를 가리킨다고 보는 견해이다. 이 견해에 따르면 예수는 겸손히 자신을 '보다 작은 자'로 지칭했는데, 이것은 예수가 요한보다 어리고, 그의 제자였기 때문이다. Benedict Viviano, "The Least in the Kingdom: Matthew 11:11, Its Parallel in Luke 7:28 (Q), and Daniel 4:14," *CBQ* 62 (1, 2000): 41-54. 다른 하나는 'μικρότερος'가 하늘나라에 속한 사람들 전반을 지칭한다는 해석이다. 이것은 다시 두 입장, 곧 지금 하늘나라에 속한 사람들이 그 나라에 참여하지 못한 세례 요한보다 크다는 입장과 (대다수 학자들의 입장), 지금 아무리 큰 사람이라도 미래에 올 하늘나라의 작은 자의 지위보다 낮을 것이라는 입장으로 나뉜다. 후자의 해석에 따르면 마태는 '보다 작은 자'와 세례 요한을 직접적으로 비교하는 것이 아니다. 이 이론의 소개를 위해서는 W. D. Davies and Dale C. Allison Jr., *Matthew*, 2:251-52를 보라. 그러나 위의 견해 모두 마태의 '작은 자', '보다 작은 자', '지극히 작은 자'의 용례를 충분히 감안하지 않았다.

(25.40, 45). 원급인 'μικρός' 와 최상급인 'ἐλαχίστων' 사이에 놓인 비교급 'μικρότερος' 역시 하늘나라 시대에 속한 불특정한 사람보다는 예수에 의해 동일시된 채로 선교에 나서는 사람을 가리키는 것으로 해석하는 것이 적절하다. 따라서 "하늘나라에서는 보다 작은 자라도 그보다 크다"는 말은 예수의 '복음' 곧 그의 가르침과 '치유', 그리고 '죄 사함'의 권세를 가지고 선교에 나선 이들이(28.19-20) 엘리야로서 하늘나라의 시작점에 서 있는 세례 요한의 사역보다 더 큰 일을 감당함을 뜻한다고 이해할 수 있다.

마태는 11장 12-13절에서 세례 요한이 예언된 엘리야 곧 선지자로서 하늘나라 시대에 제한적으로 참여하고 있음을 다시 한 번 보여준다. 마태의 예수는 11장 12절에서 '세례 요한의 날로부터 지금까지' 하늘나라가 침노를 당한다고 말하여 세례 요한이 하늘나라의 시작점에 서 있음을 인정한다. 그러나 이어지는 13절에서 예수는 요한까지 모든 선지자와 율법이 [하늘나라를] 예언했다고58) 말씀하시면서 요한의 하늘나라 사역을 한정한다. 곧 마태는 일단 세례 요한공동체의 세례 요한이 예수와 함께 사역함으로써 하늘나라 시대에 속했다는 것을 받아들이지만, 세례 요한이 하늘나라의 시작점에서 엘리야의 역할 곧 선지자로서 하늘나라를 예언하고 선포하는 역할을 담당했다고 그 의미를 한정한다. 이는 예수와 세례 요한의 공동 선포의 틀 자체를 깨지 않고, 예수의 우위를 확보하려는 노력이다.

---

58) 이는 누가의 병행 구절과 다르다. 누가는 요한까지 율법과 선지자이고(16a), 그 후부터 하나님의 나라가 복음으로 선포되었으며(16b), 모든 사람들이 그리로 침입한다(16.16c)라고 시대를 명확히 구분한다. 그러나 를레웰린 같은 학자는 누가의 세례 요한이 하나님 나라 시대에 속한다고 주장한다. Stephen Llewelyn, "The Traditionsgeschichte of Matt 11:12-13, par Luke 16:16," *NovT* 36 (1994): 331, n.5.

이와 같이 마태는 우위 확보 전략으로 세례 요한을 '오기로 되어 있는 엘리야'로 선언하였지만, 세례 요한공동체가 이것을 흔쾌히 받아들이지는 않았을 것이다. 이는 세례 요한을 엘리야로 선언하는 두 장면 모두에 암시되어 있다. 11장 14절에서 예수는 세례 요한을 엘리야로 선언하면서 "너희가 받고자 한다면"을 덧붙인다. 이는 세례 요한을 엘리야로 규정하는 것이 적극적으로 수용되지 않는 분위기를 반영한다. 또 세례 요한을 엘리야로 선언한 후 11장 15절의 "들을 귀 있는 사람은 들어라"라는 예수의 말 역시 세례 요한을 엘리야로 받아들이기를 원치 않았던 정황이 있음을 보여준다. 예수가 세례 요한을 엘리야로 밝힌 또 다른 곳은 17장 9-13절인데, 이곳에서 예수는 이미 11장에서 세례 요한을 엘리야로 규정했음에도 불구하고 '세례 요한이 엘리야'라는 선언을 강조하여 선포하지 않는다. 다만 11장에서 '세례 요한이 엘리야'라는 예수의 말을 이미 들은 제자들이 이곳에 와서야 그것을 깨닫게 된다(17.13).

마태의 예수는 11장 1-15절에 반영된 공동 전선의 상호 우위 확보 경쟁이 공동전선을 와해하지 않도록 자신과 세례 요한이 공동의 적대자에 직면해 있음을 재차 강조한다(11.16-19). 세례 요한을 엘리야로 선언한 후 예수는 자신과 세례 요한 사이에 존재하는 지위와 사역의 차이에도 불구하고 '이 세대'가 공동으로 예수 자신과 세례 요한을 대적하며, 이것에 공동으로 대처해야 함을 상기하게 한다(11.16-19). 이는 마태공동체와 세례 요한공동체의 상호 경쟁이 공동전선의 파국을 초래하지 않게 하기 위한 장치라고 할 수 있다.

5. 결어

'반로마체제공동전선'의 전망은 그간 학자들이 주목하지 못했던 마태공동체의 정치적 활동성과 지향점을 드러내고, 종교적·윤리적 관점에서 이해되던 마태의 예수와 세례 요한의 말과 사역의 사회정치적인 함의를 해명한다. 마태복음서의 예수와 세례 요한은 로마의 지배체제에 맞서 '반로마체제공동전선'을 구축하였다. 그들은 '무리'와 적대자들을 명확히 구분하고, 공동 적대자들에 대한 비판 담론을 공유하며, 공동 운명을 의식하여 서로 긴밀히 협조했다. 이 과정에서 마태는 공동전선의 적대자들이 겉으로 내세우는 교리적 신념이 아니라 자신들을 통한 로마의 통치체제 유지와 확장에 목적을 두고, 그 이해 관계에 따라 행동하고 있음을 폭로한다.

예수와 세례 요한의 '반로마체제공동전선'은 의와 하늘나라를 공동 강령과 선포로 삼았다. 공동전선의 의는 인간의 종교적, 도덕적 실천이 아니라 하나님의 의, 곧 하나님이 자기 백성을 구원하고, 이방 제국 세력 및 그 세력에 기생하는 유대 통치자들을 심판하는 의와 그에 참여함을 의미한다. 또한 예수와 세례 요한은 '하늘나라'의 공동 선포를 통해 하나님의 구원과 심판의 임박한 도래를 선언하며, 하나님 앞에 돌아올 것을 무리들에게 촉구한다. 하늘나라는 의와 마찬가지로 하나님에 의한 로마체제의 종식과 하나님의 백성의 회복을 포함한다.

마태가 공동전선을 강조한 이면에는 마태공동체와 활동 영역이 중복되었던 세례 요한공동체의 존재와 영향력이 있었다. 마태는 '공동전선'을 강조하면서 세례 요한공동체와의 공존과 상호 협력을 유지하려했다. 그러나 공동전선을 형성한 마태공동체와 세례 요한공동체는 주도권을 둘러싼 우위 확보 경쟁을 피할 수 없었다. 마태는 세례 요한을 엘리야로 규정하여, 세례 요한의 권위를 인정하면서 동시에 그 권위에 제한을 가한다. 더 나아가, 마태는 로마의 통치 이데올로기로도 사용되고 있었던 '치유', '복음', '죄사함'의 품목들을 예수만이 지니고 있는 것으로 한정함으로써 로마 체제에 맞설 수 있는 주도권이 예수에 있음을 천명하려 했다. 이러한 마태공동체의 전략에 세례 요한 공동체가 흔쾌히 동의를 해주었는지는 알 수 없다. 아마 동의하지 않았을 것이다. 그러나 이것은 마태공동체가 공동전선과 예수의 우위라는 두 목표를 동시에 확보하기 위한 최선의 전략이었을 것이다.

제4장
세계 심판 이야기와 마태공동체

제4장
세계 심판 이야기와 마태공동체

1. 서언

 이 장(章)의 목적은 정경 복음서 중 마태복음서에만 나오는 세계 심판 이야기(25.31-46)의 목적과 그 이야기가 반영하고 있는 마태공동체의 구성과 정황을 규명하려는 것이다. 이를 위해 다음과 같은 물음들이 다루어질 것이다. 양과 염소의 대조와 이전 대조들과의 관계는 무엇인가? 양과 염소의 정체는 무엇인가? 양과 염소는 마태공동체의 구성과 어떻게 관련되어 있는가? '지극히 작은 자들'은 누구를 상정하는가? 양과 염소는 '지극히 작은 자들'과 어떠한 관계로 설정되어 있는가? 왕으로서의 예수가 자신을 지극히 작은 자와 동일시한 것은 마태공동체에 어떠한 함의를 갖는가?
 이 장(章)은 이 물음들을 다음의 두 범주 곧, 양과 염소, 그리고 지극히 작은 자들로 대별하여 다루려한다.

2. 양과 염소

마태공동체는 상이한 두 부류의 그룹이 혼합된 공동체이다. 마태복음서에 등장하는 대조적인 두 그룹에 관한 단락들이 이러한 성격을 반영하고 있다. 곧 반석 위에 집을 지은 지혜로운 사람과 모래 위에 지은 어리석은 사람(7.24-27), 곡식과 가라지(13.24-30), 좋은 고기와 나쁜 고기(13.47-50)의 대조는 물론 25장 전반부에 나오는 지혜로운 처녀와 어리석은 처녀(25.1-13), 달란트를 두 배로 남긴 자들과 한 달란트를 땅에 감추어 둔 자(25.14-30) 등의 대조가 마태공동체의 혼합성을 지시하고 있다.[1]

최근에 군드리(R. H. Gundry)는 마태의 이러한 대조단락들과 마태공동체의 구성 간의 상관관계를 보다 명확히 밝혀내었다. 그는 '혼합체'로서의 마태교회 편들기"[2]라는 자신의 논문에서 마태복음서의 대조 단락들을 마태공동체의 구성보다는 마지막 심판과 관련시킨 루오마넨(P. Luomanen)의 논문[3]을 집중적으로 비판하고 있다. 군드리는 마태의 대조단락들의 상이한 배역들, 가령 지혜로운 처녀와 어리석은 처녀, 또는 지혜로운 건축가와 어리석은 건축가 중, 전자는 마태공동체의 참 제자를 후자는 거짓 제자를 상징하는 것으로 해석한다. 이 두 단락들에만 나오는 '지혜로운' 과 '어리석은' 이라는 독특한 단어의 대조와

---

1) 위의 대조단락들은 마태공동체의 구성을 윤리적 기준에 따라 분류한 것이다. 마태공동체의 인종적 분류에 관해서는 시니어(Donald Senior)의 "Between Two Worlds: Gentiles and Jewish Christians in Matthew' s Gospel," *CBQ* 61 (1, 1999): 1-23을 보라.
2) R. H. Gundry, "In Defense of the Church in Matthew as a *Corpus Mixtum*," *ZNW* 91 (3-4, 2000): 153-165.
3) P. Luomanen, "*Corpus Mixtum*-An Appropriate Description of Matthew' s Community," *JBL* 117 (1998): 469-480.

'…같이 될 것이다'(ὁμοιωθήσεται)라는 미래 수동태의 균등 배치 등은 이두 그룹이 한 공동체 속에 혼합되어 있음을 드러낸다는 것이다.[4] 더 나아가, 군드리는 7장 15절의 거짓 예언자들은 마태공동체를 향한 외부적 위협일 뿐이라는 루오마넨의 주장을 반박하였다. 군드리는 루오마넨의 그러한 해석은 마태 교회에 거짓 제자들이 있다는 함의를 의도적으로 피하기 위한 것이라고 비판한다.[5] 그 이유는 그 거짓 예언자들이 마태 교회에 성공적으로 잠입했다는 것이 24장 11-12절과 7장 23절에서 명료히 드러났기 때문이라는 것이다.[6]

전체적으로 군드리의 루오마넨 비판과 마태공동체를 '혼합체'로 규정하려는 그의 주석적 근거 제시는 설득력이 있다. 그렇다면, 군드리는 세계 심판 단락(25.31-46)도 같은 맥락에서 취급하고 있는가? 놀랍게도 그는 이 단락에서는 자신의 주석적 흐름을 스스로 차단하고 있다.

> 25장 나머지 부분에 나오는 양과 염소에 대한 판결(31-46절)은 아마도 참 제자들과 거짓 제자들 사이의 구분을 특별히 다루지 않는 것 같다. …왜냐하면 '모든 민족'이 인자 앞에 모이고, 염소들-곧 악한 자들-은 7:22에서 거짓 예언자들이 한 것처럼 제자직의 증거를 내세우지도 않기 때문이다. 그들은 오직 왕을 대면했는지도 몰랐다는 것을 표출했고 따라서 그의 필요를 충족시키지 못했다.…염소들은 교회 내에 존재했던 거짓 제자들로 제한되기 보다는 악한 사람들 일반에 더 걸맞다.[7]

---

4) R. H. Gundry, "In Defense of the Church in Matthew as a *Corpus Mixtum*," 157-158.
5) *Ibid.*, 157.
6) *Ibid.*, 158-159.
7) *Ibid.*, 160.

논지가 이렇기 때문에 군드리의 주석에서 '지극히 작은 자' 또는 '양'은 마태공동체와는 전혀 관련되지 않은 채 부당하게 생략되고 있다. 혼합체로서의 마태공동체를 주장하는 학자가 이 단락이 마태공동체의 구성에 대해 갖고 있는 함의를 포기한다는 것은 이례적인 일이다. 군드리와는 달리, 이 단락 역시 마태공동체의 구성을 반영하고 있다는 것이 이 장(章)의 방향이다.

웨버(Kathleen Weber)도 세계 심판 단락을 이전 장(章)들과 분리하여 해석할 것을 주문한다.[8]

> 25:31-46의 심판 장면은 그 복음서의 초반에 나오는 어긋난 혼합체에 관한 연속 단락들이라는 보다 먼 문맥보다는 놀라운 심판의 연속물 중 가장 놀라운 것인 바로 그 직접적인 문맥 속에서 읽혀져야 한다.[9]

웨버는 양과 염소 단락은 종말론적 개입의 놀라운 특성을 강조한다고 주장한다.[10] 웨버는 손쉬운 항해로 지중해 유역에서 문화적 관습들이 서로 광범위하게 공유되고 있었다는 전제를 경계한다. 그녀는 문화적 경향이라는 것은 수 천년이 지나도 해당 지역에서 변함없이 유지되어오고 있다는 가정을 경계할 뿐 아니라, 심지어 20세기 지중해 세계의 증거들을 가지고 본문을 해석하는 것은 고대 지중해 세계의 다양한 그룹들 사이의 문화적 특징들을 간과할 수 있다고 강조한다.[11] 따라서 그녀는 고대 지중해 세계의 삶의 패턴에 관한 성급한 일반화를

---

8) K. Weber, "The Image of Sheep and Goats in Matthew 25:31-46," *CBQ* 59 (4, 1997): 657-678.
9) *Ibid.*, 659.
10) *Ibid.*, 658.
11) *Ibid.*, 660.

거부한다.

웨버는 양과 염소에 관한 취급 방식을 네 가지 범주를 사용하여 조사했다. 20세기 그리스와 고대 그레꼬-로마 세계, 그리고 20세기 팔레스틴과 고대 팔레스틴과 시리아 등이다. 그러나 웨버의 네 범주 중 두 범주, 곧 20세기 그리스와 20세기 팔레스틴의 양과 염소 취급 방식에 관한 그녀의 장황한 조사는 그녀의 논지에도 불필요할 뿐 아니라, 그녀 자신이 경계한 방향과도 어긋난다. 우리의 논의를 위해서는 남은 두 가지 범주면 충분하다. 웨버의 관련문헌 조사에 따르면, 1세기 시리아와 팔레스틴에서 양과 염소는 혼합된 떼로서 사육된 반면, 1세기 그레꼬-로마 세계에서는 양과 염소는 따로 사육되었다는 것이다.[12] 고대 팔레스틴의 사육법에 관한 한, 비유 연구에 괄목할만한 성과를 올린 예레미아스(J. Jeremias)도 이미 오래전에 유사한 결과를 내놓은 적이 있다. 팔레스틴에서는 낮에는 양과 염소를 섞어서 사육한다는 것이다. 그러나 저녁에는 목자가 그들을 갈라놓는데, 그 이유는 한기가 염소에게 해로우므로 염소는 더 따뜻하게 해주어야하는 반면 양은 밤에도 차가운 공기를 필요로 하기 때문이다.[13]

웨버에 따르면 마태 25장 31-46절에 나오는 염소에 대한 부정적 취급은 팔레스틴 독자나 그레꼬-로마 독자 모두에게 예상 밖의 놀라움을 안겨다 주었을 것이라고 한다.[14] 웨버는 이 심판 장면은 하나님의 기준이 독자들 자신들의 기준처럼 느슨하리라는 경솔한 가정을 경계하기 위해 도입되었다는 것이다. 곧 이 단락은 하나님의 심판의 과격성

---

12) *Ibid.*, 661.
13) J. Jeremias, *The Parables of Jesus* (New York: Charles Scribner's sons, 1963), 206.
14) K. Weber, "The Image of Sheep and Goats in Matthew 25:31-46," 667, 673.

을 강조하고 있다고 본다.[15]

웨버의 논지는 다소 보강이 필요하다. 웨버가 자신의 가설을 강화하려면 우선 두 고대 세계에서 나온 두 종류의 문서들이 상호 영향을 받지 않았다는 증거를 확보해야했다. 그러나 그녀는 단지 두 세계에서 각기 나온 문서들은 두 세계의 문화끼리의 상호 작용이 전혀 없이 산출된 것으로 가정하고 논지를 전개한다. 이것은 독특성을 위해 공유성을 희생시킨 것이다.

더 나아가 웨버는 세계 심판 단락을 마태공동체의 구성과 연결시키지 못했다. 웨버에 따르면, 결국 마태의 독자들은 이 단락 속에서 주요 부류 중 하나인 양과 염소 중 그 어느 쪽에도 자신을 동일시하지 못하고, 단지 하나님의 예상 밖의 과격한 심판에 놀랄 뿐이다. 더구나 그녀는 세계 심판 단락의 양과 염소 외의 다른 배역들과 마태공동체의 상황과의 관련성은 주목하지 못했다.

캠펠(J. C. Campbell)과 블로크(A. Blok)는 범-지중해 문화 속에서 다루어지고 있는 양의 긍정적 이미지와 염소의 부정적 이미지의 대조를 조사하였다.[16] 그러나 이들이 제시한 자료는 너무 현대적이어서 이것을 마태 시대의 정황에 대입시키기에는 무리가 따른다. 여기서 위의 학자들이나 웨버는 양과 염소의 이미지가 긍정적이었는가 부정적이었는가 하는 문제에 과도하게 집중하여, 이 단락의 핵심을 벗어났다.

우리의 논의를 위해서는 마태가 이 세계 심판 단락에서 양은 긍정적으로 염소는 부정적으로 취급했다는 점이 결정적인 항목임을 인식하

---

15) *Ibid.*, 674.
16) J. C. Campbell, *Honour, Family and Patronage: A Study of Institutions and Moral Values in a Greek Mountain Community* (Oxford: Clarendon, 1964), 특히 19-31; A. Blok, "Rams and Billy-Goats: A Key to the Mediterranean Code of Honour," *Man* 16 (1981): 427-440.

는 일이 중요하다. 마태 이외의 다른 문서들에서 양과 염소의 이미지가 각기 어떻게 묘사되었는지는 중요하지 않다. 마태가 왜 양을 긍정적으로 염소를 부정적으로 다루었는지 그 이유를 규명하는 일도 본질적인 항목이 아니다. 왜냐하면, 마태가 양과 염소의 위치를 뒤바꾸어 염소를 긍정적으로, 양을 부정적으로 처리했다 해도 이 단락의 교훈은 크게 손상되지 않을 것이기 때문이다.

25장의 세계 심판 단락은 그 이전 단락과 밀접히 연관되어 있다. 마태복음서 전체는 '하나의' 교훈이다. 세계 심판 단락의 어법은 상당부분이 그 이전 장들의 어법과 유사하다. 그 내용도 이전에 묘사된 내용과 흐름을 같이한다. 군드리나 웨버의 주장과는 달리, 25장의 세계 심판 단락을 이전 장들의 흐름과 단절된 독립적인 단락으로 이해해야 할 필요성은 찾기 어렵다. 마태복음서는 그것의 최종 형태와 그것이 산출된 때의 마태공동체의 정황이라는 하나의 창문을 통해 해석되는 것이 적합하다. 설령 25장의 세계 심판 단락의 자료시기와 그 이전 장들의 자료의 시기가 다르다 해도, 그것들이 마태복음서로 최종 산출될 때는 마지막 시점의 사상과 정황이라는 전망에서 모든 자료들이 하나로 재구성, 통합되기 때문이다.

세계 심판 단락에서도 그 이전 대조단락들과 같은 흐름이 이어진다. 여기서 양들로 분류된 자들은 "의인들"(οἱ δίκαιοι)로 불린다(37절, 46절). 반면 염소들로 분류된 자들은 "저주 받은 자들"(οἱ κατηραμένοι)로 묘사된다(41절). 염소들은 영원한 형벌에 처해질 것으로 예고된다(46절). 이는 추수 때 불태워지게 될 가라지를 연상케 해준다(13.30). 곧 세계 심판 이전 단락의 두 부류가 마태공동체의 구성을 반영하듯이, 세계 심판 단락의 양과 염소도 두 내부 그룹의 구성을 반영한다.

세계 심판 단락에서 마태공동체의 '의인' 멤버들은 자신들을 "양들"과 동일시했다. 25장 35절에서 양들은 예수가 주릴 때 먹을 것(φαγεῖν)을 주었고, 목마를 때에 마실 것을 주었다(ἐποτίσατέ). 이것은 돌봄의 주체로서 행동한 제자들의 옛 이야기를 연상시킨다. 과거에 제자들은 '큰 무리'(14.14)에게 먹을 것(φαγεῖν)을 주라는 예수의 명을 수행했다. 예수가 준 떡을 제자들은 무리에게 다시 주었고 무리는 배불리 먹었다(14.17-20). 마태의 예수는 제자들에게 무리의 불쌍함을 이렇게 일깨운다. "저희가 나와 함께 있은지 이미 사흘이나 되었는데, 먹을 것이 없다. 그들을 굶은 채로 돌려보내고 싶지 않다. 가다가 길에서 쓰러질지도 모른다"(15.32). 결국 예수는 제자들이 제공한 빵 일곱 개와 작은 물고기 몇 마리로 여자와 아이들을 제외하고도 남자만 사천 명을 먹였다(15.34-38). 제자들은 자신들이 갖고 있던 빵과 물고기를 제공함으로써 예수의 기적을 가능하게 하였다. 또한 제자들은 직접 무리에게 빵을 나누어 주었다(15.36).

마태의 예수는 10장 42절에서 이렇게 제자들을 가르쳤다. "이 작은 사람 중 하나에게, 그가 내 제자라 해서 냉수 한 모금 마실 것을 주는(ποτίσῃ) 사람은 절대로 자기가 받을 상을 잃지 않을 것이라." 비록 10장의 이 단락에서 마실 것을 주는 제자들의 행위 자체가 묘사되어 있지 않다 해도, 여기 사용된 어휘나 사상적 흐름은 세계 심판의 그것들과 상응한다.

한편, 염소는 먹을 것을 주지 않았고, 마실 것도 주지 않았다. 곧 행동의 주체로서의 역할을 포기했다. 이러한 무행동의 태도는 7장21절의 내용을 상기시킨다. "나더러 주여, 주여 하는 자마다 천국에 다 들어갈 것이 아니요, 다만 하늘에 계신 내 아버지의 뜻대로 행하는 자라야 들어가리라."

하일(John Paul Heil)은 세계 심판에 관한 그의 최근의 논문에서 "내가 벗었을 때 옷을 입혔다"(36절)는 구절을 주석하면서 여기서 양들은 예수의 연민을 모방했는데, 이는 "네 이웃을 네 몸과 같이 사랑하라"(22.39)는 그의 가르침과 상응한다고 주장한다.[17] 그러나 "네 이웃을 네 몸과 같이 사랑하라"는 가르침은 유독 벗은 자에게 옷을 입히는 행위에만 해당되는 것이 아니다. 그 가르침은 사랑 일반에 관한 것이어서 다른 항목들, 가령 목마를 때 마실 것을 준 행위(35절)와도 상응한다. 곧 여기서 하일은 매우 구체적인 것과 매우 포괄적인 것을 대조시켰는데, 이는 균형이 맞지 않는다.

하일은 36절에 나오는 "내가 옥에 갇혔을 때 와서 보았다"는 구절의 상응 구절로 옥에 갇힌 세례 요한을 그의 제자들이 돌아본 장면(14.3, 10, 12)을 제시한다.[18] 그러나 이 둘의 관계는 매우 간접적이고도 느슨하다. 마태의 예수는 25장 이전에는 결코 옥에 갇힌 것으로 묘사되지 않는다. 실제로 'φυλακή'라는 단어가 마태에 모두 열 군데에서 사용되나, 이 곳 세계 심판 단락에 사용된 네 번을 제외하고는 다른 어느 곳에서도 세례 요한이 갇혔던 '옥'과 같은 곳에 예수도 갇혔다는 식의 의미로는 단 한번도 사용되지 않았다.[19]

하일은 예수를 '주'라고 부른 양으로 분류된 자들을, " '주여, 주여'로 불리워진 신랑의 지혜로운 처녀" 또는 "자신들이 '주여'라 부른 자의 달란트를 배로 남긴 종들"과 동일시한다.[20] 그러나 여기에는 심각

---

17) John Paul Heil, "The Double Meaning of the Narrative of Universal Judgment in Matthew 25.31-46," *JSNT* 69 (1998): 3-14. 특히 7.
18) *Ibid.*, 8.
19) 참조 5.25; 14.3, 10, 25; 18.30; 24.43.

한 주석상의 문제가 노출된다. 실제로 '주여, 주여' 하고 부른 것은 지혜로운 처녀가 아니고 어리석은 처녀였기 때문이다. 하일은 이를 숨기기 위해 신랑의 수식어로 '불리워진' 이라는 수동형을 사용하는 데, 이는 눈속임에 불과하다. 더 나아가 달란트 비유에서는 '주여' 하고 부른 것은 배로 남긴 종들 뿐 아니라 한 달란트를 그대로 방치한 종도 마찬가지였기 때문이다. 심지어 세계 심판 단락 자체에서 양으로 분류된 자들과 마찬가지로 염소로 분류된 자들도 예수를 '주여' 하고 불렀다(25.37, 44). 따라서 '주여' 라는 호칭의 사용은 양으로 분류된 자들의 고유한 항목이 아니다. 오히려 '주여' 한 자들 중에 일부는 '영벌' 에 들어가고 일부는 '영생' 에 들어간다는 판정(25.46)은 '주여' 한 자들 중에 일부만 천국에 들어간다는 산상수훈의 교훈(7.21)과 보다 밀접히 상응한다.

그렇다면 마태공동체 멤버들은 세계 심판 단락의 양과 염소 이야기를 들을 때와 그 이전의 대조단락을 들을 때 어떠한 차이를 감지했겠는가? 마태가 분류한 마태공동체의 두 그룹은 각기 곡식과 가라지, 좋은 고기와 나쁜 고기, 지혜로운 건축가와 어리석은 건축가, 지혜로운 처녀와 어리석은 처녀, 달란트를 두 배를 남긴 자와 보존만 한 자로 각기 대별된다. 곡식은 곳간에 모아지고 가라지는 소각된다(13.30). 좋은 고기는 그릇에 담겨지고 나쁜 고기는 폐기 처분된다(13.48). 한 집은 무너지지 않고 다른 한 집은 붕괴된다(7.25, 27). 다섯 처녀는 혼인잔치에 들어가고 다른 다섯 처녀는 신랑에게 외면을 당한다(25.10, 12). 달란트를 배로 남긴 자들은 주인의 즐거움에 참예하고, 한 달란트를 방치한

---

20) John Paul Heil, "The Double Meaning of the Narrative of Universal Judgment in Matthew 25.31-46," 8-9.

자는 어두운 데로 내어쫓긴다(25.21, 23, 30). 그런데 문제는 여기에 있다. 이 대조 이야기들을 들으면서 마태공동체의 두 그룹은 각기 자신들을 어느 쪽과 동일시했을까? 마태공동체의 두 그룹 어느 쪽도 자신을 가라지나 나쁜 고기, 어리석은 건축가와 동일시하지 않았다. 마태가 분류한 곡식 멤버나 가라지 멤버 모두가 자신들을 곡식 멤버로 간주했다. 그들은 모두 자신들을 좋은 고기, 지혜로운 건축가로 간주했고, 지혜로운 처녀 또는 두 배로 달란트를 남긴 그룹과 동일시했다. 여기서 마태의 분류와 그 분류에 대한 마태공동체의 수용은 일치하지 않을 수 있다는 점을 인지하는 일이 중요하다.

위에서 언급한 일련의 단락들에 등장하는 두 그룹의 활동의 내용들은 모두 비교적 구체성이 결여된 상징적인 것이어서, 마태공동체의 두 그룹은 각기 자의적 동일시가 가능하였다. 말을 바꾸면, 마태공동체의 두 그룹들은 모두 긍정적인 인물들과 자신들을 손쉽게 동일시 할 수 있었다. 심지어 두 그룹은 상대를 부정적 그룹과 동일시했다. 가령, 곡식과 가라지 비유를 들을 때 마태가 인식한 소위 가라지 그룹도 자신들이 곡식이고 상대 그룹이 오히려 가라지라고 생각했을 것이다.

마태는 이러한 자의적 동일시를 거부하기 위해 세계 심판 이야기를 제시한다. 곧 이 단락에서는 이러한 자의성이 차단된다. 이 이야기를 듣는 마태공동체의 두 그룹은 자신들에게 유리한 그룹과 자신들을 자의적으로 동일시 할 수 없게 된다. 여기 나오는 돌봄의 주체가 행한 일은 매우 구체적인 것들이기 때문이다. 결국은 '지극히 작은 자들'이 주릴 때 자신들이 그들에게 먹을 것을 주었거나 그 반대이거나 둘 중 하나이었을 것이기 때문이다. 지극히 작은 자들이 목마를 때, 나그네 되었을 때, 벗었을 때, 병들었을 때, 옥에 갇혔을 때(35-36절), 행동의 주체로서 그들을 돌보아준 그룹은 자신들을 양과 동일시했을 것이고, 그 반대 경우의 그룹은 자신들을 어쩔 수 없이 염소와 동일시했을 것이다. 따라서 이 이야기에서는 염소 그룹이 자신들을 양의 그룹과 동일시할 수 있는 가능성과 자의성이 제거된다. 모든 항목들이 세밀한 구체성을 띠고 있기 때문이다. 결국, 세계 심판 단락에서 마태가 인식한 그 공동체의 지혜로운 그룹은 자신들을 '의로운'(25,37, 46) 양으로, 어리석은 그룹은 내키지는 않았으나 스스로를 염소와 동일시 할 수밖에 없었다. 양의 그룹에 속한 마태는 이 단락에서 양의 그룹에게는 격려를, 염소 그룹에게는 경각심을 각각 불러 일으키려했다.

3. 지극히 작은 자들

세계 심판 이야기는 영광의 보좌에 앉은 인자 앞에 "모든 민족"(πάντα τὰ ἔθνη)을 그 앞에 모으고 분별하는 작업을 도입구에 소개한다(25,31-32). 헤이레와 해링톤(D. R. A. Hare/D. J. Harrington)은 마태는 'ἔθνη'와 이스라엘을 독립된 두 실체로 간주했기에 '모든 민족' 속에 이스라엘은 포함되지 않는다고 주장한다.[21] 그 용어에 대한 마태의 사용법을 보면 그것이 이방을 지칭하는 것으로 분명히 드러나는 곳도 있고(4,15; 6,32; 10,5 등), 이방과 이스라엘 모두를 포함하는 것으로 해석될 여지를 남기는 곳도 있다(28,19와 바로 이곳 25,32). 그러나 헤이레와 해링톤의 해석은 문자적인 어법에 지나치게 집착한 것으로 인자의 권위

---

21) D. R. A. Hare and D. J. Harrington, "Make Disciples of All the Gentiles," *CBQ* 37 (1975): 358-369. 특히 359, 368.

에 대한 마태의 전망을 간과한 것이다. 마태는 "구름을 타고 능력과 큰 권능으로 오는"(24.30) 인자가 천사를 통해 "그 택하신 자들을 하늘 이 끝에서 저 끝까지 사방에서 모을 것"(24.31)임을 천명한다. 예수에게는 "하늘과 땅의 모든 권세"(28.18)가 부여된다. 만일 마태가 인자를 이스라엘을 제외한 채, 오직 이방 민족들만을 양과 염소로 분별하는 분으로 상정했다면, 마태 스스로 인자의 권능을 축소시키는 셈이 되었을 것이다.

그레이(S. W. Gray)는 '모든 민족'에 관한 역사적 조사를 내놓았다.[22] 여기서 그는 '모든 민족'의 정체에 관한 학자들의 견해를 네 가지로 분류해 놓았다. 1. 모든 인류, 2. 모든 비그리스도인과 비 유대인. 3. 모든 비 그리스도인. 4. 모든 비 유대인. 여기서 이 항목을 세론하는 것은 우리의 논의의 범위를 벗어난다. 필자는 이중 '모든 인류'를 가장 개연성이 높은 정체로 선택한다. 위에서 필자가 제시한 이유를 감안할 때 "모든 인류"가 마태의 신학에도 가장 걸맞기 때문이다.

25장 32절은 모든 민족이 둘로 분리된다(ἀφορίζειν)는 것을 밝힌다. 이는 13장 49절에서 악인과 의인이 분리된다(ἀφορίζειν)는 것과 같은 맥락에서 이해된다. 모든 민족이 분리되는 기준은 무엇인가? 25장 40절과 45절에 나오는 '지극히 작은 자'는 누구를 상징하는가? 해링톤은 '모든 민족'은 이방인들을, '지극히 작은 자들'은 크리스천들을 뜻한다고 보고, 여기에는 이방인들이 크리스천을 대하는 방식에 따라 그들의 구원 여부가 달려있다는 것을 강조하고 있다고 주장한다.[23] 그러나 이

---

22) S. W. Gray, *The Least of My brothers Matthew 25:31-46: A History of Interpretation*, SBL Dissertation Series 114 (Atlanta: Scholars press, 1989).
23) Daniel J. Harrington, *The Gospel of Matthew*, Sacra Pagina Series Vol.1 (Collegeville, Minnesota: Liturgical Press, 1991), 357-360.

러한 주장은 마태공동체의 정황을 간과한 일반론으로 전혀 새로울 것이 없다.

그렇다면 여기서 '지극히 작은 자들'(ἐλαχίστων)은 마태공동체가 돌보아주어야 할 대상인가? 아니면 그들 자신이 마태공동체의 상징으로, 모든 민족에 의해 돌봄을 받아야 할 대상인가? 이 질문에 대해 하일은 둘 다라고 대답한다. 마태는 독자들에게 우선은 자신들을 양들과 동일시하도록 촉구하고, 그 후 지극히 작은 자들과 동일시하도록 격려한다는 것이다.[24] 이러한 주장은 빗나간 것이다. 하일의 주장대로라면, 결국 이 이야기를 들으면서 청중들은 최종적으로 자신들이 돌봄의 주체인지 돌봄의 대상인지를 결정하지 못하는 셈이 된다. 왜냐하면 이러한 하일의 이중 동일시는 청중에게 아무런 행동의 지침을 줄 수 없기 때문이다. 곧 그들은 자신들이 지극히 작은 자들을 돌보아 주어야 하는 적극적인 입장에 처한 것인지, 아니면 자신들이 지극히 작은 자들이므로 도움을 받아야 하는 수동적인 입장에 처한 것인지를 판별할 수 없기 때문이다. 꼬르떼-팽뜨(D. Cortés-Fuentes)도 최근에, 이 문제를 다루었다. '지극히 작은 자' 는 믿음의 공동체 전체, 또는 예수의 추종자들을 지칭한다고 주장하였다.[25] 이러한 주장은 수없이 되풀이 되어 온 주장들의 반복에 불과하다.

여기서 지극히 작은 자들은 마태공동체가 선교를 위해 마태공동체의 외부 세계로 파송한 순례 그룹이다.[26] 마태의 예수는 23장 34절에

---

24) John Paul Heil, "The Double Meaning of the Narrative of Universal Judgment in Matthew 25.31-46," 14.
25) David Cortés-Fuentes, "The Least of These My Brothers: Matthew 25:31-46," *Apuntes* 23 (3, 2003): 100-109.
26) Krentz는 마태복음서 전체가 하나의 선교적 문서라고 주장한다. E. Krentz, "Missionary Matthew: Matthew 28:16-20 as Summary of the Gospel," *Curr Theol Miss* 31 (1, 2004): 24-31.

서 이렇게 말한다.

> 그러므로 내가 예언자들과 지혜 있는 자들과 율법학자들을 너희에게 보낸다. 너희는 그 가운데서 더러는 죽이고, 더러는 십자가에 못 박고, 더러는 회당에서 채찍질하고, 이 동네 저 동네로 뒤쫓으며 박해할 것이다.

이러한 파송의 분위기는 기본적이고도 간소한 차림으로 선교 여행을 떠나라는 명령이 담긴 10장 5-16절에서 이미 확인된다. 그 파송단의 활동이 겪게 될 난관은 그들을 양을 이리 가운데 보내는 것과 같은 상징적 문맥(10.16)이나 그들이 당할 정치적 핍박과 같은 구체적 문맥(10.17-18)에 이미 묘사되어 있다.[27]

왕으로 대변되는 마태의 예수는 "지극히 작은 자 중 하나에게 행한 것이 곧 내게 행한 것이라"(25.40)고 설명한다. 여기서 예수가 동일시한 인물은 '지극히 작은 자 중 하나'이다. 보다 정확한 명명은 "나의 지극히 작은 형제들 중 하나"(ἑνὶ τούτων τῶν ἀδελφῶν μου τῶν ἐλαχίστων)이다. 여기서 왕으로서의 예수는 지극히 작은 자들을 자신의 '형제들'로 명명한다. 그 이전에 마태의 예수는 제자들을 자신의 '형제들'(οἱ ἀδελφοί)로 지칭한다. 그는 이 형제들을 제자들 뿐 아니라 "누구든지" 하늘에

---

27) 마태 10장의 파송단락은 예수가 열 두 '사도들'을 파송한 것으로 미루어 볼 때, 오직 역사적 예수의 시점에만 해당된 것이라는 일각의 주장에 대해 루쯔(Ulrich Luz)는 오직 10장만을 마태 이야기에서 예외적인 것으로 취급할 수 없다고 반박한다. 루쯔에 따르면 소위 역사적 용어인 '사도들'이나 마태복음서의 독자와 동일시되고 있는 '제자들'은 차이가 없는데, 그 이유는 결국 제자가 된다는 것은 예수의 당대인으로서 그에게 배우고, 그를 따르고 그에 의해 보호된다는 것을 뜻하기 때문이라는 것이다. 결국 마태 교회는 지상의 예수의 길을 따라야 하기에 그 구성원들을 과거의 예수로부터 분리할 수는 없다고 설득력 있게 주장한다. U. Luz, *Matthew in History: Interpretation, Influence, and Effects* (Minneapolis: Fortress Press, 1994), 40-41.

계신 아버지의 뜻대로 행하는 자들 전체에도 확장시킨다(12.50). 마태의 예수는 이와 유사한 동일화 작업을 10장 40절에서도 이미 천명하였다. 곧 그는 제자들에게 '너희를 영접하는 자는 나를 영접하는 것'이라고 못 박는다.

예수는 18장에서는 "어린 아이 하나를" 영접하는 것이 자신을 영접하는 것임을 분명히 했다(5절). 더 나아가 그들을 업신여기지 말아야 하는 이유는 그들의 천사들이 하늘 아버지의 얼굴을 항상 대면하며 그 상황을 고하는 특권을 가졌기 때문이라는 것이다(10절). 요컨대, 10장에서는 예수가 파송한 '너희'로 대변되는 제자들이 예수와 동일시되었고, 18장에서는 어린 아이 하나가, 그리고 25장에서는 마태공동체가 파송한 지극히 작은 자들 중 하나가 각각 그와 동일시되었다.

마태의 예수는 "이 작은 자들 중 하나"(ἕνα τῶν μικρῶν τούτων)에게 냉수 한 그릇이라도 주는 사람에게 보상을 약속한다(10.42). 파송된 그 작은 자들이야말로 마태공동체가 돌보아야 할 대상으로 부각된다. 파송된 자들도 제자들의 신분을 유지한다. 이는 마태의 예수가 '그가 내 제자라 해서'(εἰς ὄνομα μαθητοῦ)라는 말을 부연한 데서 보다 분명해진다. 곧 '제자들'로서의 그 '작은 자들'(μικροί)은 그들을 파송한 마태공동체의 돌봄을 필요로 했다. 이것은 그 파송 그룹이 냉대를 받고 있음을 간접적으로 노출시킨다. 마태의 예수는 영접을 받지 못하고 있는 그 파송 선교단을 격려하고 위로해 준다.

세계 심판 단락에서 마태공동체가 파송한 그 지극히 작은 자들은 주리고, 목마르고, 헐벗고, 병들었다(25.35-36, 42-43). 이러한 생체적인 고통 외에도 그들에게는 두 가지 항목이 더 추가된다. 곧 나그네 생활(35절, 43절)과 옥살이(36절, 43절)이다. 여기서 지극히 작은 자들이 단순히 헐벗고 굶주린 사람 일반을 가리키는 것이 아님이 다시 한번 확인된다. 그들은 이 곳 저 곳을 떠돌아다니는 나그네들이었다. 일종의 카리스마적 선교활동을 하는 자들이었다. 또한 그들은 투옥의 경험도 있다. 투옥에 관한 언급은 '특정한 지역에서의 공무상의 반응을 나타낸다.' [28] 이들이 투옥된 것은 이들의 활동이 당국의 입장과 어긋났기 때문이다. 아무런 활동 없이 조용히 사는 사람을 투옥하는 경우란 정상적인 일이 아니기 때문이다.

이러한 투옥의 언급은 10장에서 제자들에 대한 예수의 경계충고와도 걸맞다. "사람들을 삼가하라. 저희가 너희를 공회에 넘겨주겠고 저희 회당에서 채찍질 할 것이다. 또 너희가 나를 위하여 총독들과 임금들 앞에 끌려갈 것이다"(10.17-18). 제자들이 이러한 고초를 겪는 것은 그들의 선교활동 때문이다. 그들은 병든 자를 고치고, 죽은 자를 살리며, 나병환자를 깨끗하게 하며, 귀신을 쫓아내도록 명을 받는다(10.8). 그들은 이런 일을 수행하면서 금이나 은이나 동을 지참할 수도 없고 두 벌 옷이나 신이나 지팡이도 소지할 수 없다(10.9-10). 더구나 그들은 자신들로부터 수혜를 받는 사람들로부터 아무런 보상도 기대할 수 없다. "거저 받았으니, 거저 주라"(10.8). 제자들은 자신들이 겪을 핍박을 당연한 것으로 수용하도록 권면을 받는다. "이 동네에서 너희를 핍박하거든 저 동네로 피하라"(10.23). 더구나 이들의 활동은 이렇다 할 성과를 올리지 못한 것 같다. 마태는 제자들의 활동의 진척상황은 물론 귀환에 대한 어떠한 종류의 보도도 생략하고 있기 때문이다. 곧 그들이 명을 받은 치유활동, 소생활동, 축귀활동의 성과는 미미했던 것으

---

[28] J. M. Court, "Right and Left: The Implications for Matthew 25: 31-46," *NTS* 31 (1985): 223-233, 인용은 230.

로 추정된다.

세계 심판 이야기에서는 파송 선교단에 가해지는 핍박이 구체적인 현실로 드러나고 있다. 25장 이전의 파송단락에서 제자들은 적어도 주리거나 목마르거나 헐벗거나 병들지 않았다. 곧 25장 이전의 제자들의 정황은 25장의 정황 보다는 다소 여유가 있어 보인다. 비록 그들이 10장에서 공회에 넘겨지고 채찍질 당하고 임금들 앞에 끌려갈 것으로 묘사된다 해도 그것은 어디까지나 미래에 있을 예견이었다. 25장 이전에 그들이 실제로 그러한 핍박을 당했다는 언급은 없다.

따라서 마태의 예수가 자신의 가족을 '작은 자들' 뿐 아니라 '지극히 작은 자들' 에게로까지 '확장했다' 는 하일의 주장은 이러한 힘겨운 정황을 도외시해야만 가능한 해석이다.[29] 하일의 주장과는 달리, 마태공동체의 그 파송 선교단은 '작은 자들' 로부터 '지극히 작은 자들' 에로 축소되고 있다. 이러한 축소는 파송 선교단에 대한 영접이 미약했던 현실을 반영해 준다. 그들의 선교 활동 자체도 이렇다할 성과를 올리지 못했다. 그들이 겪고 있는 난관의 목록들 외에 다른 활동에 관한 언급이 없다는 것은 이들의 선교 활동의 성과가 미미했음을 반영해준다. 세계 심판 이야기는 마태공동체의 파송 선교단에 대해 양의 그룹은 지원을 계속하였으나 염소의 그룹은 지원을 하지 않았음을 보여준다.

세계 심판 단락에서 마태공동체의 두 그룹의 대조는 세상 전체의 대조로 이어진다. 세계 심판 이야기에는 마태공동체의 두 그룹과 그들이 파송한 선교단 외에도 "모든 민족" 이 등장한다(25.32). 지극히 작은

---

29) John Paul Heil, "The Double Meaning of the Narrative of Universal Judgment in Matthew 25.31-46," 9.

자들에 대한 지원의 책임은 마태공동체의 두 그룹뿐만 아니라, 실제로 그 공동체 밖에 있는 사람들 일반에게도 있음을 분명히 한다. 마태의 예수는 지방 지원자들을 찾아내어 그들의 지원을 받는 일이 중요함을 이미 천명한 바 있다(10.11). 그러나 세계 심판 이야기는 그 카리스마적 파송 선교단의 활동에 대한 세속의 지원이 거의 이루어지고 있지 않음을 드러내 보여준다. 예수는 작은 자에서 지극히 작은 자에로의 축소를 위기로 보고 이렇게 축소된 지극히 작은 자들을 자신과 동일시한다. 이들에 대한 세속의 영접과 거절(25.35-36, 42-43)이 영생과 형벌을 판가름하는 기준임을 뚜렷이 부각시킴으로써 지극히 작은 자들을 격려하고 세속 일반에게는 경각심을 불러일으킨다. 제자들 뿐 만 아니라 "누구든지" 하늘에 계신 아버지의 뜻대로 행하는 자는 모두 예수의 "형제들"로 각인된다(12.50).

24장 45-46절 역시 이와 유사한 맥락에서 읽힐 수 있다. "충성스럽고 지혜로운 종이 되어, 주인에게 그의 집사람들을 맡아 제 때에 양식을 나누어 줄 자가 누구인가? 주인이 돌아올 때에 그렇게 하는 것을 보면 그 종은 복이 있다." 여기서 '지혜로운'(φρόνιμος) 종은 "지혜로운" 다섯 처녀(25.2, 4)와 같은 형용으로 묘사된다. 주인이 출타 중 일 때 "그의 집사람들"(οἰκέτας αὐτοῦ)에게 제 때에 양식을 공급할 책임을 다 하는 사람이 지혜로운 사람이다. 주인이 더디 올 것으로 생각하고, 이러한 책임을 소홀히 하면 그는 악한 종으로 간주된다(24.48-51).

주인의 집사람들에게 제 때에 양식을 공급하는 일은 종의 최우선 과제이다. 이 양식 공급이 전면에 부각된 것은 양식 공급이라는 기본적인 책무가 소홀히 다루어지고 있는 현실을 반영한다. 여기서 종이 마태공동체를 상정한다면 주인의 집사람들은 누구인가? 우선 그들은 그

(주인)에게 소속된 사람들이다. 그런데 주인은 현재 부재 중이다. 그렇다면 그들은 마태공동체가 돌보아 주고 지원해 주어야 할 대상인데, 현재 그 지원을 잘 받지 못하고 있는 그룹이다. 마태복음서에서 이러한 조건에 맞는 그룹은 '지극히 작은 자들' 외에는 찾기 어렵다.

더 큰 문맥에서 보자면 25장의 지혜로운 처녀와 어리석은 처녀(25.1-13), 달란트의 증식 여부로 판별된 "충성된" 종과 "악하고 게으른 종"(25.14-30) 등 일련의 대조 단락들의 가장 큰 목적 중 하나는 양과 염소의 분류로 시작되는 심판 단락에 나오는 '지극히 작은 자들'에 대한 지원을 촉구하려는 것이다. 마태의 예수는 위의 두 대조 단락들에서는 준비해야한다(기름), 증식해야한다(달란트) 등등 행동의 일반적인 원칙만을 제시했다. 그러나 청중은 그것들이 무엇을 뜻하는지 이해하기 어려웠다. 가령, 기름을 준비해야한다 할 때에 '기름'이 무엇을 상징 하는지 알 수 없었다. 그래서 심판 이야기가 제시된 것이다. 마태의 예수는 이곳 세계 심판 이야기를 통해 비로소 분명한 행동 강령을 제시하여, 위의 원칙들의 내용을 구체화하였다.

그 파송 선교단의 선교의 부실한 성과가 마태공동체 안팎의 미미한 지원 때문이었던 것으로 판단한 마태는 그들에 대한 지원을 촉구하기 위하여 세계 심판 이야기를 전개했다. 인자로서의 예수는 극심한 핍박으로 인해 붕괴직전에 처한 그 파송선교단을 자신과 동일시한다. 그 예수는 자기의 영광으로, 모든 천사들과 함께 와서 자기의 영광의 보좌에 앉는 것으로 묘사된다(25.31). 지극히 작은 자들, 곧 그 파송 선교단은 인자의 또 다른 얼굴이다. 이로써 그 파송 선교단에게는 힘겨운 현실을 감내할 수 있는 강력한 소망의 근거가 마련된다. 나아가 마태공동체 안팎에서 그들을 지원하는 사람들에게는 보다 더 지속적인 지원이 권고되고, 그들을 지원하지 않는 사람들에게는 경각심과 함께 새로운 지원을 위한 결의가 촉구된다.

세계 심판 이야기는 마태공동체 내의 두 그룹에게는 직접적인 메시지가 되고, 마태공동체 외부의 두 부류에게는 간접적인 메시지가 된다. 왜냐하면 이 이야기의 직접적인 청중은 '모든 민족'이 아니라 '제자들'이기 때문이다(참조. 24.3; 26.1). 여기에 소개된 '모든 민족'은 간접적인 청중이다.

세계 심판 단락에서 지극히 작은 자들을 돌보아준 사람들이 "의인들"(οἱ δίκαιοι)로 명명되었다는 점이 특이하다(25.37, 46). 의로움은 그룹 명예의 정점이다. 공적인 평가로 지지되는 명예는 전통적인 집단 사회의 핵심 가치라 할 수 있다. 마태공동체는 현실 세계에서 그와 같은 평가를 결여하고 있었다. 마태의 저자나 독자 혹은 화자와 청중은 그들이 살고 있는 사회적 세계에서 높은 신분의 사람들이 아니라, 힘없는 소수였다.[30] 살다리니(Anthony J. Saldarini)의 평가처럼 그레꼬 로마사회에서 마태공동체는 자발적인 연합체로 일종의 '일탈 연합체'로 이해될 수 있다.[31] 이러한 소위 일탈 그룹이 자신들이 명예로운 그룹임을 천명하는 것은 현실에서 오히려 비웃음을 받게 될 수 있다. 따라서 의로움 또는 명예를 감춘다는 것은 합리적인 전략이 된다.[32]

실제로 마태의 예수는 마태공동체 멤버들에게 자신의 의로움을 감

---

30) David M. Bossma, "Christians and Jews Read the Gospel of Matthew Today," *BTB* 27 (2, 1997): 42-52, 특히 43, 45-47.
31) A. J. Saldarini, *Matthew's Christian-Jewish Community* (Chicago: University of Chicago Press, 1994), 120f. 자발적인 연합체로서의 마태공동체의 여러 단계의 형성 과정에 관한 최근의 연구를 위해서는 Richard S. Ascough, "Matthew and Community Formation," in *The Gospel of Matthew in Current Study*, ed. David E. Aune (Grand Rapids, Michigan: W. B. Eerdmans Publishing Company, 2001), 96-126을 보라.
32) David M. Bossma, "Christians and Jews Read the Gospel of Matthew Today," 47.

추도록 요구한다. 구제할 때에는 오른손이 하는 것을 왼손이 모르게 은밀하게 하도록 권면된다. 은밀한 중에 계신 아버지가 갚아 주신다는 것이다(6.4). 또 기도할 때는 골방에 들어가 문을 닫고 하도록 요구한다(6.6). 이렇듯 의를 숨기는 전략을 수행하는 마태가 지극히 작은 자들을 지원하는 그룹을 '의인들'로 부른 것은 그만큼 그들에 대한 지원이 절박했음을 보여준다. '의인들' 칭호는 파송 선교단에 대한 지원을 최고의 명예로 간주하도록 기능한다. 명예에 관계된 다른 항목들은 숨기도록 권고된다. 그러나 유독 이 지원의 결과로 얻는 명예는 명백하게 드러낸다. 마태의 예수는 이들을 지원하는 자들에게 '의인들'이라는 최고의 명예를 부여함으로써 그 공동체에게 강력한 지원 동기를 부여한다.

4. 결어

마태공동체는 두 그룹의 혼합체였다. 곡식, 좋은 고기, 지혜로운 처녀 등으로 상징되는 한 그룹과 가라지, 나쁜 고기, 어리석은 처녀 등으로 상징되는 또 다른 한 그룹이 그것이다. 세계 심판 단락의 양과 염소도 이러한 마태공동체 내의 상반된 두 그룹 중 한 편을 각기 담당한다. 그러나 그 단락의 양과 염소는 마태공동체의 두 내부 그룹뿐만 아니라 '모든 민족'으로 대변되는 공동체 밖의 세속 일반의 두 부류도 함께 상징한다.

'지극히 작은 자들'은 마태의 정착 공동체가 파견한 일종의 순례 파송 선교단이다. 이 파송 선교단의 규모나 활동은 이들에게 가해진 심한 핍박 때문에 '작은 자들'에서 '지극히 작은 자들'에로 축소되어가고 있었다. 마태공동체의 양으로 분류된 그룹은 이들을 지원했으나 염소로 분류된 그룹은 지원을 하지 않았다. 지원 그룹이라 해도 그 지원의 강도는 미미했던 것 같다. 그들도 지극히 작은자들 중 '하나'에게 베푸는 정도였기 때문이다.

마태는 그 파송 선교단에 대한 공동체 안팎의 부실한 지원이 선교의 미미한 성과를 초래하고 있다고 판단했다. 파송 선교단의 선교 활동의 미미한 성과와 그들이 겪는 가혹한 현실 때문에 그들은 파국 직전에 놓이게 되었다. 이러한 긴박한 상황에서 마태의 예수는 그 파송 선교단에 대한 마태공동체 안팎의 지속적인 지원여부가 영생과 영벌로 갈라지게 되는 기준임을 천명했다. 곧 지원의 주체로서 지원 행위를 한 쪽과 지원의 주체이나 지원 행위를 하지 않은 쪽이 분리된다. 말을 바꾸면, 그들에 대한 지원의 격감이 마태의 예수가 세계 심판 이야기를 한 이유 중 하나였다.

마태는 자신이 분류한 두 그룹 중 양의 그룹을 대표한다. 이 세계 심판 이야기 이전의 대조단락들과 이 이야기의 대조가 마태공동체 멤버들에게 갖는 차이는 분명하다. 이전 대조 단락들에서는 마태가 분류한 부정적 그룹, 가령 가라지 그룹도 자신들을 곡식으로 평가하고 오히려 상대 그룹을 가라지로 간주했을 것이다. 곧 마태의 분류와 마태공동체 내의 두 그룹의 자기 정체성은 일치하지 않을 수 있었다. 곧 이전 대조 단락들에서는 각 그룹의 자의적 동일시가 이루어져도 마태는 이를 효과적으로 대처할 방법이 없었다. 그러나 이 세계 심판 이야기에서는 이러한 자의적 동일시가 철저히 차단된다. 왜냐하면 그 파송 선교단의 구체적인 필요를 돌보아주었느냐 아니냐 하는 사실 여부만

이 두 그룹의 동일화를 위한 명료한 기준으로 제시되어 있기 때문이다. 따라서 지원 그룹은 자연스럽게 자신을 양의 그룹으로 동일시하였고, 비 지원그룹은 어쩔 수 없이 자신을 염소의 그룹으로 동일시하였다. 이로써 양의 그룹에 속한 마태의 양과 염소에 대한 분류와 마태 공동체 내의 두 그룹의 정체성에 관한 자기 분류는 이 단락에 와서야 일치하게 된다.

　이 세계 심판 단락에서 예수는 마태의 지역 공동체가 파견한 순례하는 파송 선교단을 자신과 동일시한다. 마태의 예수는 청중들로 하여금 순례하는 파송 선교단의 모습 속에서 부활한 자신의 모습을 발견하게 함으로써 자신이 그들과 항시 함께 현존하고 있음을 감지하게 한다. 더 나아가, 양의 입장을 대변하는 마태의 예수는 파송 선교단에 대한 마태공동체 안팎의 지원 부류에게는 지속적으로 더 지원하도록 격려를 하고, 비 지원 부류에게는 돌이켜 지원을 시작하도록 촉구한다.

제5장
세 번째 종의 비유와 누가공동체

제5장
세 번째 종의 비유와 누가공동체

1. 서언

누가복음서 19장 11-28절은 누가가 본 예수의 삶의 한 단면을 상징적으로 드러내고 있다. 이 단락은 소위 '므나의 비유'로 불리어진다. 마태복음서 25장 14-30절에 소개되는 이와 유사한 이야기는 흔히 '달란트의 비유'로 명명된다. 그러나 외견상 비슷해 보이는 이 두 비유는 그 내용상 결코 같은 종류의 비유가 아니다. 마태의 달란트 비유에서는, 주인이 첫째 종에게 다섯 달란트를, 둘째에게는 두 달란트를, 셋째에게는 한 달란트를 맡기고 떠났다가, 다시 와서, 첫째와 둘째에게는 더 많은 것을 맡기리라는 칭찬을 하는 한편, 셋째는 밖으로 내쫓는다. 그러나 누가의 이 비유에서는 종이 모두 열 명이 나오고, 귀인이 어떤 종에게는 많이 맡기고 또 어떤 종에게는 적게 맡긴 것이 아니라, 열 명 모두에게 똑같이 한 므나 씩을 맡기고 나서, '장사를 하라'는 명령을 하고 떠난다. 액수도 차이가 많이 난다. 킹스베리(J. D. Kingsbury)는 한 달란트는 지금으로 환산하면 약 1,080불 정도이지만, 한 므나는 경우 20불 정도가 되는 액수라고 추정한다.[1] 1,080불이니 20불이니 하는 것은 대략 잡아본 것으로, 어떤 해를 기준으로 잡느냐에 따라 차이가 날 수 있다. 그러나 달란트가 므나 보다 훨씬 큰 단위라는 점은 분명하다.

이보다 더 중요한 차이가 있다. 마태에서는 그 주인이 떠나는데, 왜 떠나는지에 대한 이유가 전혀 설명되어 있지 않다. 그러나 누가의 이 비유에서는 12절에 귀인이 떠나는 이유가 왕위를 받아 가지고 오기 위함이었다고 분명히 밝히고 있다. 결국 15절에서 그 귀인이 왕위를 받았다는 것이 확인되었다.

이 장(章)은 누가의 므나 비유에 나오는 인물들 중 누가 예수의 배역을 맡고 있는가를 규명하고, 그것을 마태의 달란트 비유와 비교한 후, 누가의 그 비유가 누가공동체에 어떤 의의를 갖는지 살피려고 한다.

2. 귀인, 첫 번째 종, 두 번째 종

마태의 달란트 비유와는 달리 누가에는 어떤 상황에서 이 비유를 이야기했는지 그 배경을 설명하는 서론이 도입구로 명료하게 제시되어 있다.[2] "그들이 이 말씀을 듣고 있을 때에, 예수께서 덧붙여서 비유를 하나 말씀하셨다. 그 이유는 자신이 예루살렘에 가까이 이르셨고, 그들은 하나님의 나라가 당장에 나타날 줄로 생각하고 있었기 때문이다"(11절). 로마의 폭정 밑에서 시달렸던 백성들은 종교적, 정치적 정점

---

1) J. D. Kingsbury, "The Verb *Akolouthein* ("To Follow") as An Index of Matthew's View of His Community," *JBL* 97 (1978): 56-73.
2) 달란트/므나 비유의 Q 본문 재구성을 위해서는 Adelbert Denaux, "The Parable of the Talents/Pounds (Q 19,12-27): A Reconstruction of the Q Text," in *The Sayings Source Q and the Historical Jesus*, ed. Andreas Lindemann (Leuven: Leuven Peeters, 2001), 429-460을 보라.

인 예루살렘 성이 가까이 나타나자 정치적인 대변혁이 이내 이루어질 것을 기대했다. 곧 예수는 임박한 하나님 나라의 출현의 결과에 대한 백성들의 부적절한 기대를 차단하기 위해 바로 이 비유를 이야기해 주었다.

지금까지 전통적으로 이 비유는 이렇게 이해되어 왔다. 곧, 왕위를 받으러 떠난 사람은 예수이고, 종들은 신자들을 뜻하는데, 첫째와 둘째는 모범적인 신자들을, 셋째는 무능력하고 게으른 신자들을 각각 대표한다는 것이다. 이것이 이 비유에 대한 전형적인 고정 관념이다. 이러한 해석은 이 비유의 행간을 읽지 못한 빗나간 해석이다. 왜냐하면 마태의 비유에서는 초점이 자본증식과 능력숭배에 있으나, 누가의 이 비유에서는 왕과 세 번째 종의 대결이 단연 부각되고 있기 때문이다. 여기서 예수는 귀인, 곧 왕위를 받으러 떠났다가 결국 왕위를 받아 가지고 돌아온 왕을 상징하고 있는가?

예수 당시의 역사적 상황에 관한 괄목할 만한 연구 업적을 내놓은 독일의 신약학자 요아킴 예레미아스(Joachim Jeremias)는 이 비유가 이야기되기 전의 주전 4년의 역사적 상황이 이 비유의 배경이 되고 있다고 보고, 그 상황을 이렇게 소개한다. "아켈라오스는 유대지방에 대한 그의 통치권을 확인하기 위해 로마로 떠나갔는데, 동시에 유대인 대표 50명이 그의 임명을 저지하려고 로마로 갔다." 이것은 예레미아스가 1세기의 역사가 요세푸스의 고대사와 전쟁사를 자유롭게 인용한 것으로서, 적절한 선택이라 하겠다.[3]

예레미아스에 따르면, 누가는 여기서 귀인과 예수를 동일시했는데, 이러한 동일시는 '확실히' 잘못되었다는 것이다.[4] 그 이유는 예수는

---

3) J. Jeremias, *The Parables of Jesus* (New York: Charles Scribner's Sons, 1963), 59.

한 번도 자신을 맡기지 않은 곳에서 찾아가고, 심지도 않은데서 거두는 사람에게(19.21), 또는 반대파들을 마구 죽이는 사람에게 비교하지 않았기 때문이라는 것이다.[5] 누가는 부당하게 이 귀인에게서, 하늘에 올라갔다가 심판하러 다시 오는 인자를 보았다는 것이다. 결국 누가의 시각이 부당한가 아닌가의 문제를 떠나, 어쨌든 예레미아스에 따르면, 누가는 예수가 귀인의 역할을 맡고 있다고 생각했다는 것이다. 그러나 이런 점이 예레미아스 해석의 전형적인 한계라 할 수 있다.

아켈라오스는 누구인가? 헤롯대왕의 아들이요, 수많은 폭정을 한 왕들 중에서도 대표급 인물이다. 정치범들을 한꺼번에 이천 명씩 십자가에 달아 죽인 것도 바로 이 사람이다. 그가 왕이 되기 전, 정식으로 왕위를 얻기 위해 로마로 가자, 유대인 대표들이 그것을 조직적으로 막으려 했다는 것이다. 예수가 이 비유를 이야기할 당시에는 아켈라오스가 이미 25년 전쯤(주후 6년) 왕위를 다시 빼앗기고, 그 대신 로마의 총독이 들어서서 비슷한 강세로 폭정을 하고 있을 때였다. 따라서 이 이야기를 듣던 누가의 청중들은, 왕위를 받으러 간 사람이 있었는데 백성이 그를 싫어해서 대표를 보내 반대했다는 이야기만 나와도, 그 사람이 과거(주전 4년)에는 누구를 상징했는지, 그리고 예수 당시에는 누구를 상징했는지, 또한 지금 누가의 시대에는 누구를 상징하는지 이내 알아차릴 수 있었다. 따라서 여기서 왕위를 받으러 간 그 폭군이 예수를 상징한다고 보기는 어렵다.

그렇다면 예수는 왜 이 비유를 이야기했는가? 14절부터 다시 살펴보자. "우리는 이 자가 우리의 왕됨을 원하지 않습니다." 그 귀족이 이

---

4) *Ibid.*, 59.
5) *Ibid.*, 59-60.

토록 거부되는 것을 보면, 그는 백성을 위한 정치를 하지 못한 인물이었을 것으로 상정해볼 수 있다. 그는 '자기의 백성들'(οἱ πολῖται αὐτοῦ)로부터 '미움'을 받았다(14절). 백성들은 자기들의 지배자에게 보통 때 쓰던 경어도 모두 생략하고 그를 '이 자'(τοῦτον)로 불렀다. 귀인의 눈에 이것은 일종의 자신에 대한 모욕과 능멸로 비추어졌을 것이다.

스타인(R. H. Stein)은 백성의 대표들이 그를 저지한 행동을 누가의 독자들은 예수에 대한 유대인들의 거절로 이해했을 것이라고 주장한다.[6] 탈버트(Charles H. Talbert)도 이와 유사한 주장을 내세운다.[7] 이러한 주장들 역시 예수를 그 귀인과 동일시하는 것을 전제하고 있으나, 누가는 예수를 폭군의 이미지로 그리고 있지 않기 때문에 설득력이 없다.

백성들의 저지에도 불구하고 그 귀족은 "왕위"를 받았다(15절). 요세푸스(Josephus)는, 아켈라오스가 엄밀하게 말하자면 왕위가 아니라, 한 지방의 '지배자'의 칭호를 받았다고 기술한다.[8] 어쨌든, 누가의 이 비유에서 왕위에 오르게 된 귀인은 이제 종들을 불러, 그 동안의 진척 상황을 보고하게 했다. 첫째와 둘째 종은 한 므나로 각각 열 므나와 다섯 므나를 만들었다고 보고했다(19.16, 18). 그들은 예상대로 후한 상을 받았다. 왕은 상으로 무엇을 주었는가? 마태복음서의 비유에서처럼 경제적인 처리를 한 것이 아니다. 17절과 19절을 보면 첫째에게는 열 도시(πόλις)를, 둘째에게는 다섯 도시(πόλις)를 주었다.[9] 결국 정치적인 작

---

6) Robert H. Stein, *Luke*, The New American Commentary (Nashville, TN: Baptist Sunday School Board, 1992), 473.

7) Charles H. Talbert, "Martyrdom in Luke-Acts and the Lukan social Ethic," in *Political Issues in Luke-Acts*, ed. Richard J. Cassidy and Philip J. Scharper (Maryknoll, New York: Orbis Books, 1983), 99-110.

8) Josephus, *Antiquities*, 17.9.13;17.11.4, *Wars*, 2.2.2;2.6.3.

은 통치권들을 준 것이다. 따라서 이 비유가, 마태의 달란트 비유처럼 자본 증식이 아니라, 정치 권력의 문제를 다루고 있다는 점이 여기서 다시 한번 확인된다.

예레미아스는 예수의 이 비유의 목적을 아켈라오스의 귀환과 적들에 대한 그의 보복이 예기치 않게 있었던 것처럼, 파멸도 그렇게 예기치 않게 올 것이라는 점을 일깨워 주기 위한 것으로 보고 있다.[10] 그러나 이러한 해석은 귀인=예수라는 도식이 성립될 때만 가능하다.

3. 누가의 예수와 세 번째 종

이제 세 번째 종이 등장한다. 이 세 번째 종은 그를 제외한 다른 일곱 명의 종들을 대표하는 종이다. 말을 바꾸면, 누가는 이 세 번째 종에게 다른 종들을 대표하는 대표성을 부여한다. 왜냐하면 처음에 열 명의 종이 소개되었으나, 정식재판은 처음 세 명의 종만 받고, 나머지 일곱 명은 재판 절차 없이 27절에서, 그 세 번째 종과 함께 한꺼번에 몰아서 처형하라는 판결을 받았기 때문이다. 곧, 재판은 세 번째 종(단수)이 받았으나, 판결은 "이 원수들"(27절)이라는 복수로 지칭되는 사람들이 받았기 때문이다.

이 세 번째 종이 이 비유의 주역이다. 두지 않은 것을 취하고, 심지 않은 것을 거두는 악덕 상인의 이미지(21-22절)와 이윤을 남기지 못했다

---

9) '도시' 용어에 관한 누가의 느슨한 사용법에 관해서는 로어바우(R. L. Rohrbough)의 "The Pre-Industrial city in Luke-Acts: Urban Social Relations," in *The Social World of Luke-Acts: Models for Interpretation*, ed. J. H. Neyrey (Peabody, MA: Hendrickson, 1991), 125-149를 보라.
10) J. Jeremias, *The Parables of Jesus*, 59.

해서 다른 핑계까지 대며 사람들을 마구 죽이는 폭군의 이미지(27절)를 갖고 있는 귀인이 예수가 아니라면, 이 세 번째 종이 예수의 역할을 할 수 있는 유일한 후보이다. 왜냐하면, 이윤을 남기고 작은 통치권을 받고, 더구나 고난당하지도 않는 다른 두 종은 예수의 역할과 전혀 어울리지 않기 때문이다.

　세 번째 종은 남은 일곱 종들을 대신해서 지배자의 폭정의 실상을 열거했다. 우선, 그 종은 "당신의 한 므나가 여기 있습니다. 내가 수건으로 싸두었습니다"(20절)하고 입을 뗴었다. 귀인이 맡긴 돈을 '수건으로 싸두었다' 는 것은 무엇을 뜻하는가? 수건으로 싸두었다는 것은 마태처럼 땅에 묻어두었다는 것보다 더 위험 부담률이 높은 것이다. 랍비법에 따르면, 기탁물을 받은 후 땅에 파묻는 자는 도둑을 맞았다 해도 배상의 의무를 지지 않지만, 돈을 천에 싸두었다가 도둑맞으면 부주의하게 보관했다는 이유로 배상의 의무를 지게 되어 있다.[11] 이러한 관행으로 미루어보면, 여기서 수건으로 싸두었다는 것은 맡은 돈에 대한 불성실한 보관 자세를 뜻한다. 더구나 그것은 일종의 명령불복종으로까지 이해된다. 주인의 명령은 "장사하라"(13절)였기 때문이다.

　따라서 그가 수건으로 싸두었다는 것은 그의 무능력과는 상관이 없다. 첫째와 둘째 종에 비해 이 종이 더 무능력했다는 암시는 어디에도 나오지 않는다. 그렇다면 세 번째 종은 게을렀던 것이 아닌가? 아니다. 마태 25장 26절에서는 주인이 '이 악하고 게으른 종아' 하고 욕을 하나, 누가의 이 비유에는 게으르다는 말이 없고 오직 이 "악한 종아"(22절)하고 경멸한다. 그렇다면 이 종은 정말 악한 종인가? 아니다. 자신의 통치에 반기를 든 사람은 통치자의 눈에는 악한 사람일 수밖에

---

11) *Ibid.*, 61, n. 51.

없었을 것이다. 심지어 원수들로 보이기까지 할 것이다. 실제로 27절을 보면 세 번째 종을 비롯한 나머지 종들은 왕에 의해 '원수들'로 명명된다. 곧, 세 번째 종과 남은 일곱 종들의 운명은 하나로 묶인다.

세 번째 종은 이렇게 대답을 계속한다. "이는 당신이 엄한 사람인 것을 내가 무서워했기 때문입니다. 당신은 두지 않은 것을 취하고 심지 않은 것을 거둡니다"(21절). 여기 담긴 말들은 모두 엄중한 항거를 보여준다. 여기서 왕은 맡기지 않은 것을 맡겼다고 우기고 찾아가는 사람으로 묘사된다. 더 나아가 그는 심지도 않고 거두기만 하려는 사람으로 고발된다. '거둔다'(θερίζειν)는 것은 당시 세금 징수에 관계된 용어로 빈번히 사용되었다. 세 번째 종이 자신의 행동이 잘못되었다고 생각했다면, 왕의 폭정의 내용을 이처럼 당당하게 열거할 수는 없었을 것이다. 아마 '주인님 잘못했습니다. 한 번만 용서하십시오' 하고 자신의 목소리를 스스로 꺾었을 것이다. 그러나 세 번째 종은 그렇게 하지 않았다. 그는 백성들이 하고 싶었으나 두려워서 하지 못했던 말을 대신 해주었다. 그는 이것을 통해 백성의 당당한 대변자가 되었다. 결국, 왕은 세 번째 종과 함께 남은 종들을 모두 처형하도록 지시했다. 처형의 이유는 '장사를 잘못한' 원수들이 아니라, '나의 왕됨을 원치 아니하던 이(τούτους) 원수들'(27절)로 제시된다. 이것으로 미루어 보아도 이윤을 남기지 못한 것은 처형의 구실이었음이 드러난다. 그 본질적인 이유는 그의 왕권에 대한 세 번째 종의 도전 때문이었다.

혹, '나의 왕됨을 원치 아니하던 이 원수들'(27절)은 귀인이 자신들의 왕이 되는 것을 원치 아니하였던(14절) '사자' 또는 '백성'을 지시하지 않는가? 그렇게 이해될 가능성이 희박하다. 우선, 27절을 14절과 억지로 관련시킨다 해도 그 대상으로 가능성이 있는 후보는 오직

'사자' 뿐 일 것이다. 왜냐하면, 만일 그것이 '백성'이라면, 백성 전체를 죽이라는 명령은 말이 되지 않기 때문이다. 그러나 '사자' 역시 곤란하다. '사자'(πρεσβεία)는 단수이고, 27절의 '원수들'(ἐχθροί)은 복수이기 때문이다. 처형의 대상은 재판을 받던 사람들이다. 14절의 '사자'가 재판을 받았다는 언급은 전혀 나타나지 않는다. 15절에서 왕이 부른 것은 '장사한 것을 알기' 위함이었다. 재판은 종들이 받고 판결은 사자가 받는 것은 말이 안 된다. 종 열명은 14절의 귀인을 따라간 것이 아니라, 그동안 장사를 했다(15절). 27절도 '저'(ἐκείνους) 원수들(개역)이 아니라, '이'(τούτους) 원수들로 되어 있다. 곧 재판을 받던 사람들이다. 27절을 14절과 연관시키려는 시도는 바로 한글 개역의 오역에 기인한다.

처형의 이유는 온당한 것이 아니다. 귀인의 명령은 '장사하라'는 것 뿐이었기 때문이다. 왕이 실제로 미운 것은 14절의 사자의 요청의 내용이다. 그런데 왕은 27절에서 그 분함을 종들에게 전가한다. 이것이 세 번째 종의 억울함이다. 이윤을 남기지 못했으면 바로 그 이유로 판결을 받아야 한다. 그러나 왕의 판결의 근거는 전혀 엉뚱한 것이었다. 형량도 문제이다. 귀인의 돈을 잃어버린 것도 아닌데. 수건으로 싸 두었다고 해서(20절), 곧, 잃어버릴 뻔 했다고 사형에 처한다는 것은 정상적인 처결이 아니다. 결국, 세 번째 종은 억울한 처형 선고를 받고, 사태는 평정되었다. 누가는 여기서 실제로 예수도 처형당할 별다른 이유 없이 그렇게 억울하게 처형되었다는 것을 상징적으로 표출한다.

린지(Sharon H. Ringe)에 따르면, 이 파멸한 세 번째 종은, 예수의 떠남과 귀환 사이에 예수의 복음과 선교가 단지 보존만 되어서는 아니 되고, 온 교회의 선교 활동에로 전이되어야한다는 교훈을 상징적으로 주고 있다고 해석한다.[12] 이러한 시각 역시 왕을 예수로, 세 번째 종을 저주받아 마땅한 자로 동일시하는 것을 전제하는 전통적인 해석의 반복에 불과하다.

어떤 옛날 이야기나 동화를 읽을 때 자신을 왕이나 왕후와 동일시하는 버릇이 오랫동안 머리에 박혀, 그것이 고정되어 있는 사람은 이 비유에서도 왕 중심으로 고개가 움직여지도록 되어 있다. 이 비유의 주인공은 결코 왕이 아니라, 바로 그 세 번째 종이다. 이 세 번째 종이 예수의 역할을 담당한다. 세 번째 종처럼 예수가 형편없이 취급당하는 다른 대표적인 단락은 바로 이 소위 '므나 비유' 다음 장에 나오는 소위 '포도원 주인과 농부들의 비유', 더 정확히 명명하자면, '포도원 농부들에 의해 죽임 당한 아들의 비유'(20. 9-15)이다. 여기서도 예수는 연속해서 죽임을 당하는 종들에 이어 역시 죽임을 당하는 아들로 묘사된다. 포도원을 세로 주고 타국에 가서 오래 있었던 포도원 주인에 따르면, 그는 "내 사랑하는 아들"이다(13절). 20장의 이 비유에서 처형당한 아들을 예수로 이해하지 않는 학자는 없다. 그런데, 처형당한 아들이 예수임이 분명하다는 학자들도, 바로 그 전 장인 19장의 므나 비유에서는 처형당한 세 번째 종이 예수가 아니라고 한다.

필자가 알기로는 누가의 이 므나 비유에서 세 번째 종이 예수의 역할을 한다고 본 신약학자는 한사람도 없다. 다만, 로어바우(R. H. Rohrbaugh)는 이 비유와 관련하여서는 주목을 받아도 좋은 학자이다. 그는 이 비유의 상이한 청중들과 그들이 속한 사회적 세계의 관계를 다룬다. 그는 유세비우스(Eusebius)에 의해 보존된 나조레인 복음서(Gospel of Nazoreans)에서는, 제한된 재화의 세계에서 오히려 명예롭게 행동한

---

12) Sharon H. Ringe, *Luke* (Louisville, KY: Westminster John Knox Press, 1995), 235.

세 번째 종이 환영받았음을 제시하면서 예수도 귀인의 행동을 나무랐을 가능성이 있다고 주장한다.[13] 플리치(John J. Pilch)도 이와 유사한 입장을 제시하였다. 그는 친 자본주의적 엘리트와 반자본주의적 농부는 세 번째 종에 대해 각기 다른 평가를 내릴 것이라고 추정하였다.[14] 그러나 이 두 학자들은 모두 마태의 비유와 누가의 비유를 한데 묶어 동일 선상에서 처리했기 때문에 두 비유 사이의 주석상의 엄청난 차이를 간과하였다. 더구나 그 두 학자는 모두 예수를 그 세 번째 종과 동일시하는 데까지 나아가지는 못하였다.

신약학자 외에 이 본문에서 세 번째 종에 집중한 학자는 아시아의 조직신학자 송천성(Choan Seng Song)이다.[15] 세 번째 종이 백성의 대변자가 되어 폭정에 항거했다는 그의 훌륭한 조직신학적 아이디어는 이제 신약학적 주석의 검열마저 통과한 셈이다. 그러나 그는 세 번째 종과 남은 일곱 종들과의 관계에는 주목하지 못하였다. 더구나, 그도 누가가 바로 이 세 번째 종에게 예수의 역할을 수행하게 했다는 주장에 까지 나아가지는 못하였다.[16]

예수가 이 비유를 이야기한 목적은 무엇인가? 이 이야기의 처음과 마지막에 나오는 예루살렘에 관한 언급이 단서가 된다. 11절이 처음이고 28절이 마지막 구절이다. 우리가 갖고 있는 성경은 27절이 끝이고 28절은 새 문단의 시작으로 되어 있으나, 문단 나누기가 잘못된 것이다. 원전에는 문단이 없고, 문단을 나눈 것은 훨씬 후대의 작업 결과

---

13) R. H. Rohrbaugh, "A Peasant Reading of the Parable of the Talents/Pounds: A Text of Terror?" *BTB* 23 (1, 1993): 32-39.
14) John J. Pilch, "The Parable of the Talents," *Bib Today* 39 (6, 2001): 366-370.
15) C. S. Song, *Third-eye theology: theology in formation in Asian settings*, rev. ed. (Maryknoll, N.Y.: Orbis Books, 1991), 242-245.
16) *Ibid.*, 245ff.

이다. 우선 도입구는 이미 소개한 대로, 예수가 예루살렘에 가까이 온 것을 본 백성들이 당장 하나님의 나라(통치)가 시작되는 줄 알았다는 내용으로 구성되어 있다. 예수는 자신이 죽을 결심을 하고 종교적, 정치적 심장부인 예루살렘으로 올라간다.[17] 예루살렘 성전에 들어가 지배계급의 허가 아래서 장사하는 사람들을 거기서 몰아내기 위해서이다 (19. 45-48).

예수는 그러한 자신의 행동이 어떠한 비참한 결과를 자신에게 가져오리라는 것을 예감했음에도 불구하고, 그래도 올라간다. 그런데 따라오는 백성은 당장 하나님의 통치가 시작되는 줄로 착각하고 있었다. 예수의 생각과는 너무 달랐다. 그래서 예수는 이 비유로 자신의 입장을 설명해 주었다. '내가 예루살렘에 가는 것은, 바로 이 세 번째 종처럼, 너희들이 입이 있어도 말하지 못했던 억울한 사정을 너희들 대신 표출시키고 그리고 처형되려는 것이다. 곧 내가 예루살렘에 가는 것은 죽으러 가는 것이다. 영광의 왕이 되기 위해서가 아니다. 그 종처럼 수난의 종이 되기 위해서이다.' 마지막 결론인 28절에서 누가복음서 기자는 한마디 묘사를 덧붙인다. "예수께서 이 말씀을 마치시고 앞장서서 예루살렘을 향해 길을 떠나셨다." 무슨 뜻인가? 예수는 죽임 당할 것을 각오하고, 그 길을 향해 당당히 걸어갔다는 것이다.

---

17) 이 비유와 예루살렘 입성 이야기의 관계를 연구한 것으로는 Adelbert Denaux, "The Parable of the King-judge (Lk 19,12-28) and Its Relation to the Entry Story (Lk 19,29-44)," *ZNW* 93 (1-2, 2002): 35-57를 보라.

4. 누가의 세 번째 종과 마태의 세 번째 종

누가의 므나 비유의 세 번째 종이 예수의 배역을 맡고 있다는 설정은 누가복음서의 예수 상 일반에도 잘 어울린다. "인자는 잃어버린 자를 찾아 구원하러 왔다"(19.10). 이것이 누가가 소개하는 예수가 이 세상에 온 목적에 대한 예수 자신의 요약 선언이다. 누가가 본 예수는 마태의 예수처럼 '집'이 아니라, 누추한 '구유'에서 태어난다. 그의 탄생에 대한 목격자들도, 마태에 나오는 권위 있는 동방박사들이 아니라, 무명의 목자들이다(2.8-20). "이스라엘의 위로를 기다리는"(2.25) 시므온이라는 사람은 아기 예수를 보고 "내 눈이 주께서 만만 앞에 예비하신 주의 구원을 보았다"(2.30-31)고 하나님을 찬양한다. 시므온 외에도, 엘리사벳, 사가랴, 마리아 등에 관한 언급은 가난하고 빼앗긴 자들에 대한 하나님의 연민의 주제들을 밝혀 준다. "떡도 먹지 아니하며 포도주도 마시지 아니하는" 세례 요한의 모습(7.33)과는 달리, 누가의 예수는 "먹기를 탐하고 포도주를 즐기는 사람이요 세리와 죄인의 친구"로 여겨진다(7.34). 누가만이 사마리아인들을 긍정적으로 묘사한다(10.30-37;17.11-19).[18]

고통 받는 사람들, 잃어버린 사람들에 대한 예수의 관심은 누가복음서에서만 소개되고 있는 선한 사마리아 사람의 비유(10.29-37), 바리새

---

[18] Otto Bucher, "The Gospel for the First-Century World," *Bib Today* 40 (3, 2002): 159-165, 특히 162. 한편, 모요(Aynos Masotcha Moyo)는 위의 사마리아인에 관한 단락들 외에 9.51-56을 추가하여 함께 주석한 후, 이것들은 모두 이스라엘의 유산으로부터 사마리아인들을 배제하려는 유대인들의 시도가 하나의 커다란 실수였음을 예수가 보여주려 한 것이라고 해석한다. 그의 "The Gospel and Common Humanity: Jesus' Tolerant Attitude Towards the Samaritans in the Gospel of Luke," *Afr Theol Journ* 24 (2001): 91-97, 특히 97. 선한 사마리아인의 비유에 관한 사회학적 해석을 위해서는 P. F. Esler, "Jesus and the Reduction of Intergroup conflict: The Parable of the Good Samaritan in the Light of Social Identity Theory," *Bib Int* 8 (4, 2000): 325-357을 보라.

인의 기도와 세리의 기도(18.9-14) 및 부자와 거지 나사로의 비유(16.19-31)에서도 재차 확인된다. 만찬의 비유(14.12-24)에서도 먼저 초대를 받은 사람들이 거부되고, "가난한 자들과 병신들과 앞 못 보는 자들과 저는 자들"(14.21)이 그 잔치를 맛보게 된다.

누가는 마태의 '산상' 수훈과 비슷한 내용을 '평지' 수훈으로 그 배경을 수정한다. 높은 산에서 권위 있게 가르친 마태의 예수와는 달리, 누가가 본 예수는 "평지에 서서"(6.17) 가르친다. 여기서도 '지금' 가난한 사람들, 배고픈 사람들에게는 하나님의 나라와 배부름이 약속된다(6.20-21).[19] 반면, '지금' 배부른 사람들과 웃는 사람들에게는 굶주림과 애통이 선고된다(6.25). 마태가 축복으로만 구성한 장면(마 5.1-12)을 누가는 축복과 저주로 구성한다(6.20-26). 이러한 억압받고 소외된 자들에 대해 관심을 쏟는 누가의 예수 상은 이윤을 남기지 못한 세 번째 종을 죽이라고 까지 무자비하게 선고한 그 왕의 살벌한 분위기와 전혀 어울리지 않는다. 오히려 누가의 예수는 힘 없는 백성 편에 서서 항거하다 처형된 세 번째 종과 유사한 색깔로 채색된다.

그렇다면 마태복음서의 달란트 비유(25.14-30)는 어떠한가? 그 비유도 세 번째 종이 예수의 역할을 한다고 할 수 있을까? 그렇게 해석될 가능성이 희박하다. 우선 누가의 경우, 귀인은 "장사하라"(눅 19.13)는 명령을 분명히 내리나, 마태의 경우, 주인은 그러한 명령을 내리지 않는다. 따라서 마태에서는 세 번째 종의 태도를 명령불복종으로 이해할 수 없다. 명령 자체가 없었기 때문이다. 또한, 마태의 비유는 누가처럼 세

---

19) 가난을 영적인 것으로 변경시키는 마태와는 달리, 누가는 문자적인 가난과 배고픔을 언급한다. 누가는 가난한 자가 이러한 축복을 받기위해 먼저 회개해야한다는 전제 조건도 달지 않는다. '이 축복이 가난을 이상화하거나 칭송하지는 않으나, 그것은 가난한 자에 대한 하나님의 관여를 확인한다.' John Gillman, "Poverty, Riches, and the Challenge of Discipleship," *Bib Today* 35 (6, 1997): 356-362, 인용은 358.

번째 종에게 다른 일곱 종들과 백성을 대표하는 대표권을 부여하지도 않는다.

　더욱 결정적인 것은 누가의 도입구(눅 19.11) 같은 것이 마태에는 없다는 점이다. 누가의 경우, 이 도입구가 비유의 전체적인 분위기를 통제하는 배경이 되는데, 마태의 경우 그러한 배경에 대한 언급이 없기 때문에 누가처럼 잘못된 대망에 대한 기대를 차단하기 위해 그 비유를 도입한 것으로 이해하기 어렵다. 뿐만 아니라 마태에는 누가의 결론 부분(눅 19.28)에 해당되는 결어가 없기 때문에 그 둘을 같은 맥락에서 이해할 수 없다. 이외에도, 마태는 세 번째 종을 내쫓는 이유가 누가처럼 '나의 왕됨'을 원치 않았기 때문이 아니라, 무익하기 때문인 것으로 보도한다. 마태의 경우 그 주인은 세 번째 종의 태도를 '항거'로 이해하고 있지 않다.

　결국, 마태의 달란트 비유에서는 돈을 맡기고 떠난 주인이 예수의 역할을 한다고 보는 것이 더 자연스럽다. 이러한 추정은 예수의 탄생, 생애, 죽음과 부활이 모두 신적인 권능과 권위에 의해 진행되고 있다는 마태복음서의 지배적인 전망과도 잘 어울린다.

　마태복음서는 "아브라함과 다윗의 자손 예수 그리스도의 세계"라는 선언(1.1)으로 독특하게 시작된다. 긴 족보 보도를 통해 마태의 예수는 아브라함과 다윗의 왕족 가문을 잇는 위대한 인물로 부각된다. 탄생할 때부터 십자가에 못 박힐 때까지 그에게는 신적인 권능의 표시들이 동반된다. 한 사람의 지도력이 신적으로 결정되었다는 것을 알리기 위해 꿈과 전조라는 수단이 이용된 것은 신약 시대에 기록된 로마의 역사 문서들에 있어서도 하나의 중요한 특징이었다.[20] 타키투스나 수

---

20) Derek S. Dodson, "Dreams, the Ancient Novels, and the Gospel of Matthew: An Intertextual

에토니우스의 작품들 속에 등장하는 로마 황제들을 포함한 소위 위대한 인물들의 경우, 그들의 탄생 시나 공생애의 시작 시, 그리고 임종 시에는 꿈과 전조들이 수반되고 있다.[21] 마태도 꿈과 전조들을 빈번히 이용한다.[22] 이러한 마태의 이용은 예수의 전 일생이 신적인 권력과 권위로 운명 지어졌음을 밝히기 위한 것이다.[23]

산상수훈에서 그 '권위'를 이미 드러낸 마태의 예수는 사거리에서 갑작스럽게 강제로 잡혀온 사람들에게 "예복"(22.11-14)을 입지 않았다고 책망하는 왕의 역할을 떠맡는다. 곧, 혼인 잔치 초대를 거부한 자들을 "군대를 보내어 진멸하고, 그 동네를 불사른"(22.7) 그 왕은 마태 25장 달란트 비유에서 이윤을 남기지 못한 자를 "무익한 종"으로 규정하고, "바깥 어두운 곳으로 내어 쫓으라"고 명한(30절) 그 주인을 연상하게 해준다.

이처럼 마태가 본 예수와 누가가 본 예수의 각기 독특한 색깔을 고려해 볼 때, 마태의 달란트 비유에서 예수의 배역과 누가의 비유에서 예수의 배역은 철저히 교차 된다. 결국, 달란트 비유를 누가의 비유처럼 해석한다는 것은 주석 상 거의 불가능해 보인다. 따라서 마태의 달란트 비유는 흔히 상정되고 있는 그대로, 권위와 능력을 행사하는 힘

Study," *Persp Rel Stud* 29 (1, 2002): 39-52.
21) Howard C. Kee, *Who Are the People of God?: Early Christian Models of Community* (New Haven and London: Yale University Press, 1995), 44.
22) 꿈들로는 예수의 탄생 예고(1.20), 이집트로 도피하라는 경고(2.13), 나사렛에로의 귀환 권고(2.19-20) 등이 있고, 전조들로는 동방 박사들을 인도하는 별(2.1-10), 예수의 수세 시 하늘의 소리(3.16-17), 예수의 죽음 시 땅의 진동과 바위의 터짐과 무덤의 열림(27.51-54), 그의 부활시의 큰 지진(28.2) 등이 있다. 이러한 마태의 묘사는 예수의 탄생과 생애와 죽음과 부활이 신적으로 운명 지어졌음을 밝히기 위한 것이다.
23) 신들에 의해 선택된 것으로 선전된 로마 황제들과 하나님의 대리인으로서 세상에 대한 하나님의 주권을 선포하는 마태의 예수를 비교한 최근의 논문으로는 Warren Carter, "Contested Claims: Roman Imperial Theology and Matthew's Gospel," *BTB* 29 (2, 1999): 56-67을 보라.

있는 주인이 예수의 배역을 맡고 있고, 누가의 므나 비유에서는 백성을 대신하여 항거하다 '처형당한' 종이 예수의 배역을 맡고 있다고 보는 것이 적절하다.

5. 결어

누가는 므나 비유에서 세 번째 종에게 예수의 배역을 맡게 한다. 이는 마태의 달란트 비유에 등장하는 세 번째 종과는 그 입장에 있어서 근본적인 차이를 드러낸다. 마태에서는 주인이 예수의 배역을 맡는다. 그러나 누가는 귀인이 아니라 세 번째 종이 예수의 역할을 맡도록 기획한다. 누가의 세 번째 종, 그는 백성을 대신하여 항거하다, 결국 유대 종교, 정치 지도자들에 의해 결국 무참히 처형당했다. 누가는 진실을 외친 세 번째 종, 비록 진실을 외치다가 처형되었어도, 아니 처형되었기 때문에 바로 그 종에게 독자의 시선이 오래도록 머물게 한다. 누가가 본 예수는 처음부터 힘 없는 백성, 잃어버린 백성과 함께 하고, 그들을 대변하다 생을 마감한 인물이었기 때문이다. 결국 누가의 이 비유는 '죽임 당한 세 번째 종의 비유'로도 명명될 수 있다.

극심한 정치적 핍박의 위험에 처해져 있는 누가공동체는 로마 정치당국과의 타협을 통해 위험도 피하고, 그들과 권력의 작은 일부를 나누어 갖자는 그룹과 권력 공유를 거부하고 비폭력적 항거와 고난의 길을 당당히 택하자는 그룹으로 내부 갈등을 겪고 있었다. 여기서 후자의 그룹에 속한 누가는 후자의 그룹을 대변 및 지원하면서, 전자의 그룹에게는 각성을 촉구한다. 그러나 전자의 그룹이라 해도 권력 공유는 어디까지나 그들의 희망이었고, 이미 실현된 것이 아니었기에, 위험에 처해 있기는 두 그룹 모두 마찬가지였다. 따라서, 누가의 예수는 그 공동체 멤버들 전체를 선택된 '적은 무리'로 규정하면서 바로 그들을 위로한다. "적은 무리여 무서워 말라. 너희 아버지께서 그 나라를 너희에게 주시기를 기뻐하신다"(12.32).

제6장
누가복음서의 예수와 검

제6장
누가복음서의 예수와 검

1. 서언

이 장(章)의 목적은 누가복음서 22장 36절[1]이 폭력 사용의 정당화를 위한 근거로 이용될 수 있는지의 여부를 점검하려는 것이다. 누가복음서에만 나오는 이 구절은 "검 없는 자는 겉옷을 팔아 검을 사라"는 해석상 논란이 많은 예수의 지시를 포함하고 있다. 누가가 본 예수는 대적자들에 대항할 무장한 제자들의 필요를 절감했는가? 말을 바꾸면, 이 구절은 예수가 검을 통한 무장항거를 당연한 것으로 여겼으리라는 가설을 뒷받침하고 있는가?

---

[1] 이것은 누가복음서에 제시된 예수의 고별연설(22.14-38)의 마지막 단락(22.35-38)에 속한다. 누가가 이 고별연설의 모델로 삼은 연설이 무엇인가에 관한 연구로는 W. S. Kurz, "Luke 22:14-38 and Greco-Roman and Biblical Farewell Addresses," *JBL* 104 (2, 1985): 251-268을 참고하라. 쿠르쯔(Kurz)는 여기서 누가는 마카비상 2.49-70과 열왕기상 2.1-10을 그 고별연설의 가장 중요한 모델로 삼았다고 주장한다.

2. 해석 동향

누가가 본 예수는 무장 항거를 계획했는가? 우선 22장 49-50절은 무장 항거와는 반대 방향을 지시하고 있다.

"주여 우리가 검으로 치리이까 하고 그 중에 한 사람이 대제사장의 종을 쳐 그 오른편 귀를 떨어뜨렸다. 예수께서 '이것까지 참으라' 말씀하시고 그 귀를 만져 낫게 하셨다."[2]

여기서 누가가 본 예수는 검의 사용을 단호히 거부했다. 그렇다면 누가가 본 예수는 왜 36절에서 "검을 사라"고 지시했는가?[3] 51절을 말할 때는 36절을 말할 때에 비해 그의 생각이나 심정에 변화가 있었는가? 변화가 없었다면 36절의 지시는 무장항거가 아닌 다른 전망으로 이해될 수 있다. 그러나 변화가 있었다면, 36절은 여전히 무장항거의 전망으로도 해석될 가능성이 있다.

먼저 36절을 해석한 대표적인 세 그룹의 학자들의 견해와 그 문제점들을 각각 살펴보자. 우선, 브랜든(S. G. F. Brandon)은 『예수와 젤롯당』이라는 저서[4]에서 이렇게 주장한다. 예수는 체포에 저항하기를 원했다. 낮에는 무리에 둘러 싸여 비교적 안전했으나, 밤에는 사정이 달랐기

---

2) 막 14.47과 마 26.51과 요 18.10-11등 병행기사에는 예수가 귀를 고쳐주는 장면이 소개되지 않는다. 다만 마태는 예수가 귀를 친 제자를 준엄하게 꾸짖는 것으로 소개한다. 한편, 요한만이 대제사장의 종의 이름과 그의 귀를 친 제자의 이름을 분명히 밝힌다.

3) 여기서는 '검을 사라'는 예수의 지시의 순수성 여부는 다루지 않겠다. 이점에 대한 최근의 연구로는 P. Sellew, "The Last Supper Discourse in Luke 22:21-38," Forum 3 (3, 1987): 70-95를 참고하라. 셀류(Sellew)는 이 논문에서 그 지시를 포함하고 있는 단락(22.35-38)을 누가의 문학적인 이차적 창작으로 간주한다.

4) S. G. F. Brandon, Jesus and the Zealots (New York: Charles Scribner's Sons, 1967).

때문이라는 것이다. 예수는 자신을 잡으려고 밤에 파견된 세력에 맞서 저항을 시도하려 했다는 것이다.[5]

"그가 체포에 저항하려 했다고 가정하는 것이 자연스러울 것이다…. 그러나 이러한 저항의 정도가 어떠했는지를 알기란 불가능하다."[6]

브랜든은 이러한 자신의 해석에, 귀를 고쳐준 예수의 모습을 소개하는 22장 51절이 방해가 되는 것을 인식했다. 그는 그 어려움을 이렇게 풀어나간다. 예수는 자신이 잡히기 전에, 검을 준비하고 대항하려 했으나, 상황이 절망적으로 변하자, 무장 저항이 곤란함을 인지하고 그것을 포기했다는 것이다. 결과적으로 무장저항은 비효과적인 것으로 드러났다는 것이다.[7] 물론, 예수가 무장 저항을 의도했느냐 아니했느냐의 문제와 그것이 효과적인 수단이었느냐 아니었느냐의 문제는 별개의 문제일 수 있다. 브랜든은 전자에 관한 한, 예수는 무장 저항을 시도하려 했다고 주장한다.

브랜든의 이러한 가설의 문제점을 살펴보자. 브랜든의 주장대로라면, 예수는 36절에서의 무장 저항의 입장을 할 수 없이 포기하고 51절의 비폭력 입장을 마지못해 채택했다고 가정해야 한다. 그러나 이러한 브랜든의 가설대로라면 누가복음서 기자가 이 구절들을 제시할 때 누가는 예수의 어떠한 입장을 모범적인 사례로 고려했다는 것인가?

---

5) 이러한 입장은 램프(G. W. H. Lampe)에 의해 이미 천명된 바 있다. 그에 따르면 예수는 위기의 상황에서는 세상적인 수단을 동원해서라도 자신과 제자들의 생명을 지켜야 한다고 생각했다는 것이다. G. W. H. Lampe, "Luke," in *Peake's Commentary on the Bible* (Hong Kong: Thomas Nelson and Sons LTD, 1962), 841.
6) S. G. F. Brandon, *Jesus and the Zealots*, 342.
7) Ibid., 342.

아마 기껏해야 다음의 세 가지 가능성이 설정될 수 있을 것이다. 누가는 첫째, 예수가 처음에 의도한 무장 항거 입장, 둘째, 마지못해 선택한 것으로서의 예수의 비폭력 입장, 셋째, 상황에 따른 예수의 태도 변경의 입장 그 자체 중 하나가 소개할 만한 모델이 된다고 판단했어야 한다. 우선, 누가가 예수의 무장 항거를 모범적인 사례로 제시하기 위해 이 구절을 채택하지는 않았을 것이다. 왜냐하면 브랜든의 해석대로라면, 그것이 이내 비효과적인 것으로 드러났기 때문이다. 그렇다면 누가는 예수가 마지못해 취한 비폭력 입장을 모델로 제시했는가? 이것은 개연성이 낮다. 이 경우 브랜든 식으로 해석된 '검을 사라' 는 구절은 오히려 누가에게 있어서 방해가 되었을 것이기 때문이다. 마지막으로 누가는 예수의 상황에 따른 입장 변경을 모델로 제시하기 위해 이 구절들을 소개했는가? 이것도 아닐 것이다. 누가에게 있어서 이런 것은 예수의 능력을 평가절하 시키는 기능을 수행하는 것으로서 자신의 입지를 좁히는 항목이었을 것이기 때문이다. 누가가 본 예수는 다른 어떤 곳에서도 자신의 입장을 능력부족으로 인해, 싫지만 어쩔 수 없이 변경시키지 않았기 때문이다. 따라서 브랜든의 가설은 누가가 이 구절을 소개한 목적을 설명하는데 적합하지 않다.

더 나아가, 브랜든이 예수가 무장 항거를 의도한 것으로 36절을 해석하고 싶었다면, 그는 38절을 재해석 했어야 했다. 두 자루의 검이 있다는 보고에 대해 예수가 '그것으로 족하다' 고 한 예수의 대답을 재조정하지 않는다면 그의 가설은 유지되기 어렵다. 왜냐하면 검 두 자루를 가지고 무장 항거를 감행하기는 어렵기 때문이다. 그러나 브랜든은 그 구절을 재조정하는 작업을 시도하지 않았다. 왜냐하면 그것이야말로 자신의 가설을 어렵게 하는 곤란한 구절이었기 때문이다. 이

것이 브랜든이 38절의 의미를 자신의 그 책에서 이러한 문제와 관련시켜서는 취급하지 않은 이유이다.[8]

한편, 슈바이쩌(E. Schweizer)는 '검을 사라' 는 지시를 브랜든과는 달리 독특하게 해석한다.

"누가는 그것 [검]을 사라는 지시를 상징적으로 이해하고 있다."[9]

슈바이쩌에 따르면 누가는 '검을 사라' 는 지시를 검 자체를 사라는 지시로 파악하지 않았다는 것이다. 누가가 본 예수는 그 지시를 통해 예수의 극심한 수난이 다가 온 것처럼 제자들의 힘겨운 시간도 다가왔다는 것을 상징적으로 알리려 했다는 것이다. 이러한 입장은 오래전에 크리드(J. M. Creed)에 의해 이미 천명된 바 있다. 크리드는 그것을 다가올 재난에 대한 일종의 경고로 해석했다.[10] 마샬(I. H. Marshall)도 그와 유사한 입장을 제시하고 있다. 그는 검을 겉옷과 밀접히 관련시키고, 검 때문에 겉옷을 포기한다는 것은 아주 어려운 처지가 다가옴을 뜻한다고 보았다. 따라서 36절의 지시는 난관을 당할 때 자기 희생을 할 각오를 다지라는 부탁으로 이해될 수 있다는 것이다.[11]

슈바이쩌는 이들의 입장을 보다 명료한 형태로 재정리한 것으로 볼 수 있다. 그러나 이들의 해석은 설득력이 약하다. 누가는 바로 그 해당 구절 이후에 "주여 우리가 검으로 치리이까?" 하는 구절(49절)을 소개한

---

8) 브랜든은 22장 38절을 예수의 제자들이 시카리의 방식에 따라 무기들을 숨기고 다니는데 익숙해져 있었다는 가정을 뒷받침하기 위해 주로 이용한다. *Ibid.*, 203 참조.
9) E. Schweizer, *The good news according to Luke*, trans. by David E. Green (Atlanta: John Knox Press, 1984), 342.
10) J. M. Creed, *The Gospel according to St. Luke* (London: Macmillan, 1930), 270.
11) I. H. Marshall, *The Gospel of Luke: A Commentary on the Greek Text*, I. 하워드 마샬, 『누가복음』, 한국신학연구소번역실 옮김 (서울: 한국신학연구소, 1983), 625f.

다. 이때의 '검'에는 36절의 '검'과 같은 단어 μάχαιρα가 사용되고 있다. 49절의 검은 실제의 검이다. 곧, 적어도 그 검은 상징적으로 해석될 수 없다. 그들의 해석대로라면, 누가는 짧은 단락(22,26-50)에서 같은 단어를 한번은 실제적인 의미로 다른 한번은 상징적인 의미로 각기 달리 사용했다는 뜻이 된다. 이러한 일은 요한복음서에서는 빈번한 것이지만 누가복음서에서는 결코 흔한 것이 아니다. 오히려 36절의 검과 49절의 검의 의미를 둘 다 실제적인 것으로 해석하든지 아니면 둘 다 상징적인 것으로 해석하는 편이 더 적합할 것이다. 이 논문은 전자를 보다 더 설득력 있는 선택으로 간주한다.

마지막으로 길만(J. Gillman)의 입장을 살펴보자. 그는 '검을 사라'는 예수의 지시를, 예수가 잠시 자신과 제자들을 지키고 싶은 유혹에 빠졌던 것으로 해석한다. 길만에 따르면 예수는 22장 42절이 보여주듯이 이내 그 유혹을 극복했다는 것이다.[12] 길만의 해석이 담고 있는 난제 중 하나는 누가가 본 예수는 길만이 해석한 이 구절을 잠시 제쳐둔다면, 누가복음서 전체를 통해 단 한번도 공개적으로 유혹에 빠지지 않았다. 예수가 유독 이 구절에서만 유혹에 빠졌다는 것은 개연성이 매우 낮을 뿐 아니라 누가의 신학사상에도 걸맞지 않는다.

길만이 여기서 '검'을 무장 저항을 위한 실제적인 검으로 이해했다는 점에서 그는 브랜든과 입장을 같이한다. 그러나 브랜든이 예수는 일단 무장 저항을 계획했으나 후에 그것을 어쩔 수 없이 포기할 수밖에 없었다고 본 반면, 길만은 그 무장 저항 계획을 유혹에 대한 예수의 순간적인 굴복으로 보았다는 점에서 둘은 갈라선다. 한편, 36절의 검

---

12) J. Gillman, "A Temptation to Violence: The Two Swords in LK 22:35-38," *Louvain Studies* 9 (2, 1982): 142-153.

을 실제적인 것으로 판단한 브랜든과 길만의 해석이 그것을 상징적인 것으로 판정한 슈바이쩌의 해석보다 더 설득력이 있다. 다만 실제적인 검을 사라는 지시의 의미를 브랜든과 길만이 이해한 것처럼 '무장 항거' 이외의 것으로 규명하는 작업은 불가능한가를 살펴보아야 할 과제가 여전히 남아 있다.

3. 유다의 위치

우리는 '검을 사라'는 지시의 의미를 규명하기 위한 중요한 단서 중 하나로 그 지시의 대상 중 유다의 위치를 부각시키고자 한다.[13] 최후의 만찬 연설은 22장 14절 이하부터 시작된다. 여기서 21-23절이 주목받을만 하다.

> "그러나 보라 나를 파는 자의 손이 나와 함께(μετ' ἐμοῦ) 상위에 있다. 인자는 이미 결정된 대로 가지만, 그를 파는 그 사람에게는 화가 있으리라. 저희가 서로 변론하되 우리 중에서(ἐξ αὐτῶν) 누가 이 일을 행할까 하더라."

여기서 누가는 유다가 예수의 그 지시의 대상에 포함되어 있음을 분명히 밝힌다. 유다는 예수와 '함께' 있었고, 제자들은 '우리 중에' 그 일을 행할 자가 누구인가 하는 문제로 변론한다. 유다는 22장 38절이

---

13) 유다에 대한 포괄적인 연구를 위해서는 William Klassen, *Judas: Betrayer or Friend of Jesus?* (London: SCM Press, 1996)를 보라.

끝날 때까지 제자들과 함께 만찬석상에 있었다. 유다는 39절과 46절 사이에서 퇴각했다. 아마 39절의 장면에서 떠났을 것이다. 이 장면을 이와 유사한 요한복음서의 것과 비교해 보자.

"내가 한 조각을 적셔 주는 자가 바로 그다 하시고, 곧 한 조각을 적셔 시몬의 아들 가룟사람 유다에게 주셨다…. 유다가 그 조각을 받고 곧 나가니 때는 밤이었다." (요 13. 26, 30)

요한의 경우, 예수의 본격적인 고별연설은 13장 31절부터, 곧 유다가 나간 후 시작된다. 그러나 누가의 경우, 예수의 고별 연설은 유다가 나가기 전에 행해진다.

유다의 현존이 검에 대한 지시의 의미를 규명하는데 결정적인 도움이 된다. 그 지시의 목적은 이쪽이 무장될 것임을 유다에게 알리려는 것이었다. 제자들을 무장시켜 그것으로 실제로 항거하게 하려는 것이 그 지시의 목적이 아니었다. 항거가 목적이었다면 대제사장의 종의 귀를 고쳐준 예수의 모습(22.51)은 적합한 수준에서 이해되기 어렵다. 검에 대한 지시는 대제사장들과 그의 그룹이 이쪽을 함부로 할 수 없다는 것을 유다에게 암묵적으로 강조하기 위한 일종의 전략적인 발언이었다.

검을 사되 '겉옷을 팔아' 사라는 지시도 이러한 맥락에서 이해될 수 있다. 그것은 겉옷을 팔아야 할 정도로 수난과 위기의 순간이 가까이 왔다는 것을 제자들에게 알리려는 것(I. H. Marshall)이 아니다. 오히려 그 지시는 검을 사기 위해서는 생활의 필수품인 겉옷이라도 팔고야 말겠다는 확고한 자세를 보여주기 위한 것이다. 말을 바꾸면, 그것 역시 무장에 대한 이쪽의 결의의 강도가 대단히 높다는 점을 유다에게 암시하여, 그로 하여금 그 배신의 계획을 포기하게 하려는 전략의 일환이다.

그렇다면 "여기 검 둘이 있습니다" 하는 제자들의 보고에 대해 예수가 "그것으로 족하다"(38절) 한 것은 어떻게 이해할 수 있는가? 여기서 "족하다"는 것은 검 두 자루와 관계되어 있는가? 곧 검 두 자루면 족하다는 것인가? 아니다 만일 '족하다' 가 검 두 자루면 충분하다는 것을 뜻한다면 검을 사라는 지시는 검을 사되 두 자루 정도만 사라는 뜻이 된다. 더 나아가 지금은 이미 검이 두 자루 있기 때문에, 검을 사라는 이전의 지시는 무효로 간주될 수밖에 없을 것이다. 곧, 만일 이것이 '족하다' 의 뜻이고, 예수가 검 둘이 있다는 것을 미리 알았다면 그는 '검을 사라' 는 지시는 내리지 않았을 것으로 판정해야 한다. 그러나 그것을 미리 알았다해도 예수는 검에 관한 그 지시를 내렸을 것이다. 왜냐하면 '족하다' 는 다른 항목과 관계된 것이기 때문이다.

만일 '족하다' 가 검 두 자루와 관련되어 있다면 유다에게 그것을 알린다는 것은 큰 의미가 없다. 이쪽의 무장의 정도가 극히 미미하다는 것을 알리는 것 밖에 되지 않기 때문이다. 곧, 적에게 이쪽의 약점을 노출시키는 것이 되기 때문이다. 그렇다면 '족하다' 는 예수의 대답의 의미는 무엇인가? 그 대답은 검 두 자루와 관련되어 있는 것이 아니다. 검 두자루로는 유다에게 충분한 암시를 줄 수 없다. 그것은 오히려 검에 관한 대화는 그 정도면 족하다는 뜻이다.[14]

---

14) T. W. Manson도 이미 오래 전에 이 점을 이미 지적했다. 그의 *The Sayings of Jesus* (London: SCM Press LTD, 1957), 342를 참조하라. 그러나 그는 그것을 대화의 종결만으로 보았을 뿐, 왜 그것이 대화의 종결을 의미하는지를 유다와의 관련 속에서는 파악하지 못했다.

4. 명예와 수치

그렇다면, 누가가 본 예수는 왜 유다로 하여금 그 계획을 포기하게 하려고 애썼을까? 또한 그 후 예수는 왜 검에 의해 잘린 귀를 만져 치료해 주었는가? 사회학자 파슨스(Talcott Parsons)의 주장대로 인간의 사회적 상호작용의 상징적 매체는 네 가지로 축소될 수 있다. 그것은 위임, 돈, 권력, 영향 등이다. 위임은 소속 체계 속에서의 상호작용을, 돈(富)은 경제적인 유인 체계 속에서의 상호작용을, 권력은 강제적인 행위 유발 체계 속에서의 상호작용을, 영향은 의미 체계 속에서의 상호작용을 각각 집약, 대표하고 있는 용어들이다.[15]

1세기 지중해 세계에서는 이 네 가지 항목 중 위임과 권력이 다른 것들에 비해 현저한 것들이었다. 위임과 권력은 '사회적 관심과 사회적 의견의 주요한 초점'[16]이었다. 1세기 신약 시대에는 두 가지 뚜렷한 사회적 기구들이 있었다. 그것은 혈족관계 혹은 가족과, 정치 혹은 정부였다. 전자는 위임 항목과, 후자는 권력 항목과 각기 관련된다. 그밖에 종교, 경제, 교육 등과 관련된 다른 사회적 기구들은 현저하게 독립된 사회적 기구들로는 존재하지 않았다. 이러한 현대적으로 구분된 기구들은 신약시대의 사회에서는 혈족관계나 정치 기구들 속에 포함되어 있었다.[17] 명예가 부보다 더 중시되는 이러한 문화에서는 핵심적

---

[15] T. Parsons, *Politics and Social Structure* (New York: The Free Press, 1969), 352-472를 참고하라. 여기서 Parsons는 '돈'의 항목은 독립해서 다루지 않았으나 그는 그것을 다른 항목들을 다루면서 집중적으로 취급했다. Parsons의 이 모델을 신약 해석에 도입한 대표적인 학자로는 Bruce J. Malina를 들 수 있다. 그의 *Christian Origins and Cultural Anthropology: Practical Models for Biblical Interpretation* (Atlanta: John Knox Press, 1986), 77-86을 참고하라. Malina는 이 모델을 Mary T. Douglas의 "그룹과 그리드" 모델과 결합시키고 있다.

[16] B. J. Malina, *Ibid.*, 85.

인 가치 체계가 '명예와 수치'로 구성된다.[18] 이러한 문화 인류학적인 전망에서는 예수는 자신의 명예가 도전 받을 때 그것을 당당히 방어하고, 그의 대적자들을 수치스럽게 하는 분으로 이해된다.[19]

누가가 본 예수는 당시의 상황에서 가장 실제적인 선택을 한 것으로 볼 수 있다. 물론 예수는 유다를 파면시켜 열두 사도의 그룹(눅 6.13-16)에서 그를 탈락시킬 수도 있었다. 그러나 예수가 그러한 조치를 취했다면, 그것은 애초 유다를 열두 사도의 하나로 "택한"(6.13) 자신의 선택이 잘못되었다는 점을 자인하는 결과를 초래하게 되었을 것이다. 유다를 탈락시키는 것은 이차적인 문제였다. 오히려 자신의 가장 가까운 추종자 그룹의 한 멤버에 의해 배반당함으로써 오는 수치를 어떻게 극복할 것인가와 그로 인해 실추된 명예를 어떻게 회복할 것인가가 중심 과제였다. 따라서 누가가 본 예수는 최후의 순간까지 유다로 하여금 그 배신의 계획을 포기하도록 강력한 암시를 준 것이다.

검에 의해 잘린 귀를 어루만져 치료해 준 사건도 같은 맥락에서 이해할 수 있다. 예수는 잘린 귀를 치료해 줌으로써 그의 추종자 중 하나, 곧 유다조차 통제하지 못한다는 비난으로부터 효과적으로 벗어난다. 곧 검에 대해 검으로 맞설 수 없는 상황에 처한 사람이 그 검에 대해 실제적으로 취할 수 있는 선택의 폭은 제한되어 있다. 이러한 제한 속에서 예수는 검의 사용을 포기함으로써 오히려 그의 대적자들을 수

---

17) *Ibid.*, 85f.
18) B. J. Malina, *The New Testament World: Insights from Cultural Anthroplogy* (Atlanta: John Knox Press, 1981), 25-50. 이 책에서 Malina는 이 장(章)이 다루고 있는 누가의 본문은 취급하지 않았다. 한편 명예와 수치 코드로 마태복음서를 분석한 연구로 네이레이의 것이 있다. Jerome H. Neyrey, *Honor and Shame in the Gospel of Matthew* (Louisville: John Knox Press, 1998).
19) B. J. Malina, "The Social Sciences and Biblical Interpretation," *Interpretation* 36 (3, 1982): 229-242, 특히 239.

치스럽게 한다. 만일 예수가 검의 사용을 당연시 했다가 유다와 그의 그룹에게 패배했다면 수치를 당한 쪽은 오히려 예수였을 것이다. 그러나 누가의 예수는 검의 사용을 포기함으로써, 독자들로 하여금 폭력의 의사를 갖고 있지 않은 자를 폭력으로 대한 유다와 그의 그룹을 비겁한 자들로 인식하게 한다. 이로써 사태는 역전된다. 유다와 그의 그룹은 수치스럽게 되고 예수는 명예를 회복한다.

소위 '탕자의 비유'로 부적절하게 명명되고 있는 '아버지 사랑의 비유'(눅 15.11-32)도 같은 맥락에서 이해될 수 있다. "하늘과 아버지께 죄를 지은"(15.18) 그 둘째 아들을 아버지는 탓하기는 커녕, "측은히 여겨 달려가 목을 안고 입을 맞춘다"(15.20). 더 나아가 네 가지 품목 (좋은 옷, 가락지, 신, 살진 송아지)을 개인적으로 제공하는 것이 아니라, '종들'을 통해 제공함으로써 그 아들의 지위를 공적으로 회복시켜 주는 형식을 취한다. 이로써 아버지는 둘째 아들이 집을 나감으로써 받아온 타격, 곧 그에 대한 통제력을 상실했다는 비난으로부터 효과적으로 벗어나고, 명예를 회복한다.

'불의한 청지기의 비유'(눅 16.1-8)에서도 주인의 소유를 허비하고, 채무자들의 빚을 주인의 허락도 없이 줄여준 청지기를 주인은 칭찬한다. 만일 주인이 그 청지기를 나무랐다면 그는 자신의 고용이 잘못된 것을 자인하는 셈이 되었을 것이다. 그러나 주인은 오히려 그를 칭찬함으로써 고용인조차 통제하지 못한다는 비난으로부터 벗어나고 자신의 명예를 회복한다.

5. 결어

누가복음서에서 '검을 사라'는 예수의 지시는 무장 항거 또는 무장 폭력의 전망으로 해석되기 어렵다. 그것은 오히려 유다로 하여금 이쪽의 상태를 강한 것으로 판정하게 하기 위한 잠정적인 전략에 불과하다. 누가가 본 예수는 검에 관한 그 지시를 통해, 유다가 그의 계획을 포기하도록 그에게 최후의 기회를 주려했다. 이것은 예수가 유다에 의해 실추되려는 자신의 명예를 보존하기 위한 작업과 관련되어 있다. 예수의 이 전략에 대해 유다가 취할 수 있는 주요 대응은 자신의 계획을 포기 내지 유보하거나, 아니면 그 계획을 무장 보강의 작업을 통해 수정, 보완하거나 하는 일 등이었을 것이다. 유다에 의해 인도된 그룹이 "강도를 잡는 것 같이" 예수를 잡기 위해 검만이 아니라 "검과 몽둥이를 갖고"(22.52) 나온 것을 보면, 유다는 아마 후자를 택한 것처럼 보인다.

검에 대한 예수의 지시를 비폭력적 전망으로 해석한 이러한 주석은, 검의 사용 포기를 종용한 후 검에 의해 잘린 귀를 만져 치료해 준 예수의 모습(51절)과도 걸맞다. 그러한 종용과 치료를 통해 예수는 명예를 회복하는 자로 인지되는 반면, 그의 대적자들은 수치스러운 상태에로 전락하는 자들로 인식된다.

따라서 예수가 무장 저항을 시도했다는 근거로 빈번히 사용되고 있는 누가 22장 36절에 관한 한, 그 구절은 무장 저항을 정당화 시켜주는 근거로 이용되기 어렵다. 그 관련 단락(22.37-53) 역시 표면상 무장의 문제나 폭력의 문제를 다루고 있는 것 같이 보이나, 그 행간에 숨겨진 의도는 힘없는 상태에 처한 누가공동체가 스스로의 명예를 어떻게 지켜

나갈 것인지에 관한 지침을 주려는 것이라 할 수 있다.

누가복음서에만 나오는 '아버지 사랑의 비유'(눅 15,11-32)나 '불의한 청지기의 비유'(눅 16,1-8)도 누가공동체의 명예를 실추시킨 자들을 어떻게 다룰 것인가를 보여주기 위하여 도입된 것이다. 곧, 그들을 관대히 포용함으로써 실추된 명예를 회복하라는 지침이다. 누가 22장의 검 관련 구절들도 누가공동체가 그 명예를 실추시킨 자들로부터 자신의 명예를 보존하기 위한 작업의 일환이다.

제7장
요한공동체의 기원가설 비판

제7장
요한공동체의 기원가설 비판

1. 서언- 마틴과 브라운의 요한공동체 기원가설

요한공동체의 기원과 그 기원의 문제와 맞물려 있는 고기독론의 기원에 관한 소위 표준으로 간주되는 가설들은 재점검을 필요로 한다. 여기서 '표준'이라함은 이 주제에 관하여 그 이후의 연구에 지대한 영향을 끼친 마틴(J. Louis Martyn)과 브라운(R. E. Brown)의 것을 뜻한다. 마틴은 1장 35-51절에서 요한공동체의 기원을 간파한다. 그에 따르면, 요한공동체는 예수에게 나아왔던 유대인들이 예수가 자신들이 기대했던 메시야라는 사실을 발견함으로 창출되었다는 것이다. 곧, 초기의 요한공동체는, 회당과의 신학적이고 사회적인 연속이라는 줄기 내에서 살아가는 '크리스천 유대인들'(Christian Jews)로 불린다.[1] 유대당국은 이 초창기 그룹이 성장하게 됨에 따라 의심을 하기 시작했고, 자신들이 심각한 위협으로 느꼈던 것을 종식시키려는 목적으로 매우 억압적인 방법을 취하게 되고, 이것이 중기의 주요한 특징 중 하나라는 것이다.

---

1) J. L. Martyn, *The Gospel of John in Christian History* (New York: Paulist Press, 1979), 6.

공개적인 고백을 하는 자들은 축출 당했고, 따라서 분리된 유대인 크리스천들의 공동체가 됨으로써 계속되는 핍박을 당하게 되었다. 중기의 고통스런 사건들은 그리스도와 공동체 모두에 대한 그 공동체의 이해에 지속적인 영향을 끼치게 되었다.[2]

마틴의 재구성에 의하면, 메시야 그룹 내에서 몇몇은 회당 내에서 머무르기 위해 되돌아갔다. 반면, 다른 사람들은 회당으로부터 분리되고 소외되었다. 후자는 '크리스천 유대인들'이기를 포기하고, 오히려 '유대인 크리스천들'이 되었다는 것이다.

회당으로부터 축출된, 요한공동체는 그 추방에 대한 성숙한 이해를 구하지 않을 수 없었다. 그리고 새로운 기독론의 형식을 찾지 않을 수 없었다. 예를 들면, 로고스 찬가는 중기의 것으로 보인다. …예수 안에서 전통적인 기대들로부터 그것들의 성취에 이르기까지 초기 기독론의 궤도에서 전제된 사상의 구속적인 유형은 이제 이원론적인, 위/아래 유형으로 두드러지게 변경되었다.[3]

이와 유사하게, 브라운도 요한공동체의 역사를 재구성했다. 그는 태동그룹의 현존을 제안한다. 그에 따르면, 세례 요한의 제자들을 포함한 유대인 크리스천들의 태동그룹은 예수를 다윗계 메시야로 간주한다. 이 태동그룹은 예수를 하나님과 함께 있고 그를 본 자로서 이해하는 유대인 크리스천들의 두 번째 그룹을 수용하였다. 두 번째 그룹을

---

2) *Ibid.*, 7.
3) *Ibid.*, 105f.

수용하게 됨에 따라 고기독론인 선재 기독론의 발달이 촉진 되고, 이로 인하여 유대인들과 논쟁을 하게 되었다는 것이다.[4]

2. 요한공동체의 고기독론의 기원가설 비판

　마틴과 브라운의 재구성은 독창적이고 경쟁력이 있다. 그러나, 요한공동체의 기원과 그 공동체의 고기독론의 기원에 대한 그들의 전제들은 적절하지 않다. 마틴에 의하면, 일반적인 유대인들의 '메시야 그룹'은 요한공동체를 태동시킨 통일된 그룹이 되지 못했다. 왜냐하면, 이 메시야 그룹의 멤버들 중 단지 일부만 추방되어 그 공동체를 세운 것이기 때문이다. 그들은 자신들이 축출되기 전인 초기에는 고기독론을 소유하지 않았다. 유사하게, 브라운에 의하면, 태동그룹은 고기독론을 갖고 있지 않았다. 오히려 고기독론은 두 번째 그룹에게서 나왔다. 이 두 학자에 의하면, 태동그룹은 고기독론을 갖고 있지 않았다. 대신에, 그들은 저기독론을 갖고 있었다.

　마틴과 브라운은 믹스(W. A. Meeks)가 두 구성요소 사이의 조화로운 재강화를 강조하였던 것처럼, 요한의 기독론이 공동체의 사회적 경험과 연관되어있다고 전제한다.[5] 하지만, 고기독론에 어떤 종류의 사회적 경험이 반영되어있는가에 대한 질문은 그들에 의해 설득력있게 제시되지 않았다. 예를 들어, '추방' 그 자체는 고기독론에 반영되어 있지 않다. 오히려 그것은 거절 주제와 연관될 뿐이다. 마틴은 명료하게

---

[4] R. E. Brown, *The Community of the Beloved Disciple* (New York: Paulist Press, 1979), 25-54.
[5] W. A. Meeks, "The Man From Heaven in Johannine Sectarianism," *JBL* 91 (1972): 44-72, 인용은 71.

주장한다:

> 사회적으로, 축출되고 연이어 죽음에 이르는 핍박을 경험하면서 그들은 더 이상 회당과 그 전통 내에서 그들의 기원과 그들의 지적인 출발점을 찾지 않았다. 이와 반대로, 그들은 그들의 그리스도처럼, '세상에 속하지' 않은 사람들이고, 세상에 의해서 미움을 받는 바로 그 이유에 합당한 사람들이 되었다.[6]

여기서 그 '세상'은 유대인들의 세상을 암시함에 틀림없다.[7] 마틴에 의하면, 추방이후에 태동멤버들의 일부가 그들 자신들을 '크리스천 유대인들' 대신에 '유대인 크리스천들'로서 정의하기 시작한다. 필자가 추정컨대, 고기독론, 선재기독론 자체는 추방이라는 사회적 경험을 반영하지 않는다. 오히려 선재기독론은 자신들이 천상적 기원을 가지고 있다는 몇몇 믿는 자들의 확신을 반영한다. 로고스인 예수를 믿은 후에, 그들은, 자신들이 지상에 태어나기 전에 천상에 있었던 것으로 간주하기 시작했다. 필자가 주장하고자 하는 것은 마틴이나 브라운과는 반대로, 믿는 자들은 요한공동체가 형성되기 전에도 단지 저기독론만을 소유한 것이 아니라 고기독론도 똑같이 소유했다는 것이다. 필자의 견해는, 자신들의 천상적 기원에 관한 몇몇 믿는 자들의 자기 의식과 그들의 지상적 제한이 고기독론과 저기독론을 동시에 형성시켰고, 바로 그 이중기독론의 공유가 요한공동체의 태동그룹을 배태

---

6) J. L. Martyn, *The Gospel of John in Christian History*, 106f.
7) 요한복음서 서언에 나타난 말씀에 대한 세상의 반응이 이후 유대인들과 관련되어 있다는 연구로는 David J. MacLeod, "The Reaction of the World to the Word: John 1:10-13," *Bibliotheca Sacra* 160 (640, 2003): 398-413을 보라.

시켰다는 것이다. 추정컨대, 앞에서 언급한 두 학자와는 반대로, 태동 그룹은 처음부터 나중까지 저기독론 뿐만 아니라 고기독론도 간직한 통일된 그룹이었다.

일부 믿는 자들의 고기독론과 그들이 소유한 천상적 기원은 밀접하게 연관되었고, 쉽게 분리될 수 없다. 이와 동일한 논리가 그들의 저기독론과 그들의 지상적인 육의 삶에도 적용될 수 있다. 요한공동체의 효시는 회당으로부터의 축출에 의존한 것이 아니라, 이 두 기독론에 의존하고 있었다. 믿는 자들은, 10장 31-39절에서 유대인들에 대한 예수의 논쟁 기사가 시사하는 바와 같이, 그들이 예수를 메시야로서 고백했기 때문만이 아니라, 그들이 그를 하나님의 아들, 하나님으로 간주했기 때문에 축출되었다. 마틴과는 반대로, 축출은 고기독론을 '생성하지' 않았다. 오히려, 이 축출로 인해 어느 정도 고기독론이 재강화되었다. 더 나아가, 마틴의 요한읽기는 한 단어인 "ἀποσυνάγωγος" (9.22; 12.42; 16.2)를 지나치게 강조하고, 축출을 의미하는 동일한 용어들을 무시하고 있다. 이와 유사하게, 브라운은 '회당' 으로부터의 이러한 축출을 강조한다.[8]

> 80년대에는 크리스천 유대인들이 회당 밖으로 나가도록 강요하는 조직된 시도가 있었다. 우리는 이것에 대한 메아리로서, 회당 내에서 주된 기도로서 유대인들에 의해 암송된 "쉐모네 에스레"(Shemoneh Esreh)

---

[8] 브라운은 형용사인 "ἀποσυνάγωγος" 로부터 요한이 하나의 지역 회당에 대해 언급하지 않았다는 것을 확증하는 것은 불가능하다고 지적한다. 그러나 유대인 크리스천들에 대하여 회당의 저주의 기도를 소개하는 모든 맥락은 … '유대인들' 에 대한 요한의 전면적인 비난들에 더하여 …우리로 하여금 그가 대체로 회당에 대해 언급하였다는 것을 생각하게 한다. R. E. Brown, *The Gospel According to John* (i-xii), vol. I (New York: Doubleday & Company, Inc., 1966), 690f.

또는 "18개 축복문"(Eighteen Benedictions)을 볼 수 있다. 이 선언의 공식화는 70년 이후에 이루어졌다. 그리고 대략 85년에 20개 선언은 주로 미님 또는 이단자들인 유대인 크리스천들에 대한 저주였다.[9]

비록 브라운이 자신의 해석을 이 사건에 제한하지 않았음에도 불구하고, 그는 마틴처럼, 이 축출의 중요성에 많은 비중을 둔다. 몇몇 요한의 크리스천들이 지역회당의 당국자들에 의해 축출되었다는 마틴의 논지를 평가하면서, 브라운은 또 다른 가능성을 가정한다.

그럼에도 불구하고, 만일 그 정황이 특히 죽음에 놓여지는 것이 요한 16장 2절에서 회당으로부터의 축출과 연결되어 있기 때문에, 보다 복잡하게 된 것이 아닌가 싶다. …회당이 그들을 축출하자, 그들이 더 이상 유대인들이 아니었다는 것이 분명하게 되었으며, 그들이 이교도의 관습을 고수하는 것과 법적 문제들을 낳은 황제 숭배에 참여하려는 데 실패하고 …회당으로부터의 축출을 통하여 처형에의 간접적인 참여가 '유대인들'에 대한 요한의 비난의 배경을 이루는 부분이 되었을 것이다.[10]

---

9) R. E. Brown, *The Gospel According to John*(i-xii), vol. I, Lxxiv. 한편 70년 전 "18개의 축복문"과 "미님"에 관해서는 David Instone-Brewer, "The Eighteen Benedictions and the Minim before 70 CE," *JTS* 54 (1, 2003): 25-44를 보라.
10) R. E. Brown, *The Community of the Beloved Disciple*, 42f.

3. 요한공동체의 축출가설 비판

비록 브라운의 해석의 범위가 마틴의 것보다 넓다 해도, 두 학자들은 모두 요한복음서의 저술의 계기가 요한공동체가 그들의 회당으로부터 축출당한 경험에 기인한 것이며, 또한 요한공동체는 축출되기 전에 유대교 회당의 부분이었다고 똑같이 제안했다. 따라서, 그들은 그 축복문(the Benedictions)을 강조한다.[11] 그러나 그 선언은 축출에 대한 특징적인 언급을 포함하지 않는다. 이것에 대한 로빈슨(J. A. T. Robinson)의 지적은 설득력이 있다.

> 만일 우리가 그 복음서의 연대를 후대로 잡고 시작하지 않는다면, 오랫동안 비평이 집중된 5장 43절에서 바-코흐바에 대한 언급을 볼 수 없듯이 9장 22절에서 85-90년의 사건들을 읽을 만한 근거는 찾을 수 없다.[12]

---

11) 로버트 카이저(Robert Kysar)는 마틴과 브라운의 논지, 즉 요한복음서는 회당으로부터 요한공동체가 축출된 것에 대한 반응으로 생산되었다는 주장을 뒷받침한다. R. Kysar, "John's Anti-Jewish Polemic," *Bib Rev* 9 (1, 1993): 26-27, 특히 27. 카이저는 "그 실재는 계기적인 저술(occasional writings)이 정경문학이 되었다는 것이다. 여기에는 무시무시한 위험이 있다! ... 그것은 정경의 권위가 해석적인 맥락 내에만 속한다는 것을 주장하는 것이다"라고 특별히 언급한다. *ibid.*, 27. 요한복음서는 '계기적 저술'이라는 카이저의 명명은 만족스럽지 못하다. 만일 요한복음서를 '계기적인'이라는 용어로 부를 수 있다면, 신약성서의 나머지 모두 역시 '계기적인'이라는 용어를 붙일 수 있다. 요한복음서는 그것의 반(反)-유대교 논쟁 때문이 아니라, 그것의 고기독론 때문에 정경이 되었다.

12) J. A. T. Robinson, *Redating the New Testament* (Philadelphia: The Westminster Press, 1976), 273. 로빈슨은 요한복음서의 기록연대를 주전 40-65년경으로 주장한다. 이러한 초기 연대에 대한 그의 근거들 중 하나는 5장 2절이다. 즉 "예루살렘에 …행각 다섯이 있는 장소가 있다". 로빈슨은 요한이 여기서 '있었다'(was)가 아니라 '이다'(is)로 보도하고 있는 것을 지적한다. *ibid.*, 278. 웰리스도 역시 이 5장 2절에 근거하여 요한복음서의 70년 이전 연대설을 주장한다. 그는 5장 2절을 역사적인 현재로 간주하는 입장이 설득력이 없음을 제시한다. Daniel B. Wallace, "John 5,2 and the Date of the Fourth Gospel," *Biblica* 71 (2, 1990): 177-205, 특히 197-205. 70년 이전설을 주장하는 또 다른 주요 저작으로는 K. Berger, *Im Anfang war Johnannes. Datierung und Theologie des*

실제로, 9장 34절 이하의 행위를 묘사하는 단어인 "ἐκβάλλειν"(축출하다)은 "예수 자신(눅 4.29), 스데반(행 7.58), 바울(행 13.50), 그리고 다른 크리스천들에 의해서 크리스천들(요삼 10)의 비슷한 환경"에서 사용되기에 적합할 정도로 흔하다.[13] ἀποσυνάγωγος라는 용어는 마태 25장 32절을 연상시킨다. 곧 "그리고 한 목자가 양과 염소를 분리하는(ἀφορίζει) 것처럼, 그는 그들을 서로 분리하리라(ἀφορίσει)". 마틴은 16장 2a절의 회당으로부터 축출에 대한 언급에 집중하고, 살인하는 것에 대한 언급을 포함하는 2b절을 도외시한다. 필자는 마이니어가 2b절을 2a절보다 연대의 보다 중요한 색인으로 보는 것에 동의한다.

교회의 첫 10여년에서 유대교 당국들은 거짓 예언자들과 교사들(예수, 스데반, 베드로, 야고보, 바울은 단지 잘 알려진 경우들이다)과 같은 그들의 대적자들을 직접적으로 살해할 책임이 있다. …회당으로부터 믿는 자들을 배제하려는 지역의 결정들은 어떤 중앙의 랍비적 조직체로부터 정상적인 권위를 기다리지 않고 신속하고 자연스럽게 내렸다. … 나로서는 십자가처형이나 투석보다 더 끔찍한 축출의 형태를 가시화하기는 어렵다.[14]

마이니어의 주장은 타당하게 보인다. 마틴과 달리, 실로 회당으로부터의 축출은 주후 80년 이전에도 발생했다. 그러나, 다음과 같은 마이니어의 결론을 긍정하는 것은 성급한 일일 것이다. 16장 1-3절과 같은

---

      vierten Evangeliums (Stuttgart: Quell, 1997)이 있다. 70년 이후 연대설에 대해서는 R. E. Brown, *John*, Vol. I, Lxxv-Lxxxvi를 보라.
13) J. A. T. Robinson, *Ibid.*, 273.
14) P. S. Minear, *John. The Martyr's Gospel* (New York: The Pilgrim Press, 1984), 55.

본문은 주후 80년 이후에 갈릴리나 시리아의 보편적인 정황보다는 오히려 주후 66년 이전의 유대의 정황을 반영한 것으로 보는 것이 적절하다.[15] 하나의 본문은 하나의 정황을 반영한다는 전제는 소위 부당전제의 오류에 속한다. 요한은 예수의 죽음 이후 수 십 년이 지난 다음 그 자신의 정황으로부터 회고적으로 예수의 이야기를 기록한다. 그러므로, 하나의 본문은 종종 오직 하나의 정황 이상의 다양한 정황들을 반영할 수 있다. 결국, 회당으로부터의 축출은 그것으로부터 요한복음서의 모든 다른 사건들이 해석되어야 하는 가장 중심적인 사건은 아니다. 이 축출은 단지 요한공동체의 배경이다.

회당으로부터의 축출을 포함한, 다양한 거절에 대한 요한공동체의 초기의 경험은 그 공동체의 고기독론을 재강화하고 가속화시킨다. 그러나, 반드시 요한공동체가 저기독론을 포기했다는 것을 의미하지는 않는다. 오히려, 요한공동체는 그 자신의 정황을 합법화하기 위해서 그것을 유지한다. 요한공동체는 다른 그룹들과 그들의 저기독론 또는 고기독론을 수용하기 시작하고, 지속한다. 찰스워스(James H. Charlesworth)가 지적한 바와 같이, 요한복음서는 10여 년을 훨씬 넘는 형성과정을 겪었다.[16] 따라서, 요한복음서는 "저자 그룹의 산물"[17]이라고 할 수 있다. 그것은 요한공동체의 지속적인 확장을 반영한다.

---

15) *Ibid.*, 55.
16) James H. Charlesworth, "Reinterpreting John. How the Dead Sea Scrolls Have Revolutionized Our Understanding of the Gospel of John," *Bib Rev* 9 (1, 1993): 19-25, 54, 특히 25.
17) *Ibid.*, 25. 찰스워스는 사해사본과 요한복음서 간의 유사점들을 발견하고 다음과 같이 명료하게 제시한다. "요 15-17장의 주제는 그의 추종자들이 하나가 되도록 하나님께 대한 예수의 호소이다. 이 주제를 주장하고, 심지어 하나됨(*yahad*)이라는 용어를 적용하는 요한이나 공동체, 쿰란 종파보다 앞선 유일한 문서는 「공동체의 규율」이다. 아마도 이제 예수를 그리스도로 믿는 신앙으로 전환하고, 요한학파 내에서 생활하는 에세네파의 신도들은 요한의 마지막 편집 때에 그 장들을 포함시킨 장본인이었을 것이다."

4. 결어-요한공동체의 이중 기독론적 전략

요한공동체는 두 가지의 기독론적 전략을 가지고 있다. 하나는 공개적으로 저기독론을 선전하려는 최초의 전략이다. 또 하나는 사회적 정황에 따라, 은밀하게 또는 공식적으로 고기독론을 유포하려는 주요한 전략이다. 예컨대 1장 35-42절과 9장 22절은 저기독론을 반영하나, 서막(1.1-18)과 고별연설(13.31-17.26)의 핵심은 고기독론을 드러낸다.

이러한 두 가지 기독론은 요한공동체에게는 둘 다 중요하다. 예수의 육신을 전제하는 저기독론은 육신의 제한을 가지고 있는 그 공동체의 지상적 삶을 합법화시킨다. 반면에, 예수의 천상적 위치의 영광을 회고하고 반영하는 고기독론은 과거와 미래의 천상적 영광에 대한 공동체의 의식을 반영한다. 더 나아가, 다양한 형태[18]로 거절당한 경험은 고기독론을 가속화시킨다.

세상에 의해서 거절당함으로 요한공동체 멤버들은 '사회적인 무위치의 충격'을 경험하게 되었다. 그들의 직무는 스스로 하나의 새로운 위치를 찾고, 확립하는 것이다. 그들은 이 직무를 어떻게 성취할 것인가? 예수의 사마리아 여인과의 대화는 그들의 해결방법을 반영한다.

> 아버지께 참으로 예배하는 자들은 영과 진리로 예배할 때가 온다. 곧 이때이다. 아버지께서는 이렇게 자기에게 예배하는 자들을 찾으신다. 하나님은 영이시니 예배하는 자는 영과 진리로 예배해야한다(4.23-24).

요한은 그의 공동체의 위치를 새로운 실체 안에, 새로운 영역 안에,

---

18) 가장 극단적인 형태는 축출이 아니라, 그 공동체 멤버들을 죽이려는 시도이다(16.2; 11.53).

즉 그 영 안에 두기 위해 고투한다. 그 영은 가시적인 공간과 반대되는 하나의 비가시적인 실재이다. 세상에 의해서 거절당한 후에 그들은 가시적인 공간을 맞 거절하기 시작하고, 비가시적인 영역에 그들 자신들을 두기 시작했다. 이것이 요한의 예수가 이러한 진술을 강조하여 제시하는 이유이다. "이 산에서도 말고 예루살렘에서도 말라. 너희가 아버지께 예배할 때가 오고 있다"(4.21). 이제, 이러한 상징세계 속에서 요한공동체의 새로운 공간과 새로운 정체성이 확립되었다.

제8장
요한복음서의 예수와 하강의 의미

제8장
요한복음서의 예수와 하강의 의미

1. 서언

요한복음 3장 13절에서 예수는 "하늘에서 내려온 자"(ὁ ἐκ τοῦ οὐρανοῦ καταβάς)로 묘사된다. 그는 하나님에 의해 육을 입고(1.14), 세상에 보내졌다(3.17). 본 소론은 예수의 하강에 관한 이러한 진술들과 관련하여 세 가지 문제를 취급하려 한다. 첫째, 하늘에서 내려온 그는 하늘에로의 상승과 지상에로의 하강을 반복하였는가, 아니면 하강 이후 단 한 번 상승하였는가? 둘째, 예수가 '육'이 되었다는 것은 무슨 뜻인가? 셋째, 하강한 예수와 하나님과의 관계는 어떠한가? 이 세 가지 질문들에 관한 대답은 예수의 하강의 의미를 특권상실과 관련시켜 규명하는 데 기여하게 될 것이다.

2. 버킷의 가설 비판

첫째, 예수는 하늘로부터 하강한 이래 몇 차례 상승과 하강을 반복하였는가, 아니면 부활이후 단 한번 상승하였는가? 이것에 대한 대답은 상승의 목적이 무엇이냐에 대한 대답과 결부되어 있다. 예수가 하늘로 올라가는 가장 중요한 목적은 그가 상실했던 것을 회복하기 위함이다. 요한의 예수는 부활이전의 그의 생애에는 "아직 영광을 받지 않았고"(7.39), 그를 보낸 아버지의 영광을 구하였다(7.18). "영광을 얻을 때가 왔다"(12.23)는 진술도 아직 영광을 얻지 못했다는 뜻이다. 고별기도(17장)도 아버지와의 연합을 소망한 것이지 기도의 그 순간이 연합자체의 순간은 아니었다. 엄격한 의미에서 그는 부활 후 정해진 때에 단 한 번 하늘로 올라간다. "나는 내 아버지 곧 너희 아버지, 내 하나님 곧 너희 하나님께 올라간다"(20.17). 달리 말하자면, 요한의 예수는 그의 지상 생애에는 결코 하늘로 올라가지 않은 것으로 보인다.

이러한 주장에 대한 반론들이 있다. 그것들은 가능성은 있지만 그리 설득력이 있는 것은 아니다. 요한 3장 13절에 대한 한 독특한 주석이 그 반론들 중 하나이다. 13절 하반절에서 예수는 "아무도 하늘에 올라간 자가 없다"고 말하면서 "하늘로부터 내려온 자, 곧 인자 외에는"이라고 하나의 예외를 두었다. 완료 시제인 '올라갔다'(ἀναβέβηκεν)는 예수가 니고데모와 대화하기 이전에 이미 하늘로 올라갔다는 것을 의미하는가? 3장 13절을 세심하게 주석하고 있는 버킷(Delbert Burkett)은 이 질문에 대하여 '그렇다'고 주장하는 대표적인 학자이다. 그에 따르면, "인자는 니고데모와 대화하기 이전 몇몇 경우에 하늘로 올라갔다."[1]

버킷의 해답은 한 가지 난처한 문제에 직면하게 된다. 곧 예수의 지

---

1) Delbert Burkett, *The Son of the Man in the Gospel of John* (Sheffield, England: Sheffield Academic Press, 1991), 84.

상 생애 중 어느 시기에 이러한 상승이 일어났는가 하는 것이다. 그는 예수가 그의 생애 초기에 상승하였다는 요한의 암시를 어디에서도 발견하지 못한 채 그 일이 예수가 육신을 입기 이전에 일어났다고 주장한다. 버킷은 그의 저서에서 이러한 자신의 주장에 대한 중요한 성서적 근거로 잠언 30장 4절을 강조한다. 그에 따르면, "누가 하늘에 올라갔다가 내려왔는가?" 하는 잠언 30장 4절의 질문은 요한 3장 13절에서 예수에 의해 대답되고 있다.[2]

> …잠언 30장 4절의 질문은 '하나님 이외에는 아무도 그러한 자가 없다' 는 대답을 예상케 한다. 인간은 누구도 하늘로 올라가거나 하늘로부터 내려오지 못하였다. 그러나 구약성서에 언급된 수많은 예들을 보면, 하나님은 하늘로 올라가거나 땅으로 내려왔다. 예수는 예측된 바 '하나님 외에는 아무도 없다' 를 '인자 외에는 아무도 없다' 로 대치하였다. 그렇게 함으로써, 그는 잠언 30장 4절에 나타난 하나님의 상승/하강을 그 자신의 상승/하강으로 풀이한다. 잠언 30장 4절에서 하나님에게 돌려졌던 것은 요한 3장 13절에서 '인자' 로서의 예수 자신에게 돌려진다.[3]

버킷은 예수는 어떤 특별한 하강에 관해서가 아니라 '모든 이전의 하강들과 관련하여' 자신을 '내려왔던 자' 또는 '내려온 자' 로 지칭한다고 결론짓는다.[4]

---

2) *Ibid.*, 85.
3) *Ibid.*, 85.
4) *Ibid.*, 86.

세상에 있는 하나님의 현현으로서 그는 육신을 입기 이전 수없이 땅으로 내려오고 다시 하늘로 올라가곤 하였다. 그가 육신을 입고 온 것은 가장 최근에 이루어진 그의 하강이다.[5]

버킷의 세심한 작업에도 불구하고, 그의 노력은 설득력있다기 보다는 교묘해 보인다. 버킷의 주장은 잠언 30장 4절의 주석으로는 설득력을 가질 수도 있다. 왜냐하면 잠언 30장 4절에서 제기된 질문에 대한 예상 답변이 '하나님을 제외하고는 아무도 없다' 이기 때문이다. 이러한 예상 답변은 버킷의 주장대로 하나님이 여러 번 상승/하강하였음을 가정하게 한다. 그러나 제4복음서의 저자는 결코 잠언 30장 4절에 내포된 사상을 그의 복음서에 기계적으로 옮기는 사람이 아니다. 버킷의 주석에서 제4복음서 저자는 단지 잠언 30장 4절의 사상을 되풀이하는 사람에 지나지 않는다. 그러나 요한의 일차적인 관심은 잠언 30장 4절의 사상을 전이시키는 것이 아니라 변형시키는 것이다. 버킷의 상상과는 달리 요한은 하나님의 수많은 상승/하강을 예수의 육화와 부활 후에 있을 그의 완전한 고양으로 설명되는 예수의 독특한 하강/상승으로 변형시킨다. 버킷은 하나님의 하강과 아들의 하강 사이의 중요한 차이를 파악하지 못하였다. 하나님은 자신의 뜻에 따라 하강하는 반면, 아들은 그 자신의 뜻에 따라 하강하는 것이 아니다(7.28).

버킷의 주장은 매력적인 상상이다. 비록 상상이라는 것이 특별히 성서의 난해한 부분들을 해석하는 데 없어서는 안 되는 수단이기는 하지만, 만일 그것이 관련 성서 문헌에 의해서 뒷받침되지 않는다면 적어도 성서학에서는 큰 도움이 되지 못할 것이다. 요한복음서에는 요한

---

5) *Ibid.*, 87.

의 예수가 육화되기 '이전' 수없이 하강하고 상승하였다는 버킷의 주장을 지지할 만한 확고한 증거가 하나도 없다. 버킷의 도식에서 육화는 예수의 많은 하강 중 하나로 간주된다. 그러나 요한복음서는 그 반대 입장을 보여준다.

> 하나님이 세상을 이처럼 사랑하셔서 독생자를 주셨으니(ἔδωκεν)… 하나님은 그 아들을 세상에 보냈다(ἀπέστειλεν, 3.16-17).

'ἔδωκεν'과 'ἀπέστειλεν'는 모두 과거의 지속적인 행위가 아니라 단순 과거 시제를 지시하는 부정과거이다. 만일 버킷의 사상이 타당성을 지니려면, 이러한 부정과거는 다른 형태, 즉 미완료로 쓰여야 한다. 3장 13절의 요점은 버킷의 주장과는 달리 다음과 같이 바꾸어 말할 수 있다. 어떤 사람도 아직 하늘에 올라가지 않았다. 하늘에서 내려와 육을 입은 유일한 사람 곧 인자는 그가 완전히 고양될 때에 하늘로 '올라갈 것이다'. 이러한 언급은 고양을 가정할 뿐 아니라 예시하고 있는 14절과도 잘 어울린다. 여기에 남아있는 문제는 미래형인 '올라갈 것이다'가 현재완료형인 '올라갔다'로 대치된 것을 어떻게 설명할 수 있는가 하는 것이다. 이 문제는 복음서 저자 - 예수 시대와 복음서 저자의 시대가 쉽게 구분되지 않지만 - 의 문학적인 특성을 고찰함으로써 해결될 수 있다. 다른 많은 요한복음서 구절들이 그렇듯이 13절에서 말하고 있는 주체는 예수가 아니라 복음서 저자이다. 그 복음서 저자는 단순히 예수의 상승을 회고하고 있다. 브라운(Raymond E. Brown)은 확고한 가정을 제시한다.

... 부활 후 설교에 있어서 그 구절[13절]은 상승에 대한 언급으로 이해 될 수 있다. 예수에 대한 요한의 언급들에는 낯선 무시간성 혹은 고려 되어야만 하는 정상적인 시간 순서에 대한 무관심(IV.38)이 나타난 다.[6]

슈나켄버그(R. Schnackenburg)는 브라운의 가정에 동의한다. 그 역시 완료형 'ἀναβέβηκεν' (올라갔다)은 일반 서술에서 완료로 이해되거나 혹은 저자의 관점으로 인한 시간오류로 이해될 수 있다고 생각한다. 그러나 그에 따르면, 그것은 부정과거 'καταβάς' 가 그 문맥을 역사적인 것으로 만들기 때문에 일반 서술은 될 수 없고, 오히려 시간오류에 가깝다는 것이다. 곧 그는 요한이 시간을 혼동하였다는 설명이 '13절에 관한 한 옳다' 고 결론짓는다.[7]

버킷은 이러한 시간오류라는 설명에 반대한다. 그러나 그의 반대 이유는 별로 설득력이 없다. 버킷은 이렇게 주장한다.

> 시간오류는 저자가 3장 1-12절에서는 예수의 관점에서 기록하였다가 3장 13절에서는 저자 자신의 관점으로 갑자기 이동하고 다시 3장 14절에서는 예수의 관점으로 돌아온다는 개연성이 별로 없는 가설을 필요로 한다.[8]

---

[6] Raymond E. Brown, *The Gospel According to John*, vol. I (New York: Doubleday & Company, Inc., 1966), 132.
[7] Rudolf Schnackenburg, *The Gospel According to St. John*, vol. I (New York: The Seabury Press, 1980), 393.
[8] Delbert Burkett, *The Son of the Man in the Gospel of John*, 82.

버킷의 반론을 검토하기 위해서 3장 1-15절로 돌아가 보자. 장면은 예수와 니고데모 두 개인 간의 대화에서 11절 "우리" 와 "너희들"(복수)로 바뀐다.

> 내가 진정으로 진정으로 너에게(단수) 말한다. 우리는, 우리가 아는 것을 말하고, 우리가 본 것을 증언한다. 그러나 너희(복수)는 우리의 증언을 받아들이지 않는다(11절).

이러한 전환을 어떻게 설명할 것인가? 여기에서 '나'는 예수를 가리키고 '너'는 니고데모를 가리킨다. '우리'와 '너희'(복수)는 누구를 가리키나? '우리'는 예수와 그의 연합체들을 배타적으로 뜻하는 것인가? '너희'(복수)는 니고데모와 그의 연합체들을 의미하는가? 그렇지 않다. 여기에서 '우리'는 저자와 그가 현재 속해 있는 연합체를 포괄적으로 반영하는 것이고, '너희'(복수)는 저자의 상대와 당시 이스라엘의 선생들을 가리킨다. 이점에 관하여 마이니어(Paul S. Minear)의 설명은 탁월하다.

> 우리를 말할 때, 화자는 자신을 한편으로는 예수와 다른 한편으로는 그들의 증거를 본 후 이제는 그것을 전하는데 참여하는 다른 지도자들과 연결시킨다… 이어지는 단락(3.16-21)은 그러한 공동의 증거들에 대한 간결한 요약으로 읽혀질 수 있다. 왜냐하면 그것은 여러 측면에서 보다 이른 예수 시대보다는 화자의 시대에 더 잘 어울리기 때문이다… 요한은 자신이 예수의 모든 이야기를 기억하고 있으며 그가 저술하고 있는 자신의 시대로부터 그것을 회고하고 있음을 종종 언급한다. 이것은

그 당시 사람들을 향한 요한의 증거로 보는 것이 적절하다.9)

더 나아가 이러한 설명은, 과거와 현재 사이의 구별이 다소 모호하기는 하지만, 저자가 심지어는 한 단락에서조차(예. 3.16-21) 다양한 시제(과거, 완료, 현재)를 사용하고 있다는 사실로 인해 더욱 확고해진다. 오데이(Gail R. O'Day)는 요한 13-17장 같은 다른 단락에서 이와 동일한 현상을 발견하였다. 그는 고별연설단락(요. 13-17)에서 다음과 같이 말한다.

> 시간적인 초점은 계속 변하는 듯하다. 때때로 예수는 마치 십자가 처형/부활/승천이 과거의 사건인양 말하고(예. 16.33; 17.11), 또 가끔은 그가 세상에서 떠날 날이 임박한 듯이 말한다(예. 13.33; 14.3). 그리고 여전히 다른 곳에서는 그가 마치 떠나는 바로 그 순간에 있는 것처럼 말하기도 한다(예. 13.31; 16.15, 28; 17.13).10)

이러한 의미에서 버킷의 반론은 지지될 수 없다. 버킷은 요한의 예수가 말한 담론들 배후에 있는 저자의 음성을 인식하지 못하였다. 과거와 현재의 전환은 '갑작스러운' 것이 아니라 저자에게 있어서는 적어도 '의도적인' 것이다. 요한복음서는 '이러한 종류'의 시간오류의 분위기가 현저하다.

예수의 하늘로부터의 하강은 그가 하나님의 지위와 특권을 상실했음을 의미한다. 영광을 상실한 예수는 그것의 회복을 염원하고, 결국

---

9) Paul S. Minear, *John. The Martyr's Gospel* (New York: The Pilgrim Press, 1984), 4-5.
10) Gail R. O'Day, "'I Have Overcome the World' (John 16:33) Narrative Time in John 13-17," *Semeia* 53 (1991): 153-166, 특히 159-162, 인용은 153.

부활이후 하늘에로의 상승을 통해 그것을 회복한다. 곧 예수는 단 한 번 상승한다. 말을 바꾸면, 예수가 하강과 상승을 반복했다면 영광을 상실했다가 이내 회복하고, 또 곧장 상실하는 식의 패턴이 반복되어야 하나, 이는 어색한 일일뿐더러, 그 근거도 희박하다. 더구나 이런 식의 패턴이라면 그의 지상의 생애는 일종의 가현적인 성격으로 규정될 것이다. 그러나 그는 가현적으로 이 세상에 온 것이 아니라, '육'으로 왔다.

3. 예수의 하강 – 신적 특권의 상실

요한의 예수는 그가 하나님으로부터 "세상에" 보냄을 받았을 때 (3.17) 자신의 신적인 특권을 상실하였다. "로고스가 육체가 되었다"(1.14)는 것은 이러한 영광의 상실이라는 관점에서 또한 조명되어야 한다.

요한복음서 서막의 로고스에 나타난 헬라적 유대 사고의 특징을 고찰한 토빈(Thomas H. Tobin)은 '로고스는 헬라적 유대교에서 중요한 개념이었으며 길고 복잡한 역사를 지니고 있다'고 전제한다.[11] 그는 필로의 저서에 관하여 이렇게 주장한다.

> 개념적 구조와 몇몇 용어들은 요한 1장 12, 14절에서 볼 수 있는 것과 상당히 유사하다… 필로와 요한 1장 12, 14절은 둘 다 인간이 하나님에

---

11) Thomas H. Tobin, "The Prologue of John and Hellenistic Speculation," *CBQ* 52 (2, 1990): 252-269, 특히 256.

게로 인도함을 받는 방식을 묘사하고 있다는 의미에서 그 문맥이 신비적이다. 필로와 요한 1장 12, 14절에서 로고스는 두 곳에서 모두 "아버지"로 묘사된 하나님과… 특별한 부자관계를 맺고 있는 것으로 묘사된다. … 사용된 용어들(필로의 경우 πρωτόγονος, 요한 1장 14절의 경우 μονογενής)은 동일하지 않다. 그러나 그럼에도 불구하고 이 둘의 개념적 틀과 단어의 유사성은 상당하다… 그 둘은 해석과 사색에 있어서 동일한 헬라적 유대 전통의 일부가 아니라고 생각하기 어렵다.[12]

여기에서 토빈은 요한의 로고스는 육체가 된 반면, 필로의 로고스는 그렇지 않다는 의미에서 요한의 로고스와 필로의 로고스 사이에는 상당한 차이가 있다는 것을 파악하지 못했다. 둘 사이의 많은 유사성에도 불구하고, 이 차이는 둘의 관계에 대한 성급한 결론을 유보하게 한다.

토빈에 덧붙여, 애쉬톤(John Ashton), 에반스(Craig A. Evans), 키이(Howard C. Kee)와 같은 몇몇 학자들도 요한복음서 서막에 나오는 로고스의 배경에 관하여 연구하였다. 서막의 로고스 배경으로 유대 지혜 전통을 주목한 애쉬톤은 다음과 같이 주장한다.

저자의 이중 관심을 파악하지 못한다면 서막에 대한 만족할 만한 해석을 할 수 없을 것이다. 그것은 전통적인 주제를 변형시킨 지혜에 관한 명상이다. 또한 그것은 육신이 된 말씀에 대한 하나의 찬가이다. 이러한 주제들의 병렬 또는 약간의 혼합은 14절의 결정적인 언급으로 나아가는 길을 예비한다. 저자의 중요한 통찰, 곧 지혜의 모습으로 홀로 그

---

[12] *Ibid.*, 261-262.

리스도인들의 존경과 예배를 받을 예수 그리스도의 정체가 여기에 요약되어 있다.13)

애쉬톤은 서막에서 영지주의적 특징들을 찾으려는 시도에 반대한다.14) 애쉬톤과 달리 에반스는 가장 가능성있는 요한복음서 서막의 배경으로 오히려 영지주의 문서인 *Trimorphic Protennoia*를 뽑았다. 그는 서막은 영지주의적 여신(女神) 'Protennoia가 만들어진 환경(Protennoia 그 자체는 아니라 할지라도)'과 유사한 환경에서 나왔다고 전제한다.15) 그러나 그의 고찰은 여기에서 더 나아간다. 에반스는 영지주의 전통과 유대 지혜 전통 사이의 양자택일적인 이분법에 반대하고 다음과 같이 분명히 주장한다.

> *Protennoia*와 서막은 모두 사람들 안에 또는 사람들 사이에 거하는 소피아/로고스에 관한 지혜 주제를 확고히 한다. 서막에서는 이것이 육화 신학(incarnational theology)으로 표현된 반면에 *Protennoia*에서는 영지주의적 우주론으로 표현되었다. 두 작품은 모두 공통의 환경에서 탄생하였지만 한 문서가 나머지 다른 하나에 의존해서 이루어진 것으로 보기 위한 증거는 그리 유력하지 않다. 오히려 우리가 가지고 있는 것은 공동의 사상과 표현들이 독립적으로 만들어진 공동의 궤도 혹은 환경이다.16)

---

13) John Ashton, "The Transformation of Wisdom: A Study of the Prologue of John's Gospel," *NTS* 32 (1986): 161-186. 인용은 179.
14) *Ibid.*, 161, 185f.
15) Craig A. Evans, "On the Prologue of John and the Trimorphic Protennoia," *NTS* 27 (1981): 395-401, 특히 398.
16) *Ibid.*, 399.

그러나 에반스는 배경의 유사성에 집중한 나머지 남성의 로고스와 여성의 *protennoia*의 차이점을 주목하지 못했다. 서막의 배경에 관한 다른 연구는 키이에 의해서 이루어졌다. 그는 에집트의 여신 이시스와 요한복음서 서막의 로고스 사이뿐 아니라 지혜와 로고스 사이의 유사성을 밝혔다. 전자에 관하여 그는 이렇게 주장했다.

> 에집트에서는… 우리가 알 수 있는 새 왕국처럼 이른 시기에 휴(Hu), 시아(Sia), 또는 마아트(Maat)보다 더 자비하고 인간적인 역할이 이시스(Isis)에게 주어졌다. 그래서 이시스는 연민과 회복, 보호를 행하는 것으로 명성을 얻었다.[17]

앞에서 언급한 학자들 중에 로고스와 다른 인물(들)의 차이를 명백하게 인식한 학자는 키이다. 비록 키이는 이시스와 지혜, 그리고 '무시간적이고 보편적인 용어가 아니라 그레코-로만 세계의 언어와 개념으로 묘사된'[18] 로고스 사이의 일치점에 강조를 두었으나, 그는 이시스와 로고스의 분명한 차이점을 간파했다. '이시스의 은혜는 법으로 가장 잘 표현된다. 그러나 요한에 따르면, 모세를 통하여 주어진 법은 이제 예수 그리스도를 통하여 생겨난 은혜와 진리(1.17)로 대체된다.'[19] 서막의 배경에 관한 연구에서 분명히 밝혀져야 하는 것은 요한이 자신의 저서에서 그 유사한 특징들을 의미심장하게 수정, 변형시켰다는 것

---

17) Howard C. Kee, "Myth and Miracle: Isis, Wisdom, and the Logos of John," in *Myth, Symbol and Reality*, ed. Alan M. Olson (Notre Dame & London: University of Notre Dame Press, 1980), 145-164, 인용은 148.
18) *Ibid.*, 161.
19) *Ibid.*, 161.

이다.

"육체"가 된 로고스(1.14)는 인간의 한계를 나타낸다. 육체를 지닌 예수의 삶은 영이신 아버지의 삶과 결코 다시 동일해질 수 없다. 하나님은 영이다(4.24). 이 점에 관한 존슨(G. Johnson)의 통찰은 훌륭하다.

> … 요한이 우리가 반드시 알기를 원했던 육신을 입은 아들은 엄밀하게 세상이 창조되기 이전 그가 가졌던 것과 동일한 영광의 지위를 가지고 있지 않다.[20]

요한복음서 서막을 '집중(centering)과 분리(decentering)'로 해석한 켈버(Werner H. Kelber) 다음과 같이 지적한다.

> 로고스를 도입한 것과는 별개로, 서막의 가장 중요한 기능은 태초(ἀρχή)로부터 능숙하게 그를 분리시키는 것이다. "세상에 온다"는 것은… 결국 인간의 신분을 얻기 위하여 그의 특권적인 지위를 포기한다는 것이다. 로고스는 단지 태초로부터 분리되기 위하여 태초에(ἐν ἀρχῇ) 도입되었다. 결정적인 순간, 즉 그 기원을 단절시킴으로써 서막은 분리, 그 자신의 존재론적 토대의 해체를 행한다.[21]

켈버는 그의 새로운 해석에도 불구하고 왜 요한의 서막이 그것에 상

---

[20] George Johnson, "Ecce Homo! Irony in the Christology of the Fourth Evangelist," in *The Glory of Christ in the New Testament: Studies in Christology*, ed. L. D. Hurst and N. T. Wright (Oxford: Clarendon Press, 1987), 127.

[21] Werner H. Kelber, "The Birth of A Beginning: John 1:1-8," *Semeia* 52 (1990): 121-144, 인용은 131.

응하는 요한공동체의 사회적 정황에 관하여 '분리를 행하는지' 설명하지 않는다. 그러나 '그의 특권적 지위에 대한 포기'에 관한 켈버의 통찰은 여기에서 유용할 것 같다.

로고스-아들의 선재적 영광은 그가 육체로 보냄을 받았을 때 포기되었다. 그의 생애 마지막 단계에서 그는 아버지에게 자신이 가졌던 로고스의 이전의 영광을 회복케 해달라고 요청한다. "아버지, 창세 전에 내가 아버지와 함께 누리던 그 영광으로, 나를 아버지 앞에서 영광되게 하여 주십시오"(17.5).

지상의 로고스-아들이 하나님과의 동등성을 상실했다는 주장을 반박하는 몇몇 학자들이 있다. 캐드만(W. H. Cadman)은 요한의 예수는 영광을 계속 유지하고 있다고 주장한다. 예수는 그의 지상 생애동안 줄곧 아버지의 품안에 있었다는 것이다.[22] 케제만(Ernst Käsemann)은 캐드만의 반대에 동의한다. 그러나 그는 캐드만과는 달리 요한의 영광 기독론을 위험한 가현주의로 간주한다. 케제만의 논쟁적인 주장에 따르면, 그것은 "여전히 유치하고 비성찰적인 형태를 띠고 있으며 저자나 그의 공동체는 아직 그것을 알아차리지 못하였다."[23]

요한복음서에서 그와 유사한 분위기를 발견한 저벨(Jacob Jervell)은 한 걸음 더 나아간다.

> 요한복음서에서 예수의 인성이 어떻게 사라지는가 안다면 놀랄 것이다. 예수 묘사에 있어서 요한복음서 저자는 우리에게 참으로 인간이기보다는 참으로 신인 예수를 더 보여준다… 요한복음서 저자는 예수라

---

22) W. H. Cadman, *The Open Heaven*, ed. G. B. Caird (Oxford: Clarendon Press, 1969), 206.
23) Ernst Käsemann, *The Testament of Jesus: A Study of the Gospel of John in the Light of Chapter 17* (Philadelphia: Fortress Press, 1968), 26.

는 사람의 인간적인 측면에는 전혀 관심이 없다. 그의 관심은 신적인 예수상을 그리는 것이다.[24]

스팁(M. W. G. Stibbe)은 이러한 입장에 대한 또 다른 유능한 대변인이다. 그는 타이센(G. Theissen)의 예수상을 소개하면서 다음과 같이 말한다.

> 타이센의 예수는 애매한 예수, 뚜렷한 윤곽을 그릴 수 없는 예수, 만질 수 있는 인간 존재라기 보다는 그림자와 같은 예수이다. 타이센의 소설이 지닌 매력적인 특징들 중 하나는 그것이 특별히 요한의 예수 묘사라는 것이다… 그 저자의 예수 묘사의 특징은 후자를 애매모호한 그리스도로 그리는 것이다.[25]

스팁은 예수는 그의 애매모호성에 의해서 특징지워진다고 주장한다. 또한 그는 이러한 애매모호함의 배경을 밝히려 했다. 이러한 학자들이 과소평가하고 있는 것은 1장 14절의 육체에 대한 언급이다. 불트만(Rudolf Bultmann) 또한 요한복음서를 가현적으로 읽을 가능성에 대하여 언급하였다. 계시자는 빛나고, 기적적이며 신비스러운 인물로 인간의 형태로 나타난다. 불트만에 따르면, "그의 인성은 틀림없이 가면에 지나지 않는다. 그 가면은 투명한 것이 분명하다. 사람들은 인성을 외면하고, 신성을 보고 감각하기를 원한다. 그들은 그 가면을 꿰뚫어 보

---

[24] Jacob Jervell, *Jesus in the Gospel of John* (Minneapolis: Augsburg Publishing House, 1984), 16f.
[25] M. W. G. Stibbe, "The Elusive Christ: A New Reading of the Fourth Gospel," *JSNT* 44 (1991): 19-37, 인용은 20.

기를 원한다. 말하자면 그들은 인성을 단순히 신성이 가시화된 것이거나 신성의 '외형'(form)일 것이라고 생각할 것이다."[26] 그러나 앞에서 인용한 다른 학자들과 달리 불트만은 요한복음서의 다른 측면을 보다 명백하게 설명한다.

> 그러한 모든 욕망들은 말씀이 육신이 되었다는 진술로 인하여 종식된다. 그가 계시자인 것은 그의 완전한 인성 안에서이다. 진실로, 그에게 속한 사람은 그의 영광(δόξα)을 본다(14b절). 참으로 만일 그것이 보이지 않는다면 거기에는 계시에 관하여 말할 토대가 없을 것이다. 그러나 이것은 그 복음서 전체에 편만한 역설이다. 영광(δόξα)은 육(σάρξ)과 함께 볼 수 없다. 또 거울을 통해서 보는 것처럼 육을 통해서 볼 수도 없다. 그것은 육 안에서 볼 수 있을 뿐 그외 어느 곳에서도 볼 수 없다.[27]

요한복음서의 역설에 관한 정교한 고찰에도 불구하고, 불트만은 '그 역설'이 요한공동체의 자기 이해를 반영하고 있음을 파악하지 못하였다.

육체 그 자체는 영광을 결여하고 있다. 1장 14절의 육체는 신적 영광을 상실한 육체로 정의될 수 있다. 예수는 어머니를 가졌다(2.1-4; 19.25). 마태, 누가와 달리 요한은 어떤 이유에서인지 자신의 복음서에 처녀 탄생 이야기를 소개하지 않고 있다. 요한의 예수는 목마름을 경험한다(4.7). 때때로 "그는 마음이 비통하여 괴로워하였다"(11.33). 그는

---

26) R. Bultmann, *The Gospel of John: A Commentary* (Philadelphia: The Westminster Press, 1971), 63.
27) *Ibid.*, 63.

유대인들에 대항하여 자주 그리고 논리적으로 논쟁하였다(여러 곳). 심지어는 부활 후에도 그는 "손"과 "옆구리" 같은 육체를 가진 것으로 간주되었다(20.27). 이 모든 특성들은 하나님의 신성과는 구별되는 예수의 인성을 지시한다.

더 나아가 '요셉의 아들' 이라는 칭호가 그 복음서에는 두 번 나타난다(1.45; 6.42). 첫 번째는 빌립이, 두 번째는 믿지 않는 유대인들이 예수를 "요셉의 아들"이라고 부른다. '요셉의 아들' 이라는 칭호는 실수로 소개된 것인가? 바레트(C. K. Barrett)는 자신있게 답변한다. 그에 따르면, 요한은 "어쩔 수 없이 예수가 무지하게 '요셉의 아들' 로 묘사되는 것을 허용해야 했다. 그러나 그 자신은 예수가 인간 아버지를 가지지 않았다고 믿었다."[28] 바레트는, '요셉의 아들' 은 천상적 기원을 가졌다는 예수의 주장을 거부하기 위해서 유대인들이 사용한 것이라고 주장한다. 바레트의 주장에는 1장 14절의 육체가 들어설 자리가 없다. 여기에서 육체는 단순히 하나님이 위장한 형태로 간주된다. 바레트 주장이 지닌 또 다른 문제는 1장 45절에 관한 것이다. 6장 42절의 요셉의 아들이 잘못 명명된 것이라는 그의 주장을 인정한다고 해도, 그것이 반드시 1장 45절의 빌립의 동일한 명명 또한 잘못임을 의미하는 것은 아니다. 이 문제에 관하여, 다드(C. H. Dodd)는 명백히 설명한다. '나사렛 예수, 요셉의 아들' 이라는 말이 뜻하는 바는 다음과 같다.

첫 제자들 중 하나인 빌립의 공적 그리스도 고백에서 완전한 오류가 의도되었다고 보기는 어렵다. 그 의도는 예수를 나사렛 출신, 요셉의 아

---

28) C. K. Barrett, *The Gospel According to St John. An Introduction with Commentary and Notes on the Greek Text*, 2nd ed. (London: SPCK, 1978), 184.

들로 규정하고 나서 그를 모세와 예언자들이 기록한 그 메시아, 하나님의 아들, 이스라엘의 왕으로 명명하는데 나타난다. 이러한 칭호들은 예수의 인간적 정체에 대한 빌립의 언급과 모순되지 않는다. 그것은 인간적인 측면으로 볼 때 '요셉의 아들 예수'인 그가 또한 이러한 칭호들이 함축하는 바, 그러한 인물임을 확증하는 것이다.[29]

톰슨(Marianne Meye Thompson)은 다드의 견해에 동의를 표하였다. 톰슨에 따르면

> 예수의 천상적 기원과 지상적 기원은 양자택일적 진술로 상호 배타적이다. 그러나 다드가 그 문제를 검토한 바에 의하면, 답변은 양자택일적인 것이 아니다. 예수가 하늘로부터 왔다는 것이 그가 '요셉의 아들'이 아니라는 것을 반드시 의미할 필요는 없는 것이다.[30]

제4복음서는 예수가 요셉의 아들로서 그의 동시대인들처럼 시공 안에서 참으로 인간의 삶을 살았다는 인상을 주려고 애쓴다. 그것을 잘 지적하고 있는 존슨의 서술은 인용할 만하다.

> 이 저자와 그의 교회가 지닌 아버지의 상은 분명히 신성 안에 틀지워져 있지만, 그 상의 얼굴은 유대인의 얼굴이다.[31]

---

29) C. H. Dodd, *The Interpretation of the Fourth Gospel* (Cambridge: Cambridge University Press, 1953), 260, n. 1.
30) M. M. Thompson, *The Humanity of Jesus in the Fourth Gospel* (Philadelphia: Fortress Press, 1988), 25.
31) George Johnson, "Ecce Homo! Irony in the Christology of the Fourth Evangelist," 129.

이러한 학자들이 강조하는 것처럼 예수는 참된 인성(육체)을 가졌다. 그러나 요한복음서 저자는 그의 동시대인들과 달리 예수가 신성도 가지고 있다고 서술한다. 요한의 복음서는 예수가 요셉의 아들(인성)이며 하나님의 아들/하나님(신성)이라는 전제에서 출발한다. 요한은 예수의 인성 안에서 신성을, 그의 신성 안에서 인성을 보았다. 요한은 예수 안에서 초월과 한계 둘을 결합한다. 이 결합은 요한복음서에 나타난 영광의 특성을 규정하는데 중요하다. 인성과 신성을 모두 가진 예수는 인성(육체)없이 신성만을 가진 하나님에게 종속되어 있다. 물고기보다 인어가, 인어보다 인간이 위대하듯이, 인성만을 가진 인간보다 예수가, 예수보다 하나님이 더 위대하다. 어떤 단락에서는 예수의 신성보다 인성이 더 강조되고, 또 어떤 단락에서는 그의 인성보다 신성이 더 부각된다.

예수의 육은 그가 하나님의 지위를 상실했음을 의미한다. 사람들이 그의 인성, 곧 그를 '요셉의 아들'로만 인정할 때, 예수의 상실감은 깊어진다. 제자들을 포함하여 요한복음서에 등장하는 많은 인물들은 예수의 육체 안에 있는 신성을 깨닫지 못하였다. "빛이 어둠에 비치었다"(1.5)는 진술이 함의하듯이, 요한의 예수는 그의 육체 안에서 뿐 아니라 그의 사회적 환경에서도 초월적 신성을 구현하였다. 그러나 그의 동시대인들은 그의 육체와 그의 주변에 명시된 초월적 신성을 간과하였다. 사람들이 육체 안에 있는 예수의 신성을 깨달을 때, 육체를 지닌 요한의 예수는 그의 이전 영광을 회복하기 시작한다(12.23). 그가 하나님의 지위로 완전히 회복되는 것은 그 자신이 인성으로부터 벗어나 하늘로 올라갈 때이다. 예수는 부활 후 잠시 영광을 받지 못한 상태로 육체 안에 남아 있다. 왜냐하면 그는 "아직 아버지께로 올라가지 않았기" 때문이다(20.17). 예수의 선재적 영광은 그가 인성과 신성을 포괄하고 있는 상태로부터 배타적인 신성의 상태로 옮겨갈 때 다시 획득된다.[32] "내가 아버지께로 간다"(14.28)는 진술은 예수가 하나님의 신성으로 이동하는 것을 뜻한다.

4. 상실의 표지 – 아버지보다 작은 예수

"아버지께서는 나보다 크신 분이기 때문이다"(14.28)는 진술 또한 이러한 맥락에서 설명될 수 있다. 요한복음서의 여러 단락들에서 하나님과 하나되는 것으로 언급되는 요한의 예수는 왜 하나님보다 덜 위대한가? 비슬리-머레이(George R. Beasley-Murray)는 이 문제에 대한 해답을 구하였다.

> 28절의 진술은, 아들이 아버지에게 복종하며(예. 4.34; 8.29), 아들은 그의 모든 사역에 있어서 아버지를 의존하고 있다(예. 5.19; 12.48-49)는 제4복음서의 많은 주장들과 일치한다.[33]

비슬리-머레이의 해답은 지지받을 수 없는 것은 아니다. 그러나 질문이 남는다. 왜 예수는 하나님에게 복종하고 하나님을 의지하였는

---

32) 성육신에 대한 최근의 연구로는 David J. MacLeod, "The Incarnation of the Word: John 1:14," *Bibliotheca Sacra* 161 (641, 2004): 72-88이 있다. 그러나 이 연구도 '영광의 상실'이라는 관점' 에서 성육신을 조명하지 못했다.

33) George R. Beasley-Murray, *John*, Word Biblical Commentary 36 (Waco, Texas: Word Books, 1987), 262.

가? 그 대답은 예수가 하나님에 의해서 보냄을 받았다는 것이다. 보낸 자는 보냄을 받은 자보다 높다(13.16). 여기에 덧붙여, 예수는 하나님에게는 없는(4.24) 육체를 입고 보냄을 받았다. 이러한 의미에서 예수는 하나님에게 종속된 것이다. 바레트가 보낸 자와 보냄을 받은 자 사이의 상이한 지위를 인식한 것은 설득력을 지닌다. "아버지는 아들의 존재가 기원하는 신성의 근원(fons divinitatis)이다. 아버지는 보내고 명령하는 하나님이고 아들은 보냄받고 복종하는 하나님이다."[34] 보낸 자와 보냄을 받은 자 사이의 차이에 대한 그의 설득력 있는 지적에도 불구하고, 바레트는 왜 하나님이 예수보다 위대한가 하는 진정한 이유를 육체를 지닌 자와 그렇지 않은 자 사이의 차이와 관련하여 확실히 인식하지 못하였다.

예수의 신성은 육체 안에 드러나 있다. 그러나 육체 그 자체가 신성을 이루는 것은 아니다. 요한복음서는 결코 육체 그 자체를 신적인 것으로 여기지 않는다. "육으로 난 것은 육이고 영으로 난 것은 영이다."(3.6) 육을 지닌 요한의 예수가 하나님에게 종속되어 있음을 보여주는 몇 가지 예들이 있다. 예수는 자신의 권위로 말하지 않는다. 예수 안에 거하는 아버지가 자신의 일을 한다(14.10). 예수가 일하고 있는 이유는 그의 "아버지께서 이제까지 일하고 있기 때문이다"(5.17). 예수가 일하는 목적은 그를 보낸 아버지의 뜻을 행하기 위함이고 아버지의 일을 완성하기 위함이다(4.34; cf.9.4). 이러한 것들에 덧붙여, 요한의 예수는 자기 자신의 영광이 아니라 그를 보낸 아버지의 영광을 구한다(7.18). 그는 "아버지, 당신의 이름을 영광되게 하여 주십시오"라고 기도한다(12.28). 그는 영광을 구할 때조차도 하나님을 영광되게 하기 위하여 그

---

34) C. K. Barrett, *The Gospel According to St John*, 468.

렇게 한다. "아들을 영광되게 하셔서, 아들이 아버지께 영광을 돌리게 하여 주십시오"(17.1).

5. 결어

예수의 하강은 그가 천상에서 누렸던 신적 특권을 박탈당했음을 뜻한다. 예수는 하늘에서부터의 하강과 함께 신적인 하나님 영역에 속한 자신의 신적 지위를 상실한다. 신적인 영역에 있어서 예수는 하나님과 동등하다. 그는 "태초에 하나님과 함께" 있었다(1.2). 그는 하나님인 말씀이다(1.1). 그러나 요한의 예수는 하나님으로부터 보냄을 받는다. "하나님이 그 아들을 세상에 보내었다"(3.17), "나를 보낸 참되신 이가 있다"(7.28). 그가 하나님에 의해서 육체를 가진 자로 파송된 바로 그 순간, 그는 하나님과의 동등성을 상실한다. 그는 하나님에게 종속된다. "보냄을 받은 자가 보낸 자보다 크지 못하다"(13.16).

만일 예수가 자신의 의지로 땅에 내려왔다면, '상실'이라기보다는 '희생'이라고 하는 것이 더 적절할 것이다. 그러나 예수는 하나님의 뜻에 의해서 하나님으로부터 파송되었다. "나는 내 마음대로 온 것이 아니다"(7.28). 예수의 하강이 영광의 상실이긴 하나 그 상실은 부분 상실로 규정될 수 있다. 왜냐하면 그는 지상의 생애 속에서도 영광을 부분적으로 유지했기 때문이다(1.14; 2.11). 이점이 바울의 예수상과는 다른 점이기도 하다. 바울에 따르면, 예수는 자신을 철저히 비우고 세상에 왔고(빌 2.7), 그것은 영광의 전체 상실로 규정되기 때문이다. 요한의 예수는 상실했던 자신의 신적 특권을 온전히 다시 찾을 때, 그의 영광

전체를 다시 획득한다. 예수는 세상을 떠나 하늘로 돌아갈 때 비로소 이전에 가졌던 신적인 지위를 완전히 회복한다.

그러나 예수가 가졌던 이전의 영광을 회복하는 것은 배타적으로 하나님의 의지와 허락에 달려 있다. 요한의 예수는 이러한 회복을 허락받고자 하나님에게 기도한다. "아버지, 내가 아버지와 함께 누리던 그 영광으로, 나를 아버지 앞에서 영광되게 하여 주십시오"(17.5). 예수의 이전 영광을 회복하는데 있어서 예수가 아버지의 주도권에 종속되어 있다는 것은 요한복음서에서 명백하고도 결정적인 항목이라 하겠다.

제9장
요한의 예수와 신적공동체

제9장
요한의 예수와 신적공동체

1. 서언

본 소론의 목적은 요한복음서를 산출한 요한공동체의 구성원들이 규정하고 있는 자신들의 기원과 현 상태에 관한 자기 이해의 특성을 주로 서막에 집중하여 규명하려는 것이다. 하나님에 의해 세상으로 보내진 예수에 대한 요한의 독특한 묘사의 배후에는, 그 묘사에 강력한 영향을 끼친 요한공동체가 있다. 그 요한공동체의 실체를 인식하는 것은 요한을 해석하는 데에 필수적이다. 요한의 예수에 대한 묘사와 요한공동체를 밀접히 관련시키려는 주요한 작품 중 하나는 믹스(Wayne A. Meeks)의 것이다.[1] 믹스는 하늘에서 내려온 예수를 요한의 소종파적 성격과 관련시킴으로써 요한 연구를 위한 새로운 관점을 제시했다.

제4복음서는 … 그 공동체의 탄생을 기술할 뿐만이 아니라 공동체의

---

1) Wayne A. Meeks, "The Man from Heaven in Johannine Sectarianism," *JBL* 91 (1972): 44-72.

고립을 강화하고 있다. 우리가 서술하고 있는 언어 패턴들은 그것들을 받아들이고 있는 내부인들에게 세상, 특별히 유대교의 세상의 논리를 파괴하고, 더 나아가 소종파적 의식을 강조하는 효과를 가지고 있다. 만약 어떤 사람이 이 책에서 언급된 것을 '믿는다'면, 그는 문자 그대로 사회적 실재의 일상적인 세상에서 완전히 밖으로 물러나게 된다.[2]

여기서 믹스의 관점은 설득력 있어 보인다. 이런 전망에서 드러난 것처럼 그의 작품은 요한에 대한 그 이후의 연구에 상당한 영향력을 끼쳐왔다. 최근 카터(Warren Carter)는 믹스의 논제 몇 가지를 수정하려 하였다. 그러나 그의 수정은 의문스럽다. "그 공동체의 사회적 정체성은 … 주로 부정적인 것처럼 보인다"라는 믹스의 명제를 인용하면서 카터는 다음과 같이 수정한다.

> 배척받고 사회적으로 소외되었다는 것은 맞다. 그러나 부정적 정체성은 아니다. 오직 이 공동체 안에서만 하나님의 계시, 현존, 그리고 지혜가 밝혀지는 것이다.[3]

이러한 카터의 수정은 부적당하다. 왜냐하면 믹스에게 있어서 '부정적'이라는 단어는 공동체 그 자체의 관점으로부터가 아니라 좀더 큰 사회의 관점에서 공동체의 색깔을 나타낸 것이기 때문이다. 카터는 이

---

2) *Ibid.*, 71.
3) Warren Carter, "The Prologue and John's Gospel: Function, Symbol and the Definitive Word," *JSNT* 39 (1990): 35-58, 인용은 49 이하.

렇게 논증한다.

> 그 공동체가 예수의 신성 주장을 인식하고 받아들인 것처럼 사회는 그것을 배척했다. 이러한 배척으로 그 공동체의 믿음은 합법화된다. 적대자들과 경쟁자들, 그리고 그들의 주장들은 부적법하며 부당한 것으로 여겨진다 … 그러한 사회적 사건에 반영된 신적 실재의 근거 위에 그 공동체는 설립된다.[4]

최소한 위에 인용된 카터의 논증에서 그 자신과 믹스 사이에 어떤 중요한 차이점도 발견되지 않는다. 카터는 새로운 어떤 것도 말하지 않았다. 단지 믹스의 논지를 재진술하여 반복했을 뿐이다. 만약 우리가 좀 더 큰 사회의 입장에서 본다면 요한공동체의 사회적 정체성은 '부정적'(믹스)으로 드러난다. 동시에 만약 우리가 그 공동체의 내부자의 입장에서 본다면, 그 공동체의 자기 표현의 '형식들'이 비록 '주로 부정적'일지라도 그 정체성은 '긍정적'(카터)으로 드러난다.

마이니어(Paul S. Minear)는 요한의 예수와 요한공동체를 통합하여 구성하는 유사한 관점을 선택하여 요한에 관한 작품을 써냈다. 요한복음서의 서막에 관하여 그는 이렇게 지적하고 있다.

> 그의 작품의 가장 분명한 흔적은 서막에서 1인칭을 수시로 사용한다는 것이다. 예를 들자면 다음과 같은 것이다. "말씀이 … 우리 가운데 거

---

[4] *Ibid.*, 50.

하시매 우리가 그의 영광을 보니[1.14]." 그러한 언급들은 분명히 전체 서막의 고백이 '우리의' 고백으로 읽혀져야 한다는 것을 함의한다. 화자는 신자이자, 이 말씀인 이 아들의 영광을 보고 증거하는 신자 공동체의 일원으로 이 글을 쓰고 있다. '나' 보다 '우리'를 선택한 것은 화자가 단지 그 자신뿐만이 아니라 좀더 큰 그룹, 곧 신자들의 전체 모임이든가 혹은 영광을 보는 것이 허락된 그 그룹의 제한된 지도자들의 대표자로서 글을 쓰고 있다는 점을 암시한다.[5]

실제로, 마이니어가 가정하는 대로 요한의 예수에 대한 묘사들과 그 배후에 있는 요한공동체의 정황은 쉽게 구분될 수 없다. 요한의 예수 이야기는 요한공동체의 자기 이야기이기 때문이다.

2. 신적공동체

요한공동체의 구성원들은 자신들을 어떻게 규정하였을까? 무엇보다도 그들은 자신들을 '신들'로 인식했다.

> 하나님의 말씀을 받은 사람들을 신이라 하셨거든 … (10.35).

비록 '신들'이라는 칭호가 예수가 그의 신적 기원에 대한 유대인들

---

[5] Paul S. Minear, *John. The Martyr's Gospel* (New York: The Pilgrim Press, 1984), 3-4.

의 오해에 맞서 논쟁하는 맥락에서 나타났을지라도, 그것은 그 공동체의 자기 규정을 암시하고 있다. 그 구성원들은 자신들을 '신들'로 간주한다. 그들 삶의 어느 단계에서 이러한 '신들'로서의 자기 의식이 시작되었을까? 그것은 예수가 육으로 왔다는 것을 믿은 이후, 그리고 이 믿음에 기초한 그 공동체의 형성 이전에 일어났다. 예수가 하나님의 말씀을 받은 자였던 것같이(17.8), 그들은 하나님의 말씀을 받은 '신들'이었다(10.35). 다른 한 편, 하늘로부터 내려온 예수가 "하나님의 아들"(3.18)이며 "아버지로부터 왔듯이"(16.27, 28), 그들은 "하나님의 자녀"(1.12)이며 "하나님으로부터 난 자들"(1.13)이다. 그 공동체의 구성원들은 그들의 공동체를 '신적인 공동체'로 규정하고 있다. 이러한 정의는 암묵적으로 요한의 서막에서 드러난다.

서막의 중심점은 어디에 있는가? 쿨페퍼(R. Alan Culpepper)는 1-2절과 18절, 3절과 17절, 4-5절과 16절, 6-8절과 15절, 9-10절과 14절, 11절과 13절, 그리고 12a절과 12c절을 균형 있게 배치하면서 7단계의 진행으로 교차병행 구조를 제시하고 있다.[6] 쿨페퍼는 보이스마드(M. E. Boismard)가 10절과 11절을 구분하지 못했다고 비판한다. 쿨페퍼에게 있어서 "여기서 제시된 구조는 이 구절들이 구분될 수 있도록 한다." 그에 따르면 이러한 구분의 근거는 "11절이 '세상'에서 '그의 것'으로 옮겨가며 13절과 병행을 이룬다"[7]는데 있다. 그러나 쿨페퍼의 비판은 설득력이 약하다. 10c절과 11절은 분리될 수 없다. 왜냐하면 10c절의 "세상"

---

[6] R. Alan Culpepper, "The Pivot of John's Prologue," *NTS* 27 (1981): 1-31, 특별히 16.
[7] *Ibid.*, 17.

과 11절의 "그의 것"은 쿨페퍼의 견해와는 반대로 말씀에 대해서 부정적으로 반응하는 유사한 주체들로 소개되기 때문이다.

더 나아가, 11절과 13절을 병행시키려는 그의 시도는 분명치 못하다. 왜냐하면 11절과 13절의 용어와 내용이 쉽게 균형을 이루지 않기 때문이다. 그가 선택한 주요한 용어 중에 하나인 "οἱ ἴδιοι αὐτὸν"은 13절에 나타나지 않는다. 내용의 측면에서 보면, 13절의 "하나님으로부터 난 사람들"은 11절의 "그의 것"이 아니라 오히려 12절의 "하나님의 자녀들"과 병행을 이룬다. 쿨페퍼가 12절과 13절을 구분하려고 했던 시도 또한 혼란스럽다. 왜냐하면 13절은 단지 12절에 대한 부가적 설명이기 때문이다. 물론 그가 '하나님의 자녀'를 가장 중심을 이루는 용어로 선택한 것은 매우 만족스럽다. 그러나 서막에서 그가 구성한 교차병행은 유지될 수 없다. 쿨페퍼는 다음과 같이 주장한다.

> 해석자는 모든 문학적 구조가 다양하게 인위적인 것임을 기억해야 할 것이다. 요한복음서의 서막은 하나의 예술 작품이다. 곧 예술가는 구조들을 사용할 수 있다. 그러나 그는 그것들의 노예가 아니다. 교차병행 구조를 좀더 명백하게 만드는 것은 필연적으로 그것을 좀더 인위적인 것이 되게 한다.[8]

이러한 그의 주장이 정당한 것임에도 불구하고, 열광적으로 교차병행을 만드는 학자들이 사로잡히기 쉬운 교차병행광적인 접근에는 주의

---

8) *Ibid.*, 17.

가 요청된다. 교차병행법은 한 특정한 항목이 그것과 교차병행되는 항목에만 집중하기 때문에, 그것과 그에 병행되지 않는 다른 항목들과의 '관계'는 과소평가 되기 쉽기 때문이다.

10-13절 모두를 서막의 중심점으로 포함시키면 좀더 안정된 것이 될 것이다.[9] 이러한 포함의 근거는 1-10a절과 14-18절의 병행과는 대조적으로 10c-13절은 그 정확한 병행이 없다는 점에 있다. 요한은 로고스를 배척한 사람과 받아들인 사람들 간의 대조를 강조한다. 그들 간의 갈등은 복음서 전반을 통하여 확연히 드러난다. 결국 같은 갈등을 반영하고 함축하고 있는 10c-13절에 서막의 중심점을 위치시킨다는 것은 자연스럽다.

서막의 중심점은 육신이 된 예수에 대하여 두 개의 다른 반응, 곧 그의 백성에 의한 배척과 하나님의 자녀가 되는 신자들에 의한 수용이 소개된다는 점뿐만이 아니라 요한공동체의 신적 기원이 또한 암시된다는 점에서 10c-13절로 볼 수 있다. 이러한 중심 구절들이 켈버의 작품에는 종종 포함되지 않는 점은 납득하기 어렵다. '중심화와 탈중심화'(centering and decentering)라는 견지에서 서막을 해석하는 켈버(W. H. Kelber)는 다음과 같이 주장한다.

---

9) 11절을 서막의 중심 단락으로 간주하려는 최근의 시도에 대해서는 John W. Pryor, "Jesus and Israel in the Fourth Gospel-John 1:11," *NovT* 32 (3, 1990); 201-218. 프라이어는 "11절에 있는 언급은 배타적으로 이스라엘, 곧 그의 백성을 향한 성육된 말씀의 선교"를 가리킨다고 주장하며(*Ibid.*, 201) "이스라엘 … 곧 인종적으로 그의 백성은 그를 배척함으로써 그들이 완전히 세상에 속하였다는 것을 보여준다"(*Ibid.*, 218)고 결론 짓는다. 다른 위치에 있는 밀러(Ed. L. Miller)는 완전한 로고스 찬가를 포함하고 있는 1-5절을 중심 단락으로 간주한다. 그 단락은 '서막의 나머지 단락의 논리적 기반이 되는 부분'이 된다. Ed. L. Miller, "The Logic of the Logos Hymn: A New View," *NTS* 29 (1983): 552-561, 인용은 552.

서막의 중심화와 탈중심화의 기능은 세 가지 시작을 이야기한다. 선재적 태초 (ἀρχή)에 근거를 두고 있는 로고스의 시작(요 1.1), 예수의 사역을 소개하는 증언자로서의 (세례) 요한의 시작(요 1.6-8, 15), 그리고 성육신된 선교의 단계로 설정된 예수자신의 지상사역의 시작(요 1.14) 등이 그것들이다. 요한의 세 종류의 시작은 예수의 태초(ἀρχή)의 세 단계를 지시한다. 곧 초월적인 기원, 그의 역사적인 시작, 그리고 그 자신의 성육신적인 시작 … 하나의 시작을 하는 것은 다른 시작을 낳는 방법이고 최초의 시작 곧 기원에서 멀어질수록 탈중심화와 연속적인 시작들을 위한 필요는 더 커진다.[10]

이러한 연구에는 세 가지 '탈중심화와 연속적인 시작들'의 목적 배후에 놓인 사회학적인 함의가 탈락되었다. 요한에게 강력한 영향력을 끼친 요한공동체는 켈버의 구도에서 최소화되었다. 결과적으로 그에 의해서 중심 구절인 10c-13절은 평가절하 된다. 더 나아가 그는 그의 논문의 마지막 부분에서 이미 중간 부분에서 자신이 논의했던 것들을 잊고 만다. 그는 서막이 위에서 인용한 대로 세 가지 시작을 가지고 있다고 논증하였다. 그런데 후에 그는 어떤 설명도 없이 이 세 점에 다른 하나를 덧붙인다.

다양한 시작의 단계에서 그 말씀(the Logos)을 합법화하는 권위의 창조는 - 일반적인 말들과는 전혀 다른 차원에서, 세례 요한에 비하여 시간적으로 앞서며, '하나님의 자녀들'을 위해 '그자신의 뜻'에 반하여 성

---

[10] Werner H. Kelber, "The Birth of A Beginning: John 1:1-8," *Semeia* 52 (1990): 131-132.

육하고, 그리고 모세의 승천 신비주의에 존재신학적으로 대립하는 – 요한 복음서 서막의 중심이 되는 주안점이다.[11]

켈버는 여기서 이전의 세 시작과는 대비되게 네 가지 시작을 암시하고 있다. 만약 그가 이전 부분에 "요한공동체의 시작을 가정하는 그 말씀에 대한 반응의 시작"을 삽입하면서 세 범주 대신 네 범주를 설정하였다면 현재의 형태가 좀 더 설득력이 있었을 것이다.

카터는 네 부분으로 구성된 서막에 담긴 주제를 다음과 같이 범주화한다. 1. 말씀의 기원과 운명, 2. 예수의 계시자로서의 역할, 3. 예수에 대한 반응, 4. 다른 인물들과 예수의 관계.[12] 세 번째와 관련하여 카터는 그 반응을 부정적인 것과 긍정적인 것으로 나누었다. 후에 그는 '하나님의 자녀'라는 구절에 대한 설명에는 단지 몇 줄만을 할당하였다.[13] 카터는 그 논문의 초반부에서 "서막은 요한공동체의 자기 이해와 경험을 정당화하고 해석해 주는 복음서의 '성스러운 상징의 결집체'로서 보아야 한다"고 주장한다.[14] 그러나 그는 요한복음서의 서막을 산출한 요한공동체의 탄생에 대한 설명에 놀라울 정도로 거의 주의를 기울지 않는다.

교차병행적인 분석은 별도로 하고, 10c-13절이 왜 서막의 중심을 형성하는가 하는 다른 근거는 전체 서막이 요한공동체를 일차적인 준거

---

11) *Ibid.*, 140.
12) Warren Carter, "The Prologues and John's Gospel: Function, Symbol and the Definitive Word," 37.
13) *Ibid.*, 39.
14) *Ibid.*, 35.

집단으로서 삼고 있는 요한(그가 누구이든간에)의 작품이라는 점이다. 서막은 그 복음서 기자의 시점으로부터 회고적으로 산출되었다. 이러한 점에서 그 공동체의 결정적인 자기 규정을 담고 있는 10c-13절이 서막의 중심 부분으로 간주될 수 있다.

요한공동체의 두드러진 자기 정체성 중에 하나는 '하나님의 자녀' (τέκνα θεοῦ)라는 것과 '하나님으로부터 난 사람들' (οἵ…ἐκ θεοῦ ἐγεννήθησαν)이라는 것이다.[15] 이 두 명칭 간의 관계는 전자가 하나님으로부터 난 결과로서 현재의 지위를 좀더 강조하고 있다면, 후자는 그 공동체의 신적인 기원을 더 강조하고 있다는 점으로 설명될 수 있다. 요한공동체는 그 기원이나 현재의 상태에 대한 의식의 견지에서 볼 때, 신적인 공동체이다.

'하나님으로부터(ἐκ θεοῦ) 난 사람들' 이라는 어구는 요한공동체의 구성원들이 자신들을 하늘에 거주하는 하나님으로부터(ἐκ θεοῦ) 왔다고 간주하는 것이다. 예수가 하늘로부터 온 것처럼 그들도 또한 하늘로부터 왔다. 그것은 그들의 원래 거주지가 하늘이었음을 암시하는 것이다. 하늘로부터 왔을 때 예수가 신적인 영광을 잃어버린 것과 같이 공동체의 구성원들 또한 그들이 하늘로부터 왔을 때 신적인 영광을 상실했다. 카터는 다음과 같이 강조한다.

---

15) 복수인 'οἵ' 대신 단수로 되어 있는 몇 라틴 텍스트나 오리겐이나 아우구스틴의 라틴 증언들을 제외하고는 대다수의 텍스트들은 복수 형태를 취하고 있다. R. E. Brown, R. Schnackenburg, C. K. Barrett 등과 같은 현대 학자들은 복수를 선호한다. 단수로 읽을 때의 난제에 대해서는 J. W. Pryor, "Of the Virgin Birth or the Birth of Christians? The Text of John 1:13 Once More," *NovT* 27 (4, 1985): 296-318.

오히려 예수 곧 그 말씀이 계시이다(10.30; 14.9). 상승-하강의 양식을 하강-상승의 구도로 대체하면서 서막과 복음서는 근본적으로 강조점을 옮기고 있다 - 지상이 아니라 천상의 시작점, 천사나 인간 존재가 아니라 신적인 분, 방문한 영역으로서 천상이 아니라 지상, 친밀하게 하나님을 알았고 보았던, 그리고 그 안에서 하나님이 드러난 계시자.[16]

카터의 논증은 말씀인 예수에 대한 그 진술에 관한 한 강력하고 설득력이 있다. 그러나 그는 요한의 근본적인 '강조'의 '이동'이 그 공동체 구성원들의 근본적인 자기 정체성 규정의 이동에 대한 경험을 반영하고 있다는 점을 간파하지 못했다. 말씀인 예수를 믿기 전에 그들은 자신들을 하늘이 아니라 땅으로부터 온 사람들로 이해했으나 예수를 믿고 난 후에는 자신들을 땅이 아니라 하늘로부터 온 사람들로 회고적으로 자신들을 규정했다. 그 공동체의 구성원들은 자신들의 기원이 하늘에 있다고 스스로를 간주하기 시작했다. 그러나 그들은 하늘에 있는 하나님으로부터 내려왔다. 그리고 지금은 땅 위에 살고 있다. 그들이 하늘에 있는 그들의 기원을 기억하고 있음에도 불구하고 그들의 현재적 땅 위에서의 삶은 천상적인 특권을 상실하였다는 점에서 조명될 수 있다.

---

16) Warren Carter, "The Prologue and John's Gospel: Function, Symbol and the Definitive Word," 45.

3. 신적공동체의 지상적 제한

요한공동체의 구성원들이 의식에 있어서는 천상적인 기원을 유지하고 있다고 해도 그들은 육에서 태어났고 다른 사람들과 마찬가지로 땅 위에서 육을 가지고 살고 있다. 그들은 육을 떠나서는 살수 없다. 육의 예수는 그들의 육체들 "가운데 거하였다"(1.14). 예수가 그랬듯이 삶을 위해서 육은 필수불가결하다. "이는 혈통으로나 육의 뜻으로나 사람의 뜻으로 나지 아니하고 오직 하나님께로부터 난 자들이다"(1.13)라는 말은 수많은 논란을 불러 일으켜 왔다. 그러나 '육의 뜻으로나' 라는 어구에 대한 비중 있는 연구는 시도되지 않았다.

'육의 뜻' 은 비슬리-머레이(George R. Beasley-Murray)의 제안에 따르면, '성적 욕망' 을 가리킨다.[17] 그러나 그것은 말씀인 예수를 믿지 않는 사람들과 대비해 볼 때, 욕정을 평가 절하하기 위해서가 아니라 요한공동체의 초자연적 기원을 암시하기 위해서 소개되었다. '육의 뜻' 은 육 그 자체와 혼동될 수 없다는 것이 지적될 필요가 있다. 공동체의 구성원들 또한 육으로부터 났다. 이러한 관점에서 신자들과 불신자들은 정확하게 똑같다. 요한은 이러한 이유로 '육으로나' 대신에 '육의 뜻으로나' 라는 어구를 사용한 것이다. 만약 요한이 신자들이 '육으로' 태어나지 않았다고 설명하고자 하였다면 그는 큰 실수를 범하는 것이다. 왜냐하면 그들은 이미 육을 가지고 있기 때문이다. 그러나 불신자와는 달리

---

17) George R. Beasley-Murray, *John*, Word Biblical Commentary 36 (Waco, Texas: Word Books, 1987), 13.

신자들은 그들의 육체 가운데에서 초자연적 기원을 보았다. 그들은 자연적 탄생이 충분하지 않으며, 만약 육체가 신성을 함유하지 못한다면 쓸모없는 것으로 생각했다. 그리하여 13절은 세상적인 기원과 초자연적인 기원을 대조하기 위해서 도입되었다. 이에 대한 브라운(R. E. Brown)의 지적은 적절하다.

> 여기서 '육'은 하나님과 반대되는 사악한 원리가 아니다. 오히려 그것은 천상적이며 실재하는 영역인 '영'과 대조되게 자연적인, 무능력한, 그리고 피상적인 영역이다.[18]

슈나켄버그(R. Schnackenburg)는 13절에서 또 다른 면을 찾아낸다. 그에 따르면,

> 하나님에게 속하였고 하나님으로부터 태어났다는 의식은 '요한적인' 기독교를 특징짓는다. 그리고 세상에 비해 우월한 존재라는 확실성을 수여한다.[19]

13절에 나타난 대조에 관한 한 이러한 학문적인 언급은 만족할만하다. 그러나 이러한 지적이 결여하고 있는 것은 하나님에게 속하였다는 신자들의 의식이 그들의 육체 밖에서가 아니라 육체 안에 있다는 또 다

---

18) R. E. Brown, *The Gospel According to John*(i-xii), vol. I (New York: Doubleday & Company, Inc., 1966), 12.
19) R. Schnackenburg, *The Gospel According to St John*, vol. I (New York: The Seabury Press, 1980), 263.

른 차원에 대한 이해가 없다는 것이다. 이러한 점은 종종 간과된다.

물론, 13절의 탄생은 바레트(C. K. Barrett)가 분명히 밝힌 것처럼 "그들의 탄생의 덕으로 그리스도가 올 때 받아들일 수 있는 사람들이 있었다"는 것을 지적하는 것이 아니다.[20] 오히려 그것은 이러한 탄생이 말씀인 예수(Jesus the Logos)를 믿는 것에 달려 있다는 것을 강조한다. 예수의 이름을 믿은 후에, 공동체 구성원들은 그들이 하늘로부터 왔다는 점을 확신하기 시작하였다. 그들은 자신들이 땅에 육으로 태어나기 전에는 하늘에 있었다고 생각했다. 예수의 천상적인 상태와 지상에서의 상태가, 전자는 단지 신성을 가지고 있고, 후자는 신성과 인성(육)을 동시에 가지고 있다는 점에서 구분될 수 있는 것과 같이, 공동체 구성원들의 천상의 상태와 지상의 상태는 정확하게 같은 방식으로 구분될 수 있다. 그들이 하늘에 있을 때, 그들은 영으로 신성의 수준에 있었다. 그러나 지금은 땅에서 신성과 육을 동시에 지닌, 아닌 좀더 정확하게는 육속에 내재하는 신성의 수준으로 낮아졌다. 신성과 인성을 동시에 포괄하는 수준은 신성을 배타적으로 지니는 수준보다 낮다. 이러한 점에서 그 공동체 구성원들은, 그들이 육속에서 신성을 보유하고 있다 해도, 그들이 땅에서 육으로 태어날 때, 배타적인 신성의 수준을 지닌 이전의 영광을 상실한 셈이다.

---

20) C. K. Barrett, *The Gospel According to St John. An Introduction with Commentary and Notes on the Greek Text*, 2nd ed. (London: SPCK, 1978), 164.

4. 신적공동체와 예수의 서열 관계

요한은 그 공동체의 구성원들이 예수보다 더 크지 않은 것으로 제시한다. 그들은 예수보다 작다. 왜냐하면 '하나님의 자녀'로서의 지위는 오직 예수에게 달려 있기 때문이다. 만약 그들이 그를 "받아들이지" 않는다면, 그리고 "그의 이름을 믿지" 않는다면, 그들은 "하나님의 자녀"가 될 수 없다(1.12).

다른 차원에서 예수에 대한 신자들의 종속은 14장 12-25절에 명확하게 나타나 있다. 그들은 자신들이 오직 예수를 사랑하고 그의 계명을 지켜야만(14.21) 비로소 예수와 아버지로부터 사랑을 받을 것이다. 월(D. Bruce Woll)은 명확하게 다음과 같이 주장한다.

> 요한복음서에서 예수를 믿는다는 것은 예수가 배타적이며 현저한 권위자임을 인정하는 것을 의미한다... 계승자는 예수를 믿고, 그의 계명을 지킴으로써 그의 사랑을 나타내 보이고, 그를 사랑하는 사람이다. 15-24절에 네 번에 걸쳐 저자는 계승자-대행자는 그의 말 곧 그의 계명을 지킨다는 의미에서 예수를 사랑하는 사람이라는 사실을 반복해서 지적한다. τερεῖν이란 단어는... 단지 '순종'이라는 의미뿐만 아니라 전승에 충실하고, 그것을 보존한다는 의미도 담고 있다.[21]

비록 월이, 자신들의 서열을 예수의 위치에 올려놓는 그 공동체의 카

---

21) D. Bruce Woll, *Johannine Christianity in Conflict: Authority, Rank, and Succession in the First Farewell Discourse* (Chico: Scholars Press, 1981), 92.

리스마적인 지도자들을 요한의 대적자라고 규정하는 점이 만족스럽지는 않지만, 그가 예수와 계승자 사이의 차이점을 강조한 것은 정당한 것으로 보인다. 14장 26절에 있는 언급 역시 예수에 대한 신자들의 복종의 견지에서 조명될 수 있다. "보혜사 곧 아버지께서 내 이름으로 보내실 성령 그가 너희에게 모든 것을 가르치고 내가 너희에게 말한 모든 것을 생각나게 할 것이다." 신자들은 지금 새로운 어떤 것도 가르치고 있는 것이 아니다. 그들은 단지 예수가 이전에 그들을 가르친 것을 가르칠 수 있을 뿐이다. 더 나아가, 엄격히 말하자면 신자들이 아니라 보혜사가 가르친다.

그러나 예수에 대한 신자들의 복종의 또 다른 면은 다음과 같은 구절들에서 밝혀진다. "너희가 내 말에 거하면 참으로 내 제자가 될 것이다"(8.31), "너희가 내 안에 거하고 내 말이 너희 안에 거하면 무엇이든지 원하는 대로 구하라 그리하면 이룰 것이다"(15.7), "누구든지 내 말을 드는 사람은… 영생을 가졌다"(5.24). 요한은 "의미의 변화없이 말씀(logos)을 대치하는 몇 개의 명사, 예를 들자면, 목소리, 명령, 증거 등을 사용하고 있다."[22] '내' 안에 거하는 것과 '내 말(들)' 안에 거하는 것은 밀접한 관련을 갖고 있다. 공동체 구성원들은 직접적으로 예수 안에 거하지 못하고 그의 말을 통해서 거한다. 마이니어는 다음과 같이 논증한다.

그러나 말씀이 들려지는 곳, 거기에 예수는 현존한다. 이러한 특징은

---

22) P. S. Minear, *John, The Martyr's Gospel*, 94.

구술자와 독자간의 높은 관련을 갖는다. 왜냐하면 죽음 이전에 그들은 예수 자신을 볼 수 없기 때문이다. 그리고 지금 그에게 그들이 접근할 수 있는 유일한 길은 누구인가에게서 중재되는 대로 그의 말을 듣는 것이기 때문이다. 이러한 사실은 왜 요한이 이 말씀을 듣는 것을 비중 있게 강조했는지를 설명하는 데에 도움을 준다.[23]

마이니어의 설명은 상당한 설득력을 지닌다. 그러나 이 설명에서 결여된 것은 실제로 요한이 드러내고자 하는 것을 입증하는 것과 관련된 읽기이다. 말을 바꾸면, 요한의 진술들에 감추어진 사회학적 함의가 규명되어야 한다는 점이다. 이러한 진술들에서 요한은 신자들이 예수에 의존하고 있다는 점에서 예수와 신자들이 구분된다고 암시한다. '네가 만일' 그리고 '누구든지' 라는 형식은 명백한 조건을 제시한다. 만약 그 조건이 성취되지 않으면, 그들은 "진정으로 그의 제자들"이 아니고 (8.31), 그들이 요구한 것은 "그들을 위해서 실행되지" 않을 것이며(15.7), 그리고 그들은 "영생"을 얻지 못할 것이다(5.24). 이러한 조건은 공동체가 그들 스스로를 예수와 동등한 지위에 올려놓고자 하는 오해를 수정하고 반박하고자 애쓰는 사회적 정황을 반영하고 있다.

요한은 예수에 대한 신자들의 의존을 강조한다. 그들은 예수보다 더 위대하지 못하다. 예수는 아버지가 한 것처럼 "그들을 세상으로 보낸다"(17.18). 요한의 예수는 "보냄을 받은 자가 보낸 자보다 크지 못하다"고 말한다(13.16). 신자들이 천상의 신적 영광을 성취하는 일은 예수가

---

[23] *Ibid.*, 95.

그들을 위해서 기도하는 것에(17.9), 그리고 예수의 승인에 달려 있다. "내게 주신 영광을 내가 그들에게 주었사오니"(17.22). 예수의 수여하는 행위 없이는 그들은 영광을 받을 수 없다.

5. 결어

요컨대, 요한공동체는 스스로 자신을 하늘로부터 내려온 자들로 규명했다. 그들의 천상의 삶은 신성으로 가득 찼다. 이제 그들은 자신들이 육으로 지상에 내려옴으로써 신성만으로 구성된 이전의 영광을 상실하고 육 속에 깃든 신성 또는 신성 속에 깃든 육을 지니게 되었다. 이러한 인성과 신성의 결합은 신의 영광을 회복하고 신성으로만 가득찬 예수에게 의존적인 형태를 취하게 했다. 이는 마치 지상의 예수가, 아버지는 자신보다 크다고 천명했던 것과 같다. 그들은 자신들의 완전한 신성 회복 역시 예수의 주도에 의해서만 가능한 것으로 이해했다. 요한은 예수의 천상의 삶, 지상에로의 하강, 천상에로의 상승을 신성의 삶, 신성의 부분 상실, 신성의 완전 회복이라는 삼중 패턴으로 구조화 시켰다. 바로 이러한 구조화 역시 요한공동체의 삼중 패턴식 자기 이해의 현저한 전이 표출 중 하나라 하겠다.

제10장
요한의 예수와 영생공동체

제10장
요한의 예수와 영생공동체

1. 서언

요한복음서의 '영원한 생명'은 공관복음서의 '하나님 나라'와 비견될만한 주요한 개념이다. 지금까지 요한복음서의 영원한 생명은 주로 소위 개인주의적이고 영적이며, 신학적인 차원에서 연구되어 왔다.[1] 그 결과 영원한 생명의 사회학적 함의에 대한 추구는 거의 이루어지지 않았다. 이 장의 목적은 요한복음서의 영원한 생명의 특징을 요한의 예수 및 요한공동체와 밀접히 연관시켜 규명하려는 것이다. 여기서는 영원한 생명과 관련된 요한공동체의 정황 및 영생의 근거와 전제, 그리고 영생의 형태가 집중적으로 다루어질 것이다. 요한공동체와의 긴밀한 관련성 속에서 요한복음서의 영원한 생명을 해석하려는 이 장의 시도는 영원한 생명에 대한 이해의 지평을 확장하는데 부분적으로 기여할 것이다.

---

[1] R. Schnackenburg, *The Gospel of according to St. John*, vol. II (New York: The Seabury Press, 1980), 352-61.

2. 요한의 예수와 요한공동체의 영생의 근거

구약과 제2성전 시대의 유대교(들)에서는 오직 야웨 하나님만이 영원한 생명을 주는 존재로 찬양되었다.[2] 공관복음서도 하나님을 창조자이자 모든 생명을 유지하는 존재로 전제한다(마 26.63; 막 12.29; 눅 10.21 등등). 그러나 동시에 예수가 생명을 비롯한 하나님의 은혜를 세상에 전달한다고 주장한다(마 11.25-27; 막 2.1-12; 눅 7.11-17).[3] 요한복음서에서도 예수는 하나님을 "유일하신 참 하나님"(17.3), "살아 계신 아버지"(6.57), "거룩하신 아버지"(17.11) 등으로 부른다. 이 표현들은 하나님이 창조자이자 모든 생명을 유지하는 유일한 존재임을 강조한다.[4] 그러나 동시에 이 생명은 또한 오직 예수를 통해서만 가능해진다고 주장한다(6.68). 이와 같이 하나님과 예수, 그리고 생명의 관계에 대해 공관복음서와 요한복음서가 일치하는 사상이 있는 반면, 그 사이의 차이점 또한 지적되어 왔다. 비슬리-머레이(G. R. Beasley-Murray)에 따르면 요한은 공관복음서의 미래적 생명 개념과는 달리 현재적 생명을 말한다.

"제4복음서와 구약, 초기 유대교 문헌, 그리고 공관복음서의 '생명' 개념 사이에는 주요한 차이가 있다. [요한을 제외한] 이 모든 문헌에 '생명' 혹은 '영생'은 미래적 소망이다. 왜냐하면 다가올 하나님의 나라 안에 생명이 있기 때문이다. 그러나 제4복음서에서 하나님의 생명은 특징적

---

2) Rex Mason, *Old Testament Pictures of God* (Oxford: Smyth and Helwys, 1993).
3) David Arthur Desilva, *Honor, Patronage, Kinship & Purity: Unlocking New Testament Culture* (Downers Grove, Ill.: InterVarsity Press, 2000), 126-41.
4) Richard J. Bauckham, *God Crucified: Monotheism and Christology in the New Testament* (Grand Rapids: Eerdmans, 1999), 7ff.

으로 현재에 주어진다."5)

　실제로 요한의 예수는 믿는 이들이 현재 생명을 이미 가지고 있다고 여러 곳에서 선언한다(3.36; 4.14; 6.47, 53; 17.3). 5장 24절은 대표적인 구절로 꼽힌다.

　　"진실로 진실로 내가 너희에게 말한다. 나의 말을 듣고 나를 보내신 분을 믿는 사람은 영원한 생명을 갖고 심판에 이르지 않는다. 다만 그는 사망에서 생명으로 옮겨갔다."

　물론 요한복음서에도 현재적 생명 개념에 쉽게 흡수되지 않는 미래적 생명과 부활에 대한 구절들이 존재한다(5.28-29; 6.39, 40ff; 12.48 등등). 이런 구절들은 요한의 생명이 현재적 전망으로만 단일하게 처리될 수 없음을 보여준다. 그러나 그런 구절들의 중요성을 강조하는 학자들조차도 요한복음서에 현저하게 나타난 생명의 현재적 성격을 부정하지 않는다. 가령, 리더보스(H. Ridderbos)는 불트만의 명제, 곧 요한복음서의 미래적 생명 언급들이 후대 편집자의 우연적인 수정이나 부가이며 현재적 생명과 미래적 생명이 양립할 수 없다는 명제를 비판하지만 요한의 현재적 생명의 주도성을 긍정한다.6)

　공관복음서의 미래적 생명과 구별되는 요한의 현재적 생명은 어떤

---

5) G. R. Beasley-Murray, *Gospel of Life-Theology in the Fourth Gospel* (Peabody, Mass.: Hendrickson Publishers, 1991), 3.
6) Herman Ridderbos, *The Gospel of John,* trans. by John Vriend (Grand Rapids, Michigan: William B. Eerdmans Pub. Com., 1997), 199-200. 또 C. K. Barrett, *The Gospel according to St. John* (London: SPCK, 1978), 73f; 91f도 참고하라. 바레트 역시 두 개념의 공존을 자료나 편집의 문제로 해결하려는 방법론적 시도를 설득력이 없는 것으로 간주한다.

정황에서 선포된 것일까? 브라운(R. E. Brown)은 "요한복음서를 지배하고 있는 실현된 종말론은 파루시아의 무한정 지연에 대한 답변"이라고 추정한다.[7] 마틴(J. P. Martin)은 구체적으로 나사로 이야기를 들어(11장) 다른 기독교 공동체들(살전 4.13-17; 계 6.10; 14.13)처럼 요한공동체도 '파루시아의 지연' 과 '예수의 재림 전에 죽은 크리스천들의 운명' 에 관한 문제에 봉착해 있었다고 추정한다. 그에 따르면 나사로 이야기는 이러한 질문들에 대한 답변이다.[8]

일견 예수가 이틀을 지체한 것(11.6)이 이 추정의 근거로 사용될 수 있다. 그러나 요한복음서 내에서 예수의 지체는 '재림의 지연'에 초점이 있다기보다는 예수의 독립적인 사역 및 사역 시기 결정권과 관련되어 있다.[9] 곧 예수는 인간의 요구나 개인적 호감에 따라(11.5-6) 반응하여 행동하기 보다는 그의 독립적인 주권을 가지고, 그가 원하는 때에 움직인다. 콜로에(Mary Coloe)는 나사로 이야기에 반영된 요한공동체의 정황을 '재림의 지연' 보다는 '예수의 현존/부재의 문제' 로 규정한다.

"베다니와 가버나움의 가정들은 두 가지 기적이야기와 요한공동체에게 결정적인 문제, 곧 예수의 현존/부재의 문제를 밝혀주는 배경을 제공한다. …그러므로 이 두 가정들은 모두 예수의 부재를 경험하고, 치

---

7) R. E. Brown, *The Gospel according to John* (i-xii), vol. I (N.Y.: Doubleday & Company, Inc., 1966), Lxxxv-vi.
8) J. P. Martin, "History and Eschatology in the Lazarus Narrative: John 11,1-44," *SJT* 17 (1964): 332-43.
9) Charles H. Giblin, "Suggestion, Negative Response, and Positive Action in St. John's Portrayal of Jesus (John 2.1-11; 4.46-54; 7.2-14; 11.1-44)," *NTS* 26 (1980): 197-211. 마리아에 대한 예수의 반응(2장), 왕의 신하에 대한 예수의 답변(4장), 형제들에 대한 예수의 태도(7장) 등등은 요구 받은 예수가 그 요구에 따라 행동하지 않고 자신의 때와 행동을 독립적으로 결정하는 모습을 보여준다.

유/생명이 회복될 수 있도록 그의 현존을 요구한다."¹⁰⁾

그녀는 '예수의 부재' 와 이를 회복하기 위한 '예수에 대한 현존 요구' 가 나사로 이야기에 반영된 요한공동체의 결정적 문제라고 말한다. 그러나 정확히 말해서 마르다 및 마리아 가정에게 닥친 문제는 예수의 현존/부재의 문제가 아니라 예수의 부재를 절감하게 한 "예수의 사랑을 받는"(11.5) 나사로의 죽음이다. 곧 '예수의 사랑을 받는' 사람의 죽음이 문제이고, '병' 은 문제의 원인이며, 예수의 부재는 그 문제가 해결되지 않았던 이유이다.

나사로 이야기에서 일부 유대인들은 '예수의 부재' 외에 나사로의 죽음 문제와 관련된 또 다른 이유를 제시한다.

"그들 중 몇몇이 말하였다. 시각장애인의 눈을 뜨게 한 이 사람이 그 사람 역시 죽지 않게 할 수는(ἐδύνατο) 없었는가?"(11.37)

이 질문은 예수가 그 자리에 현존하고 있을 때 이루어진다. 예수는 그 자리에 현존한다. 마르다와 마리아가 제기한 죽음의 문제가 해결되지 않는 이전의 이유는 사라졌다. 그러나 눈물을 흘리는 예수를 보고 일부 유대인들은 "시각장애인의 눈을 뜨게 한 이 사람이 그 사람 역시 죽지 않게 할 수는(ἐδύνατο) 없었는가?"라고 질문한다. 슈나이더스(Sandra Schneiders)는 이 질문을 "어떻게 보냄을 받은 자(9.7)에 의해 세례적 씻음으로 눈이 열린 신자들이 죽을 수 있는가?"로 적절하게 재진술

---

10) Mary Coloe, "Households of faith (Jn 4:46-54; 11:1-44): a metaphor for the Johannine community," *Pacifica* 13 (3, 2000): 326-35, 인용은 329-30.

하였다[11] 다시 말해 일부 유대인들은 문제가 해결되지 않을 것 같은 이유를 예수의 부재가 아니라 '예수의 능력 부족'으로 상정한다. 일부 유대인들의 물음은 요한공동체 외부인들의 조롱 섞인 질문을 반영한 것이나 공동체 내에서 이 문제는 진지한 답변을 요구했다.

일부 학자들은 요한복음서의 특징적인 현재적 생명 개념을 파루시아 지연에 대한 답변으로 간주하고 특별히 나사로 이야기에 그 정황이 반영된 것으로 보았다. 그러나 나사로 이야기는 파루시아의 지연이 아니라 '예수의 사랑받는 사람의 죽음'이 요한공동체가 직면한 문제임을 드러낸다. 곧 사랑받는 사람의 죽음과 관련하여 요한공동체 내에 '예수의 부재'와 '예수의 능력 부족'의 질문이 일어나고 있었음을 보여준다. 요한의 예수는 이어지는 나사로 이야기에서 영원히 현존하는 존재로서의 자기 선언과 하나님과 동등한 주권적인 생명 수여를 통해 요한공동체 내에서 제기되는 질문들에 대해 답변한다.

예수는 자신의 영원한 현존과 현존이 담보하는 생명을 특징적인 '나-말'('I-Am' Saying)을 사용하여 마르다에게 선언한다(11.25-26).

> "예수가 그녀에게 말하였다. 나는 부활이고 생명이다. 나를 믿는 사람은, 심지어 그가 죽는다 해도, 살 것이다. 그리고 살아 있고 나를 믿는 사람은 영원히 죽지 않을 것이다."[12]

---

11) Sandra Schneiders, "Death in the Community of Eternal Life: History, Theology and Spirituality in John 11," *Interpretation* 41 (1987): 44-56, 인용은 48.
12) 25, 26절의 ἀποθάνῃ οὐ μὴ … εἰς τὸν αἰῶνα 번역에 대해서는 C. K. Barrett, *The Gospel according to St. John*, 396. 한편 마이니어는 이 구절에 분명한 모순이 있다고 주장하면서 '죽음'을 새롭게 해석하여 이 모순을 해결하려고 한다. 그에 따르면 "믿는 이들에게 면제되리라고 약속된 죽음은 아담과 그의 후손처럼 죄 가운데, 창세기 3장에 묘사된 대로 하나님의 분노와 저주 가운데 죽

예수의 '나-말'을 통한 자기 계시는 전통적 기독론, 예수가 단지 하나님의 생명을 중재하는 대리인이라는 기독론을 뛰어넘어 예수 자신이 영원한 생명의 근원임을 천명한다.[13] 요한복음서에서 '나-말'을 통한 자기 계시는 서막의 기독론, 곧 예수가 하나님이라는 기독론을[14] 확인하고 강화한다. 서막과 나머지 본문 사이의 관계에 대한 논란이 있지만 적어도 서막의 기독론과 '나-말'의 기독론 사이에는 현저한 통일성이 있다.

서막에서 예수는 선재하는 말씀이다. 이 말씀은 하나님과 함께 있는 하나님 자신으로 만물의 창조자이며 그 안에 생명을 갖고 있다. 이 생명은 사람들을 비추는 빛이며(1.1-4), 이 생명의 빛이 세상에 와서 빛으로 나아오는 사람들에게 생명을 준다(1.9-10). 그는 아버지 품속에 있는 독생자 하나님이다(1.18). 한 편 예수는 '나-말'을 통해 다음과 같이 선언한다. "나는 하늘에서 내려온 살아 있는 떡이다"(6.51); "나는 그[하나님]에게서 났다"(7.29); "나는 세상의 (생명의) 빛이다"(8.12); "아브라함이 나기 전에 내가 있다"(8.58)[15]; "나는 부활이고 생명이다"(11.25); "나는

는 죽음이다." Paul S. Minear, "The Promise of Life in the Gospel of John," *Theology Today* 49 (4, 1993): 485-99, 인용은 492. 반면 그에 따르면 제자들의 죽음은 예수처럼 섬기다가 죽는 희생적 죽음이고 이는 반드시 부활로 이어질 것이다. 그의 논증은 생명과 죽음을 육적/영적의 이분법으로 나누어 접근하는 기존의 시도를 넘어서 본문의 긴장을 해소하려 한다는 점에서 평가할 만하다. 그러나 마이니어의 논증이 다분히 바울적이라는 점은 차치하고서라도, 요한의 현재적 생명 개념을 뚜렷이 부각시키는 데에는 미치지 못하였다. 말을 바꾸면, 마이니어는 결국 현재 죄 가운데 죽지 않고 미래에 부활하는 미래적 생명을 말하는 데에 그치고 말았다. 이는 마지막 날에는 다시 살 것이라고 믿는 마르다의 고백과 다르지 않다. 반면 예수의 선언은 바로 그 마르다의 미래적 부활에 대한 생각을 수정하며, 현재적 생명을 선언한다.

13) Gerd Theissen, *Gospel Writing and Church Politics - A Socio-rhetorical Approach*, 게르트 타이센, 『복음서의 교회정치학』, 류호성 · 김학철 옮김 (서울: 대한기독교서회, 2002), 177-80; Marianne Meye Thompson, *The God of the Gospel of John* (Grand Rapids, Mich.: William B. Eerdmans Pub. Com., 2001), 87-92.

14) D. L. Mealand, "The Christology of the Fourth Gospel," *SJT* 31 (1978): 449-67.

15) " 요한의 그리스도의 선재는 논할 필요조차 없다. 요한 8:58은 이러한 선재를 지지하는 가장 강력한

길이요 진리요 생명이다"(14.6). 예수는 이와 같이 '나-말'을 통하여 그의 선재, 생명의 소유, 빛됨, 하나님에게서 나서 사람들에게 생명을 준다는 사실을 확인한다.

요한의 예수를 궁극적인 생명의 근원으로 천명된 하나님(6.57; 12.50)의 중재자로 철저히 규정하는 파이퍼(Roland A. Piper)는 '나-말' 자체도 예수의 배타적이고 우월적인 하나님의 중재자됨을 드러내는 것으로 한정하는 논리적 결함을 보여주었다.

> "11장 25절에서는 예수가 '부활과 생명'으로 선언되지만(異本에 유의하라), 이후 14장 6절에서 그는 '길이요 진리요 생명'으로 불린다. 후자는 [하나님에게로l] '접근'의 문제에 주의를 집중케 한다."16)

그러나 이러한 주장은 설득력이 부족하다. 왜냐하면 14장 6절 이하는 예수 선언의 초점이 하나님에게로의 '접근'이 아니라 하나님과 하나되어 동등한 자신을 계시하는 데에 있음을 알려 주기 때문이다. 예수는 아버지를 알고 보는 것과 자신을 알고 보는 것을 등치시킨다(14.7-9). 더 나아가 아버지와 예수 자신의 상호 포괄을 알려 자신과 하나님이 하나된 존재임을 선언한다(14.10-11).17)

단락 중에 하나이다." Edwin D. Freed, "Who or What was before Abraham in John 8:58?" *JSNT* 17 (1983): 52-59, 인용은 52. 이 구절은 '선재'를 말하는 것일 뿐 아니라 예수의 영원한 현재를 의미한다.

16) Roland A. Piper, "Glory, Honor and Patronage in the Fourth Gospel: Understanding the *Doxa* Given to Disciples in John 17," in *Social Scientific Models for Interpreting the Bible - Essays by the Context Group in Honor of Bruce J. Malina*, edited by John J. Pilch (Leiden: Brill, 2001), 281-309, 인용은 296, n. 23.

17) 예수와 하나님의 동등과 일치를 상호 포괄의 견지에서 바라 본 것으로 Joong Suk Suh, *The Glory in the Gospel of John: Restoration of Forfeited Prestige* (Oxford, OH: M.P. Publications, 1995), 109-10.

또한 '나-말'을 통한 선한 목자(10.7-16) 및 포도나무(15.1-8) 은유는 서막에서 사용되지 않은 심상으로 예수가 단순한 전달자가 아니라, 생명의 후원자이며 근원임을 밝힌다. 예수를 중재자로 한정시킨 파이퍼도 선한 목자라고 칭한 예수의 (생명의) 후원자됨을 부정하지 못한다.[18] 파이퍼는 예수 자신이 포도나무로서 가지에게 생명의 근원됨을 명확히 드러내는 '포도나무' 메타포에 대해서는 아예 함구한다. 그것은 그 메타포가 자신의 논조에 불리하기 때문이다.

예수의 영원한 현존 선언은 마르다와 마리아의 예수의 부재에 대한 아쉬움의 말(11.21; 11.32) 사이에 놓여 있다. 이는 예수의 현존 선언의 공허함을 드러내는 것이 아니라 예수의 육체적 현존만을 진정한 현존으로 생각하는 마르다와 마리아의 오해를 교정하는 것이다.

나사로가 병들고 죽어가는 그 현장에 예수가 육체적으로 있지 않은 것은 사실이다(11.15). 그러나 육체의 부재가 완전한 부재를 의미하는 것은 아니다. 육체로 거기 있지 않지만 예수는 나사로의 병의 결과를 알고(11.4), 나사로의 죽음과 소생을 안다(11.11). 육체의 부재와는 상관 없이 예수는 상황을 알고 또 통제할 수 있다.[19] 또한 육체의 부재는 사랑의 부재를 뜻하지 않는다. 나사로의 질병과 죽음의 현장에 예수는 없다. 그러나 그것이 예수가 나사로를 사랑하지 않는다는 것을 의미하지 않는다. 오히려 나사로는 사랑받는 자임이 재차 확인된다(11.2, 5). 예수는 도리어 거기에 있지 않았다는 것을 기뻐한다(11.15). 예수의 육체적 부재가 오히려 하나님의 영광과 예수의 영광을 계시할(11.4) 뿐 아

---

18) Roland A. Piper, "Glory, Honor and Patronage in the Fourth Gospel," 298. 파이퍼는 이 이미지가 한정적 후원자, 곧 중재자의 범위를 벗어나지 않는 후원자라고 주장하며 애써 그 의미를 축소한다.
19) 나사로 이야기 외에도 요한의 예수는 육체적 현존 없이 무화과나무 아래 있을 때의 나다나엘을 보고 (1.48), 육체적 현존 없이도 왕의 신하의 아들을 고친다(4.49-50).

니라 제자들 및 주위 사람들의 믿음을 불러일으키기 때문이다(11.15, 42, 45).[20] 더 나아가 진정으로 예수를 사랑하여 그가 아버지께로 돌아가 아들의 완전한 신적 영광이 회복되기를 바라는 사람이라면 육적인 예수의 부재, 곧 예수의 떠나감을 기뻐하였을 것이다(14.28). 왜냐하면 아버지께로 돌아가는 것은 그가 완전히 제자들을 떠나버리는 것이 아니라 육의 제한을 벗고 온전한 영광 중에 능력으로 영원히 오고 있는 (ἔρχομαι)[21] 것이기 때문이다(14.13-14, 28). 결국 문제는 예수의 육체적 부재가 아니라 영원히 현존하며 그것을 선언하는 예수를 제대로 인식하지 못하는 데에 있다.

한편 나사로 이야기에서는 예수의 현존이 가져오는 생명 수여의 능력 역시 하나님과 같은 수준으로 제시된다. 예수는 죽은 지 4일이 지난 나사로를 살린다(11.43-44). 죽은 사람을 살리는 일이 구약에서 전혀 없는 것은 아니다. 엘리야와 엘리사는 과부의 죽은 아들을 살렸다(왕상 17.17-24; 왕하 4.31-37). 그러나 그 기적이 무덤에 들어가서 부패한 몸을 대상으로 이루어지지는 않았다. 부패한 몸을 소생케 하는 일은 오직 하나님에게만 국한된 일로 여겨졌다. 이것이 가장 잘 드러난 곳은 에스겔서이다(37.1-14). 그곳에서 에스겔은 하나님이 죽은 뼈들을 살려내는 이상을 묘사한다. 나사로가 죽은 지 4일이 되어 그 시체에서 냄새가 난다는 마르다의 말(11.39)은 유대인들의 통상적 생각에서 소생의 가능성이 완전히 없어진 상태를 강조하는 말이다.[22] 그러나 예수는 하나님

---

20) Sandra Schneiders, "Death in the Community of Eternal Life: History, Theology and Spirituality in John 11," 51.
21) 현재 직설법으로 반복되는 행동이나 상태를 뜻한다.
22) 람비적 생각에 따르면 영혼은 3일간 몸 주위를 배회한다. 이 기간이 넘으면 죽음은 되돌이킬 수 없다. "3일째 되는 때부터 격렬하게 통곡하기 시작한다. 삼 일 동안은 무덤으로, 다시 말해서 몸으로 귀환할 수 있다. 그러나 몸의 색깔이 달라진다면 그 때는 완전히 가 버리는 것이다"(Str-B 2:544 *Gen.*

에게만 속한 부패한 몸에 생명을 주는 생명의 수여 능력을 보여주었다. 오히려 육체적 죽음에 직면하여 관건이 되는 것은 예수의 능력 부족이 아니라 마르다의 불신이었다(11.39).

나사로 이야기는 요한공동체 내에 '예수의 사랑받는 사람'의 죽음과 관련하여 예수의 부재와 능력 부족의 질문이 제기되었음을 보여준다. 이에 요한은 비록 육을 입고 이 땅에 왔지만 예수가 영원히 현존하는 영원한 생명의 근거이자 주권적 수여자임을 그의 복음서를 통해 밝힌다. 이를 통해 요한공동체가 겪고 있던 '죽음의 문제'는 실상 하나님과 하나된 예수에 대한 앎(17.3)의 부족과 그의 능력에 대한 불신에서 기인하였다고 주장한다. 이는 영원한 생명의 근거인 예수로부터 모든 이들이 자동적으로 영원한 생명을 얻는 것이 아님을 보여준다. 요한복음서는 영원한 생명을 얻을 수 있는 여러 전제에 대해 말하고 있다.

3. 요한의 예수와 요한공동체의 영생의 전제

유일한 생명의 근거인 하나님과 그와 하나된 예수에 대해 어떻게 반응하느냐가 영원한 생명 획득의 전제가 된다. 적절한 반응은 영원한 생명의 수여를 가져오지만 그릇된 대응은 오히려 심판을 불러 온다. 요한복음서는 전체에 걸쳐 하나님과 예수에 대해 상반된 두 종류의 반응 양식을 보도하는데, 대표적으로 요한복음서 3장 16-21절은 하나님

Rab. 100[64a]). Mary Coloe, "Households of faith (Jn 4:46-54; 11:1-44): a metaphor for the Johannine community," 331에서 재인용.

과 아들, 그리고 세상 사이에 펼쳐진 하나의 시나리오를 제시한다. 하나님은 세상을 사랑하여 그의 독생자를 보낸다. 하나님이 아들을 보냄은 세상을 심판하려 함이 아니고 세상이 구원을 얻게 하려는 것이다. 그러나 이에 대한 반응은 두 가지로 갈린다. 한 부류는 독생자를 '믿고' 영생을 얻는다. 반면 다른 이들은 '믿지 않음'으로 심판을 받는다. 독생자는 빛으로 은유된 채 엇갈린 반응이 다시 한 번 소개된다. 자신의 행위가 악한 사람은 빛보다 어둠을 '사랑'하여 빛을 '미워' 하고 빛으로 '오지 않는다.' 반면에 진리를 따르는 자는 빛으로 '나아온다.'

위에서 요한은 '예수를 믿음'과 '빛으로 나아옴'을 생명의 하나님과 예수에게 적절하게 응답하는 것으로 소개한다. 요한은 이외에도 올바른 반응 방식으로 '증언'(1.7-8, 45); '영접'(1.11-12), '믿음'(2.11; 3.16-17), '순종'(3.36), '사랑'(5.42), '먹고 마심'(6.53-54), '영광 돌림'(9.33), '섬김'(12.26), '계명 준수'(14.21), '머뭄'(15.4), '앎'(17.3) 등을 일일이 열거할 수 없을 정도로 풍부하게 가지고 있다. 이 각 항목들은 또한 서로 독립적이고 개별적인 것이 아니라 서로 밀접하게 연결되어 있다. 가령, '믿음'은 '영접'(1.11-12) 및 '순종'(3.36)과 뗄 수 없게 연결되어 있다.[23]

영생 수여의 전제가 되는 반응 중에 특별히 '사랑'은 다른 복음서에

---

23) 드실바(David Arthur Desilva)는 당대 지중해 세계에서 현저했던 후원자-수혜자 체제의 언어를 통해 신약에 나타난 적절한 반응 방식을 다음과 같이 구분한다. 1) 하나님을 향한 감사, 2) 하나님의 명예와 영광, 그리고 자비에 대한 인식의 공공연한 증진, 3) 말 뿐 아니라 행동을 통한 명예와 영광의 증진, 4) 하나님을 향한 충성, 5) 하나님에 대한 충성 때문에 생긴 고통을 감수, 6) 과거의 은혜 뿐 아니라 미래의 은혜에 대한 신뢰, 7) 하나님의 은혜를 받은 데로부터 오는 선행, 순종, 덕의 실행, 8) 하나님의 행위를 모방함, 9) 하나님이 가지고 있는 목적을 이룸 등등. David Arthur Desilva, *Honor, Patronage, Kinship & Purity: Unlocking New Testament Culture*, 141-48. 요한복음서 역시 각 부분에 해당하는 반응 방식을 갖고 있지만, 그의 분류에 포함되지 않는 특징적인 것 역시 있다.

서는 찾아볼 수 없는 하나님과 예수, 그리고 제자들 사이의 역동성과 요한의 특성을 잘 드러내 준다. 14장 21, 23절은 사랑과 영생의 전제인 예수의 현존을 뚜렷이 연결시킨다.

"나의 계명들(τὰς ἐντολάς μου)을 가지고 그것들을 지키는 그 사람이 나를 사랑하는 사람이다. 그리고 나를 사랑하는 사람은 나의 아버지에게 사랑을 받을 것이다. 그리고 나도 그를 사랑하여 그에게 내 자신을 나타낼 것이다(ἐμφανίσω). …예수가 대답하여 그에게 말하였다. '나를 사랑하는 사람이라면 그는 나의 말(τὸν λόγον μου)을 지킬 것이다. 그리고 나의 아버지가 그를 사랑할 것이고 우리가 그에게 가고, 그와 함께 거처(μονὴν)를 만들 것이다.'"

'나타낼 것이다' 와 '거처를 만든다' 는 현존을 뜻하는데,[24] 요한의 예수는 자신을 사랑하는 사람에게 생명을 담보하는 현존을 약속한다. 그런데 요한의 예수에 따르면 자신에 대한 사랑은 오직 '나의 계명/말', 곧 예수의 계명을 지키는 데에서 입증된다.

계명으로 번역된 'ἐντολή' 는 요한복음서에서 총 10번이 나타나는데 그 중 예수가 '나의 아버지의 계명들' (τὰς ἐντολὰς τοῦ πατρός μου)과 구분하여[25] '나의 계명들' (τὰς ἐντολάς μου)으로 부르며(15.10) 제자들에게 준 '새로운 계명' (ἐντολὴν καινὴν)은 '서로 사랑'의 계명 뿐이다(13.34).

---

24) '나타낼 것이다' 는 이어지는 14.22을 제외하고 요한복음서는 물론 신약 전체에서도 여기에 쓰인 의미로는 단 한 번도 사용되지 않는다. 이는 구약(출 33.13, 18)과 고대 유대교 문헌(Philo, L. A. III, 101; Josephus, Ant. XV, 425)에서 하나님의 현현을 위해 사용되던 단어였다. 'μονὴν' 도 요한에서 특징적으로 사용되는 'μένειν' 의 명사형으로 아버지와 아들의 영원한 현존을 뜻한다. C. K. Barrett, The Gospel according to St. John, 465-67.
25) 12.50에서는 아버지의 계명을 '그의 계명' (ἡ ἐντολὴ αὐτοῦ)으로 부른다.

예수는 서로 사랑의 계명을 지키는 이들이 바로 자신의 제자요 친구라고 선언한다.

> "내가 너희에게 새로운 계명을 준다. 너희들은 서로 사랑하라. 내가 너희를 사랑한 것과 같이 너희도 또한 서로를 사랑하라. 너희가 서로를 사랑한다면 이를 통해 모든 사람들이 너희가 나의 제자인 것을 알 것이다"(13.34-35); "이것이 나의 계명이다. 곧 내가 너희들을 사랑한 것과 같이 너희는 서로를 사랑하라. … 내가 너희에게 명령한 것을 행한다면 너희는 나의 친구이다"(15.12, 14).

예수는 자신의 서로 사랑의 계명을 통해 자신에 대한 사랑과 제자들 사이의 서로 사랑을 구분하지 않고 철저히 연결시킨다. 곧 영원한 생명을 담보하는 예수의 현존은 예수에 대한 사랑과 구분되지 않는 '서로 사랑'의 전제를 갖는다(참고. 요일 4.20-21). 예수를 사랑하는 사람은 반드시 '서로 사랑'의 계명을 지키고, '서로 사랑'을 하는 사람이라야 예수를 사랑하는 제자이고 친구일 수 없다. 이는 아버지에 대한 사랑과 아들에 대한 사랑을 일치시키고, 아들에 대한 사랑은 아버지에 대한 사랑을 의미한다는 요한의 다른 언급(5.40-42; 8.42; 16.27)과 상통한다. 그렇다면 영원한 생명의 현존을 가져오는 서로 사랑은 요한공동체에게 구체적으로 무엇을 요구하는 것일까? '서로 사랑하라'는 계명에 대해 오데이(Gail R. O' Day)는 다음과 같이 설명한다.

> "서로 사랑의 명령을 마태 및 누가에 있는 윤리적 교훈의 풍부함과 다양함에 비교해 볼 때 요한의 윤리는 종종 부족한 것으로 간주되었다.

예를 들어 마태나 누가에서 예수는 원수를 사랑하라고 명령한다. 그러나 요한의 예수는 단지 한 가지, 곧 내가 너희를 사랑하는 것처럼 너희도 서로 사랑하라고 명령한다. … 서로 사랑하라는 계명은 본질적으로 분파적이다. 곧 그것의 최우선적 초점은 기독교 공동체의 생명에 있다."26)

그러나 카슨(D. A. Carson)은 서로 사랑의 범위에 대한 오데이의 주장과 오데이가 소개한 서로 사랑의 윤리적 부적절성에 대한 일부의 견해27)를 정면으로 반박한다.

"적지 않은 학자들은 제4복음서가 - 단지 새 계약 공동체 구성원들 사이의 사랑이 아니라 원수 사랑의 명령(마 5.43-47)이 내려진 - 산상수훈에 비해 사랑에 대해 낮은 기준을 제시한다고 제안한다. 이것은 요한 공동체가 협소하고 분파적이라는 증거로 채택되어 왔다. 이런 비난은 매우 보잘 것 없는 생각이다. 요한복음서는 예수의 제자들 역시 보냄을 받은(20.21) 세상에 대한 하나님의 사랑(3.16)을 주장한다. 요한복음서는 예수가 세상의 구세주라고 고백한다(4.42). 이 사랑은 산상수훈에서 요구된 사랑보다 열등한 것이 아니다. 사랑의 초점이 다른 것이다. … 서로 사랑은 아버지와 아들의 서로 사랑을 반영하고, 그들이 본 사랑을 모방하면서 하나님의 자녀로서 그들의 새로운 지위와 경험을 반영하는 것이어야 한다."28)

---

26) Gail R. O'Day, "John," in *Women's Bible Commentary*, eds. by Carl A. Newsom and Sharon H. Ringe (Louisville, Kentucky: John Knox Press, 1992), 302.
27) '서로 사랑'을 윤리적인 측면에서 공관복음서와 비교하여 가장 신랄한 비판을 가한 견해는 Jack T. Sanders, *Ethics in the New Testament: Change and Development* (Philadelphia: Fortress, 1975), 100.

카슨의 비판은 부분적으로 적절하고, 부분적으로 설득력이 떨어진다. 카슨의 주장대로 요한의 서로 사랑을 산상수훈의 원수사랑과 비교하여 그것이 '사랑에 대해 낮은 기준'이라고 폄하할 수 없다. 그러한 비교는 각 복음서가 처한 사회학적, 역사적, 문학적 맥락을 고려하지 않은 단편적 비교이다.[29] 카슨의 지적대로 서로 사랑과 원수 사랑은 그 초점이 다르다. 그러나 그 다른 초점에 대한 카슨의 설명은 설득력이 부족하다.

카슨은 요한복음서의 사랑이 '서로 사랑'에 국한되어 분파주의적 특색을 띤다는 점을 거부하면서 요한복음서에서 세상이 하나님의 사랑의 대상으로 등장하기 때문에 서로 사랑이 세상에 대한 사랑을 배제하지 않는다고 말한다. 더 나아가 리더보스는 카슨의 의견과 일치된 견지에서 서로 사랑이 세상을 향한 (선교적) 의미를 갖는다는 견해를 덧붙인다.[30] 그러나 고별연설 속에 등장하는 서로 사랑은 철저히 요한공동체에 한정된 사랑을 의미하고, 세상을 향한 선교적 의미를 갖기 보다는 공동체의 보전과 관련되어 있다.

예수는 세상과 '내게 주신 자들' 사이를 명확히 구분한다. 예수는

---

28) D. A. Carson, *The Gospel according to John* (Grand Rapids, Michigan: William B. Eerdmans Pub. Com., 1991), 485.
29) 오데이는 '서로 사랑'이 사랑에 대한 낮은 기준이라는 평가를 다른 방식으로 거부한다. "실제로 교회나 개별적인 신앙공동체의 역사는 '서로 사랑'이 예수가 요구할 수 있었던 가장 어려운 요구였음을 보여준다. 매일 자신과 함께 살고, 일하고 예배하는 사람들을 사랑하는 것보다 자신의 원수를 사랑하는 것이 더 쉬운 상황들이 많이 있다." Gail R. O'Day, "John," 302.
30) H. Ridderbos, *John*, 477. 이는 "요한복음서에서, 신자들은 '세상'을 향해 아무런 의무도 없고 오직 자신처럼 세상으로부터 구원받은 사람들에게만 모종의 의무를 지닐 뿐"이라는 입장에 대한 비판이다. J. L. Houldern, *Ethics and the New Testament* (New York: Oxford University Press, 1973), 36. Richard B. Hays, *The Moral Vision of the New Testament: Community, Cross, New Creation; A Contemporary Introduction to New Testament ethics*, 리차드 헤이스, 『신약의 윤리적 비전』 유승원 옮김 (서울: IVP, 2002), 227에서 재인용.

17장 9절에서 오직 그들을 위해 빈다.

> "나는 그들을 위해서 간구합니다. 세상을 위해 간구하는 것이 아니라 [하나님이] 내게 주신 사람들을 위해 간구합니다. 왜냐하면 그들은 아버지[31]의 것이기 때문입니다."

고별연설에서 세상이 예수의 간구 대상에서 누락된 것은 세상이 더이상 하나님의 사랑의 대상이라기보다는 책망의 대상이며(16.8) 예수와 아버지에게 속한 사람들을 미워하는 주체이기 때문이다(15.18-19; 17.14). 세상은 아버지의 것이 아니라 한 임금, 곧 세상의 임금에게 속해 있다(14.30; 16.11. 참고 12.31).[32] 제자들이 곡하고 애통해 할 때 세상은 기뻐하며, 제자들이 근심할 때 세상은 기뻐한다(16.20). 예수는 이런 세상을 (사랑하는 것이 아니라) 이긴다(16.33). 그러므로 그는 세상에 놓인 제자들을 하나가 되게 하여 세상으로부터 보전해 달라고 하나님께 간구한다(17.11-12, 15). 한편, 예수를 대적하는 이들은 하나님으로부터 오는 영광과 사랑을 거절하고 반대로 그들끼리 서로 영광을 주고받는 대칭적 행동을 보여준다(5.44). 요한일서 저자는 세상과 대결 관계에 놓인 요한의 서로 사랑[33]의 에토스를 명확히 표현한다. "이 세상이나 이 세상에

---

[31] '아버지'는 하나님을 가리키는 'σοί'를 의역한 것이다.
[32] 요한은 예수와 이 '세상'의 임금과의 대결을 통해 세상에 대한 부정적인 측면을 강조한다. 예수의 죽음을 이 세상 임금과의 우주적 전쟁으로 파악한 것으로는 Judith L. Kovacs, "'Now Shall the Ruler of This World be Driven out': Jesus' Death as Cosmic Battle in John 12:20-36," *JBL* 114 (2, 1995): 227-47.
[33] 예수의 계명은 제자들 사이의 '서로 사랑'이지만, 요한은 아버지-아들-제자들이 각각 서로 사랑의 관계로 맺어져 있음을 보여준다. 곧 아버지는 아들을 사랑하고(3.35), 예수를 사랑하는 사람들을 친히 사랑한다(16.27). 아들 또한 아버지를 사랑하고(14.31), 자기 사람들을 사랑한다(13.1). 사람들 역시 사랑의 하나님과 예수를 사랑해야 한다(5.42; 16.27). 곧 아버지-아들은 서로 사랑하고, 아들-제자들 역시 서로 사랑하며, 아버지-제자들 역시 서로 사랑의 관계로 설정된다.

있는 것들을 사랑하지 말라 이 세상을 사랑하는 사람은 그 안에 아버지의 사랑이 없다"(2.15).

서로 사랑은 예수가 보이지 않을 때에(13.33) 적대적인 세상에 놓인 공동체에게 주어진 계명이다. 서로 사랑이 세상에 제자들의 정체를 세상에 알려주기는 하지만(13.35) "요한복음서는 결코 비-그리스도인인 이웃들을 사랑해야 한다고 말하지 않는다."[34] 서로 사랑은 예수의 육체적 부재 시에 세상과 적대적 관계에 놓여 세상에 대한 애착을 끊고 세상으로부터 핍박과 환란, 그리고 근심에 처한 공동체(14.1, 27; 15.20; 16.2, 6; 17.14)를 향하여 한정된 계명이다. 그러므로 서로 사랑의 목적 또한 단순히 세상을 향해 자신들의 제자됨을 입증하는 선교적 차원에 있지 않다.

말리나(Bruce J. Malina)와 로어바우(Richard L. Rohrbaugh)는 문화인류학적 접근을 통해 서로 사랑의 의미를 공동체와 관련시켜 설명한다.

> "지중해 세계에서 사랑은 항상 근본적으로 특정 그룹, 곧 가족, 마을이나 도시지역, 인종적 그룹, 가상적 친족 그룹 등등에의 애착을 의미한다. 이 단어는 또한 하나님을 향한 애착에도 사용될 수 있다. … 초점은 가상적 친족관계나 우정에 놓여있다. 여기서 서로 사랑은 일반적인 그룹 애착 이상이다. 그것은 상호인격적 애착, 충성, 구체적인 행동에서 드러나는 신뢰성의 차원을 갖는다. 이것은 상호 충성이다(요한의 반언어성 [antilanguage]에서 이는 또한 믿음, 신뢰, 신앙과 같은 종류의 단어로 불린다). 상호 충성의 결속은 사회적이며, 외부적으로 천명된, 또한 감정에 깊이 근거를 둔 헌신과 연대의 행동이다."[35]

---

34) 타이센, 『복음서의 교회정치학』, 190.

말리나와 로어바우는 '사랑', 그리고 '서로 사랑'이 공동체 내에서 헌신과 연대의 행동임을 적절히 지적했지만 그 헌신과 연대의 목적이 요한공동체의 보전과 밀접히 관련되어 있음은 파악하지 못하였다. 서로 사랑 혹은 상호 충성의 목적은 구성원들의 소속감의 만족이나 보존이 아니라 구성원들이 소속된 공동체, 곧 요한공동체의 보전이다. 이는 예수가 "친구들을 위하여 자기 목숨을 버리는" 사랑을 가장 큰 사랑으로, 또 서로 사랑의 구체적 행동으로 제시한 데에서 분명하게 드러난다(15.12-15).

예수가 말하는 '친구들'[36]은 개인적 차원에서 친분을 갖고 있는 불특정한 사람들을 가리키는 것이 아니라 요한공동체 구성원들을 가리킨다(참고. 요일 3.16). 친구 사랑을 실행하는 요한공동체 구성원들은 하나의 개인으로서 다른 개인을 사랑하는 것이 아니라 요한공동체에 속한 하나의 구성원으로서 다른 구성원들을 사랑한다. 또 친구들을 위한 죽음은 단지 그 구성원 각 개인들을 위한 죽음이 아니라 각 구성원들이 속한 공동체를 위한 죽음을 의미한다. 말을 바꾸면, 서로 사랑의 대상이 '개인'이 아니라 '공동체의 다른 구성원'이라는 것은 사랑의 요구가 대상의 개인적 가치 때문이 아니라 그가 요한공동체의 구성원이라는 데에 있다는 뜻이고, 요한공동체의 구성원들을 위해 죽으라는 말은 그 구성원 각 개인보다 요한공동체 자체의 가치가 우선적임을 보여준다. 이와 같이 개별적 개인보다는 집단에 우선적 가치를 둔 행동의 격려는 1세기 지중해 세계 사람들의 '집단 지향적 인격체'[37]를 고

---

35) Bruce J. Malina, and Richard L. Rohrbaugh, *Social-Science Commentary on the Gospel of John* (Minneapolis: Fortress Press, 1998), 228.
36) 당대 후원자 체제의 주요 용어로서 '친구들'에 대해서는 S. J. Kim, *Reading John in the Greco-Roman Mediterranean Society* (Seoul, Korea: Handle, 2003), 59-67을 참조하라.

려할 때 어렵지 않게 이해된다.

> "이러한 문화적 지역에 있는 사람들은 '차별화되지 않은 가족적 집단 자아'를 공유한다. 그들은 우선적으로 그들 자신이 소속되었다고 발견한 집단의 일부분이다. 그들은 심리학적 자각의 발전적 기본단계들을 거치면서 오직, 그리고 단지 그들 스스로를 발견한 그룹 때문에 존재하고 있다는 것을 끊임없이 드러낸다. 그 그룹이 없다면 그들은 존재하기를 그치는 것이다(강조, 필자)."[38]

이런 집단 지향적 인격체의 사회, 집단의 존재가 개인의 존재를 가능케 한다고 여겨지는 사회에서는 자신들의 존재 근거인 집단을 위한 희생이 대단히 명예롭고 가치 있는 것으로 찬양된다. 1세기 그레코-로마 세계에서 같은 집단의 동료 혹은 친구를 위하여 목숨을 버리는 행위는 대단히 고귀한 행동으로 추앙받았다. 특히 전쟁과 같은 위기 상황에서 그와 같은 행동은 적극적으로 장려되었다. 가령, 로마제국은 전쟁에서 동료를 구한 이들에게 '나무관'(corona civica)을 수여하여 그의 명예를 드높였다.[39] 좀 더 정확히 말하면, 그의 명예는 개별적인 동료 각 개인을 구한 데에서 오는 것이 아니라 '조국'의 병사를 구했다

---

37) Bruce J. Malina, *The New Testament World: Insights from Culture Anthropology*, 브루스 J. 말리나, 『신약의 세계 - 문화 인류학적 통찰』, 심상법 옮김 (서울: 솔로몬, 2000), 115-53.
38) Bruce J. Malina and Jerome H. Neyrey, "First-Century Personality: Dyadic, Not Individual," in *The Social World of Luke-Acts: Models for Interpretation*, ed. by J. H. Neyrey (Peabody, Mass.: Hendrickson Publishers, 1991), 73.
39) T. R. Stevenson, "The Ideal Benefactor and the Father Analogy in Greek and Roman Thought," *Classical Quarterly* 42 (2, 1992): 421-36, 인용은 421. 이는 비단 군인에게만이 아니라 지도자로서 국가와 같은 하나의 조직체를 구한 사람에게도 주어졌다. 키케로가 콘술이었던 카틸리나(Catilina)의 음모를 발견하고 이를 진압했을 때 그는 원로원으로부터 '조국의 아버지'(pater patriae)라는 칭송과 함께 코로나 키비카가 주어졌다.

는, 그래서 '조국'을 구했다는 데에서 오는 것이다.

  영원한 생명을 담보하는 예수의 현존은 예수를 사랑하는 사람들에게 약속되었다. 예수는 영생의 전제가 되는 자신에 대한 사랑이 자신의 계명 준수와 다르지 않다고 말하는데, 예수가 주는 새로운 계명은 서로 사랑이다. 이로써 예수는 자신에 대한 사랑과 서로 사랑을 긴밀히 연결시켜 자신을 사랑하는 것이 제자들 사이의 서로 사랑과 다르지 않다고 가르친다.

  '서로 사랑'은 요한공동체 구성원들의 상호 충성과 헌신, 그리고 연대를 통해 공동체의 보전을 목적으로 하며, 이를 통해 (분열이나 갈등을 겪지 않고) '하나'로 보전된 요한공동체(17.11, 21, 22, 23)가 영원한 생명을 가져오는 예수의 현존의 전제가 된다. 보전된 요한공동체를 영생의 전제로 삼는 요한공동체 구성원들은 영원한 생명의 형태 역시 요한공동체라는 공동체 차원에서 기획한다.

4. 요한의 예수와 요한공동체의 영생의 형태

  모울(C. F. D. Moule)은 "요한복음서가 기독교적 일치와 유기체적 삶에 대한 주요한 문서 중에 하나라는 일반적인 생각"에 반대하면서 요한복음서야말로 "모든 신약 문서 중에서 가장 강력한 개인주의적인 것 중 하나"라고 역설한다. 요한복음서에 가장 친숙한 특징인 '실현된 종말론'은 바로 개인주의의 결과일 뿐 아니라 개인주의적인 범위 내에서만 그런 종말론이 가능하다고 주장한다.[40]

---

40) C. F. D. Moule, "The Individualism of the Fourth Gospel," *NovT* 5 (1962): 171-90. "[종말적 생명

"이것은[14장 21-23절에 있는 현존의 약속] -지금 당장 보이건 그렇지 않건 간에 - 실제로 일종의 '실현된 종말론'으로 해석될 수 있다. 그러나 단지 그것의 실현은 개인적인 차원에서만 발견된다. … 가까운 미래에 실현될 '도래'가 있다면 그것은 본질적으로 세계적인 범위의 현현이 아니라 부활의 사실을 깨닫고 그리스도 안에서 하나님을 사랑하고 그를 받아들이는 각 개인에게 비밀스럽고 개인적으로 도래하는 것이다."[41]

모올과 같이 현재적 생명을 개인주의적으로 이해하는 해석의 방향은 현재적 생명을 또한 영적인 것으로 추정한다. 그러나 "바로 개인주의적이고 '영적으로 해석하는' 전통이 사회적 차원에서 요한이 의미했던 그것[현재적 생명]을 원천적으로 이해하기 불가능하게 만든다."[42]

모올은 요한의 현재적 생명을 개인주의적 차원에서 이해해야 한다고 주장하지만 14장 21-23절에 관련해서 그는 이 주장을 선언할 뿐이지 주석적이고 구체적인 논의를 전개하지는 않는다. 일견 '개인'에게 현존이 약속되는 듯한 근거로 14장 21, 23-24절에서 반복적으로 사용되는 단수형태를 지적할 수 있다. 슈나켄버그(R. Schnackenburg)는 이 단수적 표현을 근거로 생명이 개인적 차원에서 실현된다고 주장한다.

"지배적인 단수 형태의 표현이 충분히 암시하듯이 개인 인간의 맥락에서 그것[생명]이 자리 잡고 있다는 점을 인정해야만 한다. 요한의 생

이] 완전히 실현될수록 그 범위는 더욱 좁아진다." *Ibid.*, 173.
41) *Ibid.*, 173.
42) David Rensberger, *Johannine Faith and Liberating Community* (Philadelphia: Westminster Press, 1988), 127.

명 사상은 사회나 인류의 미래 안에 있는 생명과 어떤 직접적인 관계가 없다."43)

그러나 단수 형태로 나타나는 '개인'은 독립적인 개인이 아니라 14장 15절부터 계속되는 '너희'라는 공동체, 곧 예수를 사랑해서 그의 계명을 지키는 '너희'(15절), 보혜사가 영원토록 함께 하는 '너희'(16절), 보혜사를 아는 '너희', 보혜사가 속에 거하고자 하는 '너희'(17절), 예수도 고아처럼 버려두지 않고 찾아오는 '너희'(18절), 세상은 보지 못하는 예수를 보고, 예수가 살아 있듯이 살아 있는 '너희'(19절), 아버지 안에 있는 예수 안에 있고, 예수가 안에 거하고자 하는 '너희', 그리고 그것을 아는 '너희'(20절) 속에 속한 한 사람이다.44) 오데이는 포도나무 메타포를 설명하면서 공동체 안에 속한 구성원 됨의 의미를 적절히 표현한다.

"공동체 안의 개인들은 단지 그들이 스스로를 유기체 집단의 구성원들로 인식할 때에라야 번영할 것이다. 어떤 개인도 자유로운 행위자가 아니며, 다만 열매 맺음이 예수와 함께 머무는 것에 의존해 있는 에워싸고 한데 얽힌 포도나무의 한 가지이다. … 이 은유에 제시된 삶은 현대 서구의 개인주의적, 사생활보장주의, 그리고 개인적 업적에 근거를

---

43) R. Schnackenburg, *The Gospel according to St. John*, 361.
44) 슈나켄버그 역시 생명의 공동체적 차원을 간과할 수 없었다. "협소한 개인 구원에 몰두하는 위험은 회피된다. 왜냐하면 '영생'을 얻기 위한 개인의 노력은 바로 그 목적을 달성하기 위한 필수적 조건으로 형제의 공동체 및 형제 사랑의 관행과 직접적으로 연결되어 있기 때문이다." *Ibid*. 그러나 그는 '지배적인 단수 형태의 표현' 자체도 철저히 공동체 안의 한 구성원으로서의 '단수 형태' 임을 충분히 간과하지 못하였다. 그리하여 영생 자체도 개인적 차원이 아니라 공동체적 차원에서 실현되는 것임을 지적하지 못하였다.

둔 성과주의와 날카로운 대조를 이룬다."[45]

요한복음서가 말하는 '현재적 생명'은 모올의 주장과는 달리 개인의 계명 준수를 통해 오는 개인주의의 결과가 아니라 현존이 약속된 공동체의 차원에서 비롯된다. 곧 하나님과 예수, 그리고 보혜사의 현존이 약속된 '너희'라는 공동체 안의 한 구성원은 유기체적 공동체에 속한 한 지체로서 공동체에 부여된 계명의 준수를 전제로 생명의 현존을 본다. 현존이 약속된 공동체를 떠나서 개인은 어떤 생명도 얻을 수 없다.

모올은 또한 현재적 생명은 오직 개인주의적 차원에서만 실현가능하다고 역설한다. 그러나 그것 역시 요한복음서 내에서 지지를 받지 못한다. 요한은 한 명의 개인 혹은 한 명의 공동체 구성원은 소멸을 피할 수 없다고 말한다. '애제자'의 죽음에 대한 이야기가 뚜렷한 증거이다(21.21-23). 공동체 일각에서는 애제자가 죽지 않으리라는 말이 유포되었다. 그러나 요한은 애제자가 죽지 않으리라는 생각이 잘못된 것임을 분명히 밝히고 그러한 생각을 교정한다. 뿐 만 아니라 요한은 애제자가 영적으로 살아 있다는 식의 어떠한 암시도 주지 않는다.[46] 예수의 사랑을 받았던 애제자라도 그 개인의 소멸은 불가피하다. 공동체 구성원 개인의 죽음은 환영이나 비실제적이지 않다. 이와 같이 공동체 구성원 개인의 죽음이 불가피하다면 약속된 영생은 어떠한 형태로 이루어지는가? 영원한 생명이 약속된 공동체에 속한 한 구성원의 소멸은 어떤 의미를 갖는가?

---

[45] Gail R. O'Day, "John," 303.
[46] 타이쎈은 애제자가 증언을 통해 요한복음서 안에서 영원히 현존한다고 주장한다. 타이쎈, 『복음서의 교회정치학』, 210-11. 그러나 이것이 요한공동체 내에서의 영적인 현존을 의미하지는 않는다.

12장 24-26절에서 예수는 자신의 죽음과 부활을 비유로 말하고, 그 죽음과 부활로 제자들을 부른다.

"진실로 진실로 내가 너희들에게 말한다. 만약 밀알 하나가 땅에 떨어져 죽지 않으면 그것 하나가 남는다. 그러나 만약 죽으면 많은 열매를 맺는다. 자신의 목숨을 사랑하는 사람은 그것을 파멸시킬 것이다. 그리고 이 세상에서 자신의 목숨을 미워하는 사람은 영원에 이르도록 그것을 보전할 것이다. 만약 누군가 나를 섬기려면 나를 따르라. 그러면 내가 있는 그곳에 나를 섬기는 사람도 있을 것이다. 만약 누군가 나를 섬긴다면 아버지께서 그를 명예롭게 할 것이다."

비슬리-머레이는 이 비유의 의미를 다음과 같이 주석한다.

"생명은 죽음을 통해 주어진다. 작은 밀알 비유에 대해서는 어떤 설명도 주어지지 않는다. 그러나 그 의미는 분명하다. … 밀알 하나가 농부를 위해 열매를 맺으려면 반드시 묻혀야 하듯이 인자도 세상을 위해 생명의 추수를 맺으려면 자신을 죽음에 내어주어야 한다. … 예수 죽음의 목적은 인류가 '생명'으로 들어가는 것이다. 그러나 이 단락에서는 예수 죽음의 필요성이 강조되었다. … 12장 24절에서 죽음을 통한 생명의 법칙은 다른 사람들을 위해 생명을 가능케 하는 데에 초점을 두고 있는 반면 25절에서는 자신을 위해 생명을 얻는 것을 말한다."[47]

비슬리-머레이는 24절의 짧은 비유에 대한 설명이 없다고 판단하고

---

47) G. R. Beasley-Murray, *Gospel of Life*, 44-45

24절과 25절이 따로 독립되어 다른 데에 초점을 두고 있다고 주장한다. 그에 따르면 24절은 다른 사람들을 위한 생명의 법칙을 말하고, 25절은 자신을 위해 생명을 얻는 법칙을 설명한다. 그러나 바로 25절은 24절의 의미를 설명하는 구절이다. 예수는 밀알 하나가 죽어서 '많은 열매'를 맺는 것이 이 세상에서 자기 목숨을 미워하는 사람이 영원에 이르도록 그 목숨을 보전하는 방식임을 밝힌다. 밀알 하나가 죽지만 그것이 많은 열매를 맺는 것, 바로 그것이 소멸될 밀알이 영원에 이르도록 목숨을 보전하는 형태이다. 곧 예수는 개체인 밀알 하나는 사라지지만 많은 열매를 맺는 형태로 영원한 생명이 보전된다고 선언한다. 반대로 밀알이 그렇게 죽기를 거부하고 홀로 남으려는 것은 '자기의 목숨을 사랑하여' 결국에는 그것을 파멸시키는 길이다. 요한복음서에서는 밀알 하나로 남기를 고집하는 개인이야말로 아무런 소망이 없는 파멸을 맞는다. 그렇다면 '밀알 하나가 죽어 맺게 되는 많은 열매'란 무엇을 의미하는 것인가?

비슬리-머레이는 이를 '세상을 위한 생명의 추수' 혹은 '인류가 생명으로 들어가는 것'이라는 포괄적인 해석을 제시한다. 그러나 예수가 자신의 죽음과 그 의미에 대해 말한 요한복음서의 다른 구절들을 주목해 본다면 그의 제안은 적절하지 않다. 예수의 죽음과 그 의미를 말한 요한복음서의 구절들 중 특별히 10장 1-21절은 12장 24-26절과 목숨을 버리는 자발성, 목숨을 버리는 자발성에 대한 아버지의 인정(認定), 목숨의 회복 주제 등이 병행되어 본문 이해에 도움을 준다.

요한의 예수는 10장 1-21절에서 선한 목자 메타포를 통해 공동체의 창조와 보전, 그리고 확장을 말한다.[48] 예수는 다른 양들과 섞여 있는

---

48) 선한 목자 메타포를 통해 예수는 전통적인 하나님의 백성(유대인)으로부터 진정한 '자신 소유의 양

'자기 소유'(ἴδια)의 양의 이름을 불러 그들로 하여금 자신을 따르게 한다(1-4절). 그는 양들에게 생명을 얻게 하고 더욱 풍성히 얻게하며(10절), 자기 죽음의 목적을 자신의 양을 위해서 목숨을 내어 놓는 것이라고 천명한다(10.11, 15). 이를 통하여 현재 이 '우리'에 들어 있지 않은 다른 양들을 인도하여 한 무리로 만들어 한 목자에게 있게 한다(16절). 이러한 죽음 때문에 아버지는 아들을 사랑하고(17절), 아들은 목숨을 내어 놓을 수도 있고 다시 얻을 수도 있는 권세를 통하여 목숨을 다시 회복한다(18절).

예수가 목숨을 내어 놓고 사랑하는 '양'은 비슬리-머레이의 주장과는 달리 '세상' 혹은 '인류'가 아니다. 물론 예수는 세상을 위해서 이 땅에 왔으나 예수를 거절하는 세상은 더 이상 예수가 목숨을 내어놓고 사랑하는 대상이 아니다. 그가 선한 목자로서 목숨을 내어놓고 사랑하는 대상은 예수와 서로 '아는' 그 자신의 양이다. "이 맥락에서 '안다'는 것은 당연히 지적인 앎 이상이다. 그것은 (서로) 사귐으로 구성되어 있다. … 그것은 살아 있는 결속을 뜻한다."[49]

선한 목자와 양들 사이의 앎은 아버지와 아들의 앎의 관계와 유비를 갖는다. 예수의 양은 예수의 음성을 듣고 따르는 이들이며(10.27), 예수는 이들에게 영생을 주어 영원히 멸망하지 않도록 하고, 아버지와 아들은 그 손에서 그들을 누구에게도 빼앗기지 않고 영원히 보전한다(10.28-29). 11장 52절에서 예수의 죽음은 전통적으로 하나님의 백성으

들을 불러내고 인도하여 새로운 공동체를 창조한다. 이 때문에 유대인들의 격렬한 반대를 불러일으킨다. 이것에 관해서는 Howard Clark Kee, *Who are the People of God?: Early Christian Models of Community* (New Havern: Yale University Press, 1995), 165-66을 참고하라.

49) 헨헨은 예수와 양 사이의 서로 앎을 아버지와 아들 사이의 관계를 반영한다고 말한다. E. Haenchen, *John 2*, trans. by Robert W. Funk (Philadelphia: Fortress Press, 1984), 48.

로 여겨진 이스라엘 민족을 위한 것으로도 선언되지만 주된 초점은 흩어진 하나님의 자녀들, 곧 예수의 이름을 믿고 하나님의 자녀가 되는 권세를 받은 자들을(1.12) 모아(공동체의 창조), 하나가 되게 하려는 데에(보전과 확장) 있다. 예수의 죽음이 예수 자신의 공동체의 창조, 보전, 확장을 도모하는 것이라는 점은 그의 십자가 상에서 구체적으로 실현된다(19.25-27). 예수는 십자가에 달려서 어머니 마리아와 애제자에게 '가족'이라는 새로운 관계를 부여하여 공동체를 창조하고, 애제자는 마리아를 자신의 '집' 50)에 맞아들여 그 창조된 공동체를 보전하고 확장한다.51)

예수는 자신의 죽음으로 공동체를 만들고 보전하고 확장했듯이 자신을 섬기는 제자들을 공동체를 위한 죽음으로 부른다. 그를 섬기고자 하는 제자들은 그를 '따라야'(ἐμοὶ ἀκολουθείτω) 한다(12.26). 12장 26절의 '나를 따르라'는 명령은 헨헨(E. Haenchen)의 주장처럼 "이기심 없이 자기 부정을 통하여 실행되어야 하는 섬김"52)이라는 일반적인 제자도를 넘어서 예수의 죽음과 같은 목적의 죽음으로 제자들을 부르는 것이다. 요한은 부활한 예수와 베드로의 이야기를 통해 예수를 사랑하는 것과 예수의 공동체를 위한 헌신(21.15, 16, 17), 그리고 그 헌신의 결과로 하나님께 영광을 돌리는 죽음(21.19) 사이에 필연적 연관

---

50) '집'이 요한공동체의 메타포라는 데에 대해서는 Mary Coloe, "Households of faith (Jn 4:46-54; 11:1-44): a metaphor for the Johannine community," 332-334.
51) 적지 않은 학자들은 마리아와 애제자가 각각 특정한 그룹을 대표하거나 상징하는 인물이라고 주장하면서 애제자와 마리아가 '집'에 함께 한다는 언급은 그 두 그룹의 하나됨을 의미한다고 해석하였다. 가령, 불트만은 마리아를 유대교적 기독교로, 애제자를 이방적 기독교로 간주하여 유대교적 크리스천이 이방적 크리스천을 가운데서 '집'(home)을 찾았다고 주장한다. 이러한 해석사에 대해서는 R. E. Brown, *The Gospel according to John* (xiii-xxi), vol. II (Garden City, N.Y.: Doubleday & Company, Inc., 1966), 922-27; Joseph A. Grassi, "The role of Jesus' mother in John's Gospel: a reappraisal," *CBQ* 48 (1, 1986): 67-80. 특별히, 71-73.
52) E. Haenchen, *John 2*, 97.

성을 말한다. 요한의 예수는 그 과정을 12장 26절에서와 같이 "나를 따르라"(ἀκολούθει μοι)로 표현한다(21.19). 하나님은 자신의 양들을 위해 목숨을 내어 놓는 예수를 사랑하듯이(10.17) 예수를 따라 공동체를 위해 죽음을 택한 이들을 명예롭게 한다(τιμάω,[53]) 12.26)한다. 또한 예수는 자신을 따르는 사람들을 그가 있는 곳에 함께 있게 하는 보상을 수여한다.

12장 24-26절을 통해 요한공동체의 구성원들은 자신의 목숨을 내어 놓아 '많은 열매' 곧 요한공동체의 보전과 확장에 기여하고 이를 통해 영원한 생명을 획득하는 길을 택하라고 격려 받는다. 문화인류학적 통찰, 곧 1세기 집단 지향적 인격체들은 자신의 자신됨을 발견한 그룹을 위해 희생하고, 그 그룹의 존재를 통해 생명을 얻는 존재 방식을 택한다는 통찰은 요한의 영원한 생명의 형태를 해명하는 데에도 도움을 준다.[54] 영생과 사랑이 실현되고 있는 요한공동체를 위해 구성원 개인을 희생하고, 그 공동체의 존속을 통해 영원한 생명을 실현하라는 요한공동체의 선언은 1세기 집단 지향적 인격체를 가진 이들에게 결코 낯선 것이 아니었다. 박해와 핍박에 놓인 요한공동체[55]의 구성원들은

---

53) 여기서 'τιμάω'는 눈여겨 볼 만하다. 이 단어는 요한복음서에서 총 6번 사용되었는데, 12장 26절을 제외하고는 모두 사람이 하나님과 아들을 공경하거나(5.23), 아들이 아버지를 공경하는 것(8.49)을 나타내기 위해 사용되었다.
54) 개체적 생명과 보다 큰 단위의 생명 - 이를테면 사회·정치적 생명 - 을 구분하고 전자는 소멸하지만 후자에 기여함으로써 영원한 생명을 획득할 수 있다는 식의 영생의 형태 주장은 비단 1세기에 국한된 것만은 아니다. 자유주의적 개인주의에 반대하는 이른바 현대의 공동체주의자들은 공동체와 그 속에 속한 개인을 대단히 밀착된 관계로 그린다. 유기체적 공동체를 이상으로 하는 극단적인 공동체주의자들의 경우 개체적 생명보다 공동체의 생명을 우선시하며 공동체를 통하여 개인의 영속성을 보장한다는 식의 생명관을 표방한다. 개인주의에 대한 비판과 공동체주의적 개인에 대한 이해를 위해서는 Stephen Mulhall and Adam Swift, *Liberals and Communitarians* (Oxford: Blackwell, 1992), 101-26; Ronald Dworkin, "Liberal Community," in *Communitarianism and Individualism*, ed. by Shlomo Aviner and Avner De-Shalit (Oxford: Oxford University Press, 1992), 208-16.

"세상이 이해할 수 없는 태도로 예수를 하나님의 진리의 담지자로 영접하기를 거절하자(요 1.10-11), 신앙공동체를 생명과 사랑이 발견될 수 있는 유일한 영역으로" 여기게 되었고,[56] 희생, 더 나아가 희생적 죽음을 통한 요한공동체의 보전과 확장을 하나님으로부터 오는 명예 획득의 길로, 또 영생의 형태로 이해하는 데에 이르렀다.

소멸된 밀알 하나는 '많은 열매'인 공동체의 존속으로 영원한 생명을 얻는다. 물론 이 공동체의 생명은 하나님과 예수, 그리고 보혜사의 현존 속에 담보되는 것이며,[57] 궁극적으로 이 공동체 역시 '많은 열매'를 위해 소멸될 하나의 밀알로서의 역할을 담당하기를 거부하지 않는다.

요한복음서에서 예수는 죽음을 통하여 공동체를 창조하고, 보전하며 확장한다. 그는 공동체에 생명을 주고, 자신의 공동체가 영원히 멸망하지 않도록 보전한다. 예수를 따르는 제자는 이러한 죽음으로 부름을 받는다. 그는 한 알의 밀알로 죽어 공동체의 보전과 확장에 이바지 한다. 이것은 실상 목숨을 잃는 개인의 소멸을 의미하지만 그로부터 얻어지는 '많은 열매'가 바로 그 밀알이 영원토록 목숨을 보전하는 길이다. 밀알이라는 개체는 소멸하지만 '많은 열매'라는 공동체는 살고, 그 공동체의 삶이 바로 요한이 말하는 영원한 생명의 형태이다.

---

55) 회당 축출을 중심적인 사건으로 다루면서 박해받는 요한공동체의 역사와 신학을 다룬 고전적인 것으로는 J. Louis Martyn, *History & Theology in the Fourth Gospel* (Nashiville: Abingdon, 1968).
56) 리차드 헤이스, 『신약의 윤리적 비전』, 238.
57) 밀알 하나가 땅에 떨어져 죽는다고 자연적으로 '많은 열매'를 맺는 것이 아니다. 하나님이 그 밀알의 죽음을 통해 '많은 열매'를 맺게 하는 것이다. 그러므로 여전히 생명의 '근거'는 요한공동체 스스로에게 있는 것이 아니다.

5. 결어

'예수의 사랑받는 사람'의 죽음과 관련하여 예수의 부재 및 생명 수여 능력에 대한 질문이 제기되고 있는 정황에서 요한공동체는 하나님과 그와 하나된 예수에게 영생의 근거가 있다고 선언한다. 그들은 예수, 곧 비록 육을 입고 세상에 왔지만 하나님과 같이 주권적으로 생명을 수여하며, 영원한 생명의 현존을 선언하는 예수에게서 하나님과 그의 영광 및 생명을 보았다고 주장한다. 그러나 영생은 예수를 통해서 자동적으로 사람들에게 유출되는 것이 아니다. 요한의 예수는 자신을 사랑하여 자신의 계명을 준수하는 이들에게 영원한 생명이 허락된다고 말한다. 영생의 전제로서 준수해야 할 그의 새 계명은 예수의 사랑을 받는 사람들 사이의 서로 사랑이다. 서로 사랑은 예수가 목숨을 내어 놓고 사랑한 요한공동체의 보전을 목적으로 한다. 영생의 전제로서 공동체의 보전을 명령한 예수는 영생의 형태도 공동체의 차원에서 이루어진다고 가르친다.

죽음을 통한 생명의 수여에 의해 요한의 예수가 자신의 공동체를 창조하고, 보전하고, 확장하듯이 그를 따르는 제자들 역시 바로 이러한 섬김과 죽음으로 부름을 받는다. 그들은 각각 자신의 목숨을 미워하며 밀알 하나로서 죽어 '많은 열매'의 형태로 그 목숨을 영원히 보전한다. 밀알 하나로서 개인의 소멸은 불가피하다. 그러나 예수를 따라 생명과 서로 사랑이 실현되는 공동체의 보전과 확장에 기여하는 죽음은 하나님이 주는 명예의 획득과 더불어 요한공동체의 존속을 통한 영원한 생명으로 이어진다.

세상과 '자기 백성'이 영접하기를 거절한 예수를 영생의 근거로, 서로 사랑을 통한 공동체의 보전을 영생의 전제로, 공동체의 존속을 영생의 형태로 이해한 요한공동체는 이른바 유기체적 생명관을 지닌 강한 결속력의 분파적 성격을 지닌 공동체로 드러난다. 그들은 내·외부로부터 오는 분열과 박해의 위험 속에서 예수의 생명과 사랑의 현존이 유일하게 약속된 그 공동체의 하나됨과 보전, 그리고 확장을 소멸될 개인이 누릴 수 있는 영원한 생명의 실현 형태로 믿었다. 궁극적으로 요한공동체 자체도 자신보다 더 큰 전체이자 생명의 근거인 예수와 하나되기 위하여 스스로의 소멸을 개의치 않는다. 그 소멸은 끝이 아니라 더 큰 전체를 통해 생명을 얻는 길이기 때문이다.

요한공동체는 죽음을 두려움이나 수치, 그리고 완전한 소멸이 아니라 하나님께 영광을 돌리며 더 큰 전체에 기여하는 길로, 이를 통해 하나님의 생명과 명예를 얻는 것으로 바라보았다. 그리하여 죽음을 무기로 다가오는 세상을 향하여 요한의 예수와 함께 승리를 선언할 수 있었다. "세상에서는 너희가 환란을 당하나, 담대하라. 내가 세상을 이기었다"(16.33).

부록 1
로버트 펑크의 역사적 예수 가설 비판

부록1
로버트 펑크의 역사적 예수 가설 비판

1. 서언

로버트 펑크(Robert W. Funk)의 *Honest to Jesus*가 최근에 『예수에게 솔직히』라는 제목으로 번역되었다.[1] 이 제목은 펑크가 로빈슨(J. A .T. Robinson)의 *Honest to God* 『신에게 솔직히』[2]와 한 쌍이 되도록 의도한 결과로 도출된 것 같다. 펑크의 이 책은 최근의 역사적 예수 연구 가운데 대표적인 것 중 하나이다. 이와 함께 그의 *The Five Gospels*[3] (공저)도 역사적 예수 연구를 위한 소위 '필수 자료'로 평가받고 있다. 이 책들을 이해하기 위해서는 역사적 예수 연구사 속에서 이것들이 속한 위치를 파악하는 일이 중요하다.

---

1) Robert W. Funk, *Honest to Jesus: Jesus for a New Millennium* (San Francisco: HarperSanFrancisco, 1996[『예수에게 솔직히』 김준우 옮김, 서울: 한국기독교연구소, 1999]).
2) John A. T. Robinson, *Honest to God* (London: SCM Press, 1963[『신에게 솔직히』 현영학 옮김, 제2판, 서울: 대한기독교서회, 1998]).
3) Robert W. Funk, Roy W. Hoover, and The Jesus Seminar, *The Five Gospels: The Search for the Authentic Words of Jesus* (San Francisco: HarperSanFrancisco, 1993).

'역사적 예수'란 예수의 삶과 그의 시대를 다루는 역사적 접근의 한 대상에 대한 지침이다. 역사적 예수는 단순히 역사적으로 실존했던 예수라는 한 구체적인 인물에 대한 이름으로 사용되기도 한다. 그러나 그보다는 그러한 인물을 특정한 준거틀에서 재구성해 내려는 작업에 대한 이름이라 할 수 있다. 본 소론의 목적은 최근 역사적 예수 연구를 주도하고 있는 펑크의 역사적 예수 연구 작업을 그의 두 주요 저서를 중심으로 비판, 검토하려는 것이다.

2. 펑크의 배경

역사적 예수 연구사는 간략하게 네 시기들로 대별된다. 제1기는 소위 옛 연구(Old Quest)로 불리어진다. 곧, 라이마루스(H. S. Reimarus)와 슈트라우스(D. F. Strauss)로 대변되는 시기이다. 이들은 역사적 예수와 복음서에 기록된 예수가 다르다는 것을 인식하고 역사적 예수의 생애를 각기 재구성하려했다.[4] 제2기는 켈러(M. Kähler)와 불트만(R. Bultmann)등으로 대변되는 연구 포기(No Quest)의 시기이다.[5] 켈러는 성서 자체가 역사적 예수에 관심하지 않았기 때문에 복음서는 '예수의 생애'를 구성하기에는 그 자료로 충분하지 못하다고 생각했다. 곧 역사적 예수 연구는 적합하

---

[4] 제1기에 관한 자세한 내용은 A. Schweitzer, *The Quest of the Historical Jesus* (New York: Macmillan Publishing Co. Inc., 1910)를 보라.
[5] 제3기의 주장은 J. M. Robinson, *A New Quest of the Historical Jesus* (London: SCM Press LTD, 1959)에 상세히 제시되어 있다.

지 않다는 것이다.6) 불트만은 한 걸음 더 나아가 역사적 예수 연구는 방법론적으로 불가능하고 신학적으로 불필요하다고 강조했다. 방법론적으로 불가능한 이유는 복음서의 자료 자체가 역사적 예수의 생애를 구성하는 데 목적이 있었던 것이 아니기 때문이고, 신학적으로 불필요한 이유는 역사적 예수는 신약 신학의 한 부분이 아니기 때문이라는 것이다.7) 그의 신학적 관심은 '신앙의 그리스도'에게 집중되었다.

역사적 예수와 케리그마의 그리스도의 차이는 불트만이 사용한 역사비평학적 방법 때문에 더욱 확연히 드러났다. 불트만은 역사적 예수를 포기하고 케리그마의 그리스도를 선택하였다. 그에게 있어 역사적 예수와 '케리그마의 그리스도' 사이에는 연속성이 없다. 그러나 역사적 예수와 '그리스도 케리그마'는 연속성이 있다. 불트만 자신이 그의 제자들의 논박에 답변하기 위해 1960년 하이델베르크대학 역사철학회에서 행한, "초대교회의 그리스도 선교와 역사적 예수의 관계"라는 강연에서 이 점을 밝히고 있다. "신앙의 대상은 역사적 예수의 인격이 아니라, 오히려 케리그마의 그리스도라는 나의 주장은 종종 내가 역사적 예수와 케리그마 사이의 연속성을 파괴한다는 의미로 잘못 오해되고 있다. … 이에 대해서 나는 다음과 같이 간단히 대답할 수 있다. 내가 설령 역사적 예수와 케리그마의 그리스도 사이의 불연속성을 강조한다고 해도 이는 결코 역사적 예수와 초기 기독교 선포 사이의 연속성을 깨뜨리는 것은 아니다." 케리그마의 그리스도는 역사적 인물이 아니나, 그

---

6) M. Kähler, *The So-called Historical Jesus and The Historic, Biblical Christ* (Philadelphia: Fortress Press, 1964), 46-57.
7) R. Bultmann, *The Theology of New Testament* (London: SCM Press, 1951), 3-11.

리스도 케리그마는 역사적 현상이기 때문이라는 것이다. 결국, 불트만은 역사비평적 방법을 철저하게 사용하였으나 거기서 확인된 역사적 예수의 의의를 평가절하고, 신앙의 그리스도를 부각시켰다. 이는 역사비평적 방법을 충실하게 적용하여 역사적 예수를 복원해내려는 예레미아스(J. Jeremias)의 시도와는 자못 구별된다.

제3기는 역사적 예수에 대한 새로운 연구(New Quest)가 시작되어야 한다고 인식한 시기이다. 이 시기는 소위 후기 불트만 학파의 시기로도 불린다. 역사적 예수와 케리그마의 그리스도 선포 사이의 연속성이 강조되었다. 이들은 불트만의 명제에 맞서 역사적 예수 연구는 방법론적으로 가능할 뿐 아니라, 신학적으로 필요하다고 주장했다. 방법론적으로 가능한 이유는, 복음서의 여러 장면들이 예수의 놀랄 만한 권위를 묘사하는데, 예수는 이 권위로 그 정황을 지배할 뿐만 아니라, 예수의 이러한 권위있는 말씀과 행동 속에 기독론이 이미 배태되어 있기 때문이고(보른캄), 신학적으로 필요한 이유는, 기독교 신앙이 "그리스도 가현론"에 빠지는 것을 막아주기 때문이라는 것이다(케제만).

제4기는 바로 이 책의 저자 펑크와 크로싼(John Dominic Crossan)이 공동회장으로 있는 캘리포니아의 「Westar Institute」와 관련된 대부분 급진적인 신약 학자 74명의 그룹으로 이루어진 소위 「예수 세미나」(Jesus Seminar)의 활동으로 대변된다.[8] 이들의 작업은, 기독교 신앙은 교회의 케리그마가 아니라 예수의 언어와 행태에 뿌리를 두고 있다는 확신에

---

[8] 이들의 활동의 결과는 The Five Gospels와 그 이후에 이들에 의해 출판된 작업, Robert W. Funk and The Jesus Seminar, *The Acts of Jesus: The Search for the Authentic Deeds of Jesus* (New York: Polebridge Press, 1998)에 드러나 있다.

서 출발한다. 예수의 언어, 곧 비유, 격언, 지혜말씀 및 그의 전복적 행태 등이 신앙의 기초라는 것이다. 복음서의 형태는 교회의 삶의 세계를 우선적으로 반영하나, 그 속에는 교회의 삶의 세계와 상치되는 예수의 본래적인 언어와 행태가 숨겨져 있다는 것이다. 바로 이 제4기가 펑크가 서 있는 위치이다.

3. 펑크의 주장

저자 펑크는 독자들에게 충격적으로 들릴 수 있는 과격한 표제를 수없이 쏟아낸다. "예수 자신은 신앙의 진정한 대상이 아니다."[9] "우리는 예수를 격하시키는 일부터 해야 한다. 예수는 그것을 요구했으며, 그렇게 해야 마땅하다."[10] "우리는 예수를 새로운 드라마에 캐스팅 하여, 다른 줄거리를 갖고 있는 이야기 속에서 그에게 배역을 맡겨야 할 필요가 있다."[11] "우리는 보혈의 공로에 의한 구원의 교리를 버려야만 한다."[12]

그가 이렇게 외치고 있는 이유는 "예수의 말씀들과 행적들과는 상관없는 신화들로 예수를 대체시킨 종교, 예수를 폐기 처분한 종교"[13]에서 벗어나, 나사렛 예수를 기독교 운동의 "전제"가 아닌, "진정한 창시

---

9) Robert W. Funk, 『예수에게 솔직히』, 463.
10) Ibid., 466.
11) Ibid., 466.
12) Ibid., 476.
13) Ibid., 462.

자"14)로 부각시키기 위한 것이다. 펑크는 역사적 예수로 하여금 현대의 수많은 예수의 얼굴들, 곧 신화로 채색되고 신조들 속에 곱게 안치된 얼굴들과 대면하게 한다. 그에 따르면, 현대적 예수상은 추종자들을 매질하여 죄의식과 후회에 떨게 하고, 헌금강요를 정당화해줌으로써 그들을 속박하는 상인데, 그 속박은 "인간 역사상 알려진 그 어떤 노예형태만큼 인간을 학대하는 것일 수 있다"15)는 것이다.

펑크에 따르면, 나사렛 예수에게로 돌아가려는 길을 막고 있는 장애물들은 무지와 고집의 결합, 복음서들의 역사적 정확성에 관한 근거없는 확신, 획일적인 문자주의와 상상력의 결핍, 자기도취로서의 영성, 부실한 교육을 받은 목회자들의 빗나간 외침 등이 있다는 것이다. 그러나 그는 이러한 일반적인 항목 이외에 그 장애물 목록에 보다 충격적인 항목도 포함시킨다. 이중 두 가지만 소개하면, 첫째, 예수에 대한 일반적인 이미지들이 문제라는 것이다. 곧, '하나님은 천당에 있다' '하나님은 우리를 사랑한다' '예수는 하나님의 아들이다' '예수는 나의 죄를 위해 죽었다' 등의 소박한 것에서부터 '예수는 처녀(동정녀)에게서 태어났다' '예수는 무덤에서부터 육체로 다시 살아났다' '예수는 심판하기 위해 다시 올 것이다' 등의 보다 세련된 형태로 확대된 것에 이르기까지 다양하다는 것이다16). 둘째, 성서신학자의 성향이 바로 장애물이라는 것이다. 성서학자들은 학자적 정직성에 충실하기보다는 모호한 대답을 개발하고, 판단을 유보하거나 얼버무리는 지적 기술을 터득하여

---

14) *Ibid.*, 466.
15) *Ibid.*, 44.
16) *Ibid.*, 86.

생존해 나가고 있다는 것이다.

그렇다면 이러한 장애물을 제거한 채 펑크가 도달한 역사적 예수는 어떠한 모습이었는가? 이를 위해 그는 두 가지 작업을 한다. 첫째는 유대인 예수를 그의 동시대인들과 대조시키는 작업이고, 둘째는 "복음서들의 예수"와 "예수의 복음"을 대조시키는 작업이다.[17] 물론 그는 후자에 집중하고 있다. 후자의 대표적인 것으로, 복음서는 종말론적 예언자로서의 예수상을 제시하는데, 실제로 역사적 예수는 그러한 예수상과는 거리가 있을 뿐 아니라, 심지어 그러한 종말론적 경고에 대해 비판적이기까지 하다는 것이다.[18]

역사적 예수가 고양 기독론으로부터 시작하여 양자론적 기독론의 단계와 기적적인 출생론을 거쳐 선재론 곧 하나님이라는 마지막 단계에로 진전된 과정을 제거하면서(15장), 펑크는 역사적 예수의 참모습을 종교적 사회적 경계선뿐만 아니라, 혈통적 경계선도 뛰어 넘는 것을 원칙으로 삼았던[19] 체제 전복적인 '현자'의 이미지로 구성한다. 곧 예수는 거처할 곳도 직업도 없이 방랑하는 현자이다.[20] 따라서 하나님에 대한 신뢰가 강조된다. "하나님이 공급하리라"[21]는 것이다. 현자로서의 예수는 주로 그의 지혜를 비유로 말하였다. 비유는 예수가 "이 세상을 내려 보는 창문이었다."[22]

---

17) *Ibid.*, 101.
18) *Ibid.*, 224f.
19) *Ibid.*, 303.
20) *Ibid.*, 323.
21) *Ibid.*, 321.
22) *Ibid.*, 255.

예수를 체제 전복적인 세속적 현자로 강조한 펑크는 바로 이러한 이미지가 "제도화된 종교보다는 사회 전체의 영적 차원에 보다 현실적합성을 갖는다"23)고 말한다. 그의 예수는 종교적이었다기보다는 오히려 "비종교적"이었다는 것이다. 그는 이렇게 결론짓는다. "예수는 역사의 위대한 현자들 가운데 한 사람이며, … 영원을 감지하는 것은 신학들이나, 신학교, 혹은 복음 전도자들에게만 차별적으로 주어지는 것이 아니다. 그것은 불고 싶은 대로, 모든 길로, 분다."24)

펑크의 또 다른 주저, *The Five Gospels*(공저)도 유사한 결론을 산출해냈다. 다만, 여기서는 이러한 결론에 이르는 몇 가지 전제, 규칙, 예수의 언어의 특징 분석 등을 내걸었다. 이것들을 간추리면 이러하다.

1) 역사적 예수와 신앙의 그리스도를 구분해야 한다.25)
2) 공관복음서가 요한복음서보다 역사적 예수에 보다 더 가깝다.26)
3) 마가는 마태와 누가보다 먼저 기록되었고, 그 두 복음서의 기본 자료였다.27)
4) 복음서 기자들은 말들과 비유들을 예수에게서 유래되지 않은 상황 속에 빈번히 한데 묶었다. 복음서 기자들은 말들과 비유들을 빈번히 확장했고, 그것들을 자신들의 견해에 따라 개작하고 편집했다.28)
5) 난해한 말들은 전승의 과정 속에서 그 난해성이 빈번히 약화되었다.

---

23) *Ibid.*, 459.
24) *Ibid.*, 460.
25) Robert W. Funk, Roy W. Hoover, and The Jesus Seminar, *The Five Gospels*, 5-8.
26) *Ibid.*, 16-18.
27) *Ibid.*, 16-18.

난해한 말들의 변경은 그 말들을 자신들의 정황 속에 채택하려 했던 초기 기독교 공동체들의 고투를 반영한다.[29]

6) '기독교적' 언어로 표현된 말들과 비유들은 복음서 기자들 혹은 그들의 이전 사람들의 창작이다.[30]

7) 예수 사후에 일어난 사건들에 대한 지식을 반영하는 말들과 이야기들은 복음서 기자의 창작이다.[31]

8) 두 개의, 혹은 그 이상의 독립된 자료들에 각각 나오는 말들과 비유들은 그것들이 담겨있는 전체 문맥보다 더 오래된 것이다.[32]

9) 짧고, 혁신적이고, 자주 반복되는 말들이 구전 기억의 주요 대상이었다. 그것들은 주로 비유와 격언들이었을 것이다.[33]

10) 예수의 제자들은 예수의 정확한 낱말들이 아니라 주로 그의 말들과 비유들의 핵심이나 요점을 기억했다.[34]

11) 예수의 화법은 뚜렷이 구분이 된다. 고대 유대교나 초기 기독교에서 나온 말은 예수에게로 소급될 수 없다.[35]

12) 예수의 말들과 비유들은 사회적 종교적 안정에 거슬린다. 예수의 말들과 비유들은 경악과 충격을 준다. 그것들은 역할의 반전, 일상적인 기대의 좌절을 동반한다.[36]

13) 예수는 자신을 메시아로 주장하지 않는다.[37]

---

28) *Ibid.*, 21.
29) *Ibid.*, 23.
30) *Ibid.*, 24.
31) *Ibid.*, 25.
32) *Ibid.*, 26.
33) *Ibid.*, 28.
34) *Ibid.*, 28.
35) *Ibid.*, 30.
36) *Ibid.*, 31.
37) *Ibid.*, 32.

이러한 기준들과 규칙들에 따라 *The Five Gospels*가 출판되었다. 여기서 5권의 복음서들이란 마가, 마태, 누가, 요한, 그리고 고대 이집트어로 된 도마복음서를 뜻한다. 이 책은 여기서 예수의 입에서 나온 것으로 기록된 말씀들을 이러한 기준들과 규칙들에 따라 그것들을 4가지 종류의 색깔들로 구분해 놓았다.

1) 붉은색: 예수가 직접 한 말
2) 분홍색: 예수가 직접 한 말일 가능성이 있는 것
3) 회색: 예수가 직접 한 말은 아니나 그의 생각을 반영하고 있을 가능성이 있는 것
4) 검정색: 예수가 직접하지 않은 말

그 결과를 살펴보면, 붉은색의 경우는 다음과 같다.

마가복음서: 12.17 한 구절
마태복음서 5.39-42a, 44a; 6.9a ; 13.33; 20.1-15; 21.21b
누가복음서: 6.20-21, 27, 29, 30a; 10.30-35; 11.2a; 13.20; 16.1-8a; 20.25.
요한복음서: 없음
도마복음서: 20.2-3(왕국은 하나의 겨자씨와 같다)
    54(가난한 자에게 축복을)
    100.2-3(가이사에게 돌리고, 하나님께 돌리라).

주기도문의 경우는 이렇게 채색되었다. "우리 아버지"(붉은색), "이름이 거룩하게 하옵시고, 당신의 나라가 임하옵시며, 우리에게 일용할 양식을 주옵시고, 우리가 우리의 죄를 용서한 것 같이 우리의 죄를 용서하옵소서"(분홍색) "우리를 시험에 들지 말게 하옵소서"(회색) "당신의 뜻이 하늘에서 이룬 것 같이 땅에서도 이루어지이다"(검정색) "우리를 악에서 구하옵소서"(검정색).38)

이 책은, 우리의 눈과 귀에 예수의 말들로 익숙해져 있는 구절들 대부분을 검정색으로 채색하고 있다. 가령, "비판을 받지 아니하려거든 비판하지 말라"(마 7.1); "나더러 주여, 주여, 하는 자마다 다 천국에 들어갈 것이 아니요, 다만 하늘에 계신 내 아버지의 뜻대로 행하는 자라야 들어가리라"(마 7.21); "수고하고 무거운 짐진 자들아 다 내게로 오라. 내가 너희를 쉬게 하리라"(마 11.28); "너희는 마음에 근심하지 말라 하나님을 믿으니 또 나를 믿으라"(요 14.1)등이 그것이다. 곧, 복음서에서 예수에게 소급된 말들의 약 82%가 예수에 의해 이야기되지 않았다는 것이다.

이 책은 Mark, Q, M, L의 네 가지 자료를 인정하면서 요한복음서의 자료를 비역사적인 것으로 치부했다. 또 마가 우선권과 Q의 존재를 전제했으며, 도마복음서를 역사적 예수 연구를 위한 다섯 번째의 주요한 독립 자료로 간주했다. 이 책은 도마복음서의 연대를 50년경으로 추정하고 있기 때문에, 그 문서는 Q 및 바울과 동시대이고, 마가보다는 이른 연대의 문서로 간주된다. 도마복음서는 예수를 방랑하는 견유학파

---

38) *Ibid.*, 148.

적 교사와 유사하게 묘사한다. 요한복음서 배후에 있는 표적 자료는 여섯 번째 자료이고, 바울은 일곱 번째의 독립된 자료이다. 곧, 이 책에 따르면, 마가, Q, 마태, 누가, 도마, 표적자료, 바울문서 등 일곱 자료들 중 하나보다 더 많은 자료에 나타나는 말들은 30-50년의 구전시대로부터 왔을 가능성이 높다는 것이다. 이런 기준에 따라, 이 책은 고대 유대교나 초기 기독교와 관련된 말들은 예수의 제자들에 의해 예수에게로 잘못 소급된 것으로 간주했다. 가령, 미래적 종말론, 함축적인 기독론적 내용들 또는 교회론적 내용들은 예수에게로 소급될 수 없다고 결정했다.

이러한 색깔에 따라, 예수의 순수한 말을 중심으로 재구성한 예수의 이미지는 방랑하는 유대 견유학파, 소외된 자들을 위한 정치적 안건을 지닌 과격한 인습타파자로 각인된다.

4. 펑크 비판

펑크는 제4기를 주도하는 인물들 중 그 학문적 진지성과 그 탐구 과정에서 드러난 솔직한 지적 용기에 있어서 단연 높이 평가할 수 있는 학자이다. 문제는 그가 논리적 일관성을 유지하고 있는가에 있다. 『예수에게 솔직히』의 경우, 우선, 펑크는 신앙의 대상은 예수 자신이 아니라, "예수가 신뢰한 것을 신뢰하는 것"으로 전제하고, 바로 이런 이유 때문에 자신은 "예수에 관한 주장들에는 일차적인 관심이 없고, 예수에게 영감을 불러일으키고 예수를 사로잡았던 진리에 관심이 있다"[39]고 천명한다. 그러나 펑크는 예수에게 영감을 불러일으킨 것과 예수를 분리시킬 수 있는 방법이 무엇인지는 밝히지 않았다. 실제로 그가 애써 도출해낸 '현자'로서의 예수의 이미지라는 것이야말로 '예수에 관한 주장들' 중 하나이지, 예수를 사로잡았던 진리는 아니다. 더 나아가, 펑크의 예수상이 결국 예수에 관한 주장 중 하나라면 예수에 대한 다른 주장들, 가령, 요한의 주장이나 마가의 주장이 왜 배척되어야 하는가? 그들도 각기 예수를 사로잡았던 진리에 관심이 있었다고 말할 수 있지 않은가?

또한, 역사적 예수는 자신의 축귀 능력(기적)을 하나님의 창조회복 사업으로 간주했다고 말했던[40] 펑크는 13장에서는 그 주장을 스스로 뒤엎고, 기적은 예수가 일으킨 것이 아니라, 예수를 효과적으로 선전하기 위해 전승의 성장 과정에서 복음서 기자들이 편입시킨 '마케팅 장치'였다[41]고 함으로써 자신의 일관성에 결함을 남겼다.

한편, 그의 '현자' 예수상은 지극히 경직되어 있다. 이것과 비교한다면, 마커스 보그(Marcus J. Borg)의 연구가 훨씬 유연하고 돋보인다. 보그는 예수를 연구하는 데 있어서 "말씀" 자체에 대한 집중보다는 역사적 예수와 어떤 종교적 표상이나 유형들 사이의 친화성을 주목하는 접근을 제시한다. 따라서 그는 종교적 인성의 다음 네 가지 사항, 곧 카리스마적 치유자, 예언자, 현자, 갱신 운동의 창시자 등의 틀로서 역사적 예수의 상을 조명하려 한다. 곧 어떤 개별 전승이 역사적으로 정확한가는

---

39) Robert W. Funk, 『예수에게 솔직히』, 463.
40) *Ibid.*, 259.
41) *Ibid.*, 384-386.

말할 수 없지만 대체적인 구상(具象)은 역사적이라고 확언할 수 있다는 것이다.[42]

펑크가 종말론적 색깔을 역사적 예수상에서 제거한 것 역시 상당한 논란의 여지를 남긴다. 가령, 샌더스(E. P. Sanders)는 역사적 예수상을 구성하는데 있어서 확실한 것에서부터 의심스러운 것까지 여섯 단계로 나누어 놓고, 그중 "종말론적"인 것을 가장 높고 확실한 범주에 두었다.[43] 말을 바꾸면, 이 점에 관한 한 펑크와 샌더스는 정반대의 입장을 각각 견지하고 있다. 펑크는 이 책에서 샌더스와의 진지한 토론을 유보했다.

이제 펑크의 연구의 전제를 살펴보자. 그는 역사적 예수 탐구의 한 규칙을 이렇게 설정한다. "우리의 물음들을 위한 틀은 이 세계만큼, 만물만큼 크게 잡아야 한다. 그 틀을 성서와 종교에만 국한시켜서는 안된다. 우리는 우리의 물음들을 가능한 한 넓은 맥락 속에서 물어야 한다. 질문의 틀을 좁게 잡으면 우리의 탐구의 깊이와 폭에 대한 시야가 좁아진다. 이것이 성서학도에게 뜻하는 바는 성서를 서구 역사라는 폭넓은 맥락에서, 더 나아가 세계의 모든 종교들이라는 전세계적 관점에서 연구해야 한다는 말이다."[44]

그러나 그의 희망과는 달리, 펑크에게 있어서 "가능한 한 넓은 맥락"

---

42) Marcus J. Borg, *Jesus: A New Vision: Spirit, Culture, and the Life of Discipleship* (San Francisco: Harper & Row, 1987); idem, *Meeting Jesus Again for the First Time: The Historical Jesus and the Heart of Contemporary Faith* (San Francisco: HarperSanFrancisco, 1994) 등을 보라.
43) E. P. Sanders, *Jesus and Judaism* (London: SCM Press, 1985), 326f.
44) Robert W. Funk, 『예수에게 솔직히』, 53.

이란 실제로 그의 책에는 반영되지 않았다. 가령, 그는 35권의 신약 정경을 갖고 있는 에디오피아 교회를 언급하면서, 그것은 "우리에게 서방 교회의 전통이 유일한 전통이 아니라는 사실을 상기시키기에 충분하다"고 지적했다.[45] 그러나, 그는 자신의 저서 다른 어떤 곳에서도 그 에디오피아 정경을 결국 다시 언급하지 않았다. 그 풍부한 에디오피아 정경에서, 서방의 정경복음서에는 없는, 새로 보강될 예수상을 도출해 내려는 시도를 하지 않은 채, 여전히 서방 교회의 전통을 '유일한 전통'인 것으로 간주한 채, 연구를 진행시켰다. 이 또한 일관성 결여의 한 측면이라 하겠다. 심지어 그의 이 책은 물론 그의 「예수 세미나」는 미국 내 동부 신학자들과도 대화하지 않는 좁은 '폭'을 노출시키고 있다. 곧, 그 세미나는 북미나 유럽의 학자들까지 대표하고 있지는 못하다. 가령, 하버드, 예일, 듀크, 시카고, 반더빌트, 남감리교대, 프린스톤, 뉴욕 유니온, 리치몬드 유니온 등에 속한 교수진이 단 한명도 포함되어 있지 않다. 특별히 예수 연구에 큰 업적을 남긴 샌더스[46] 또는 마이어(John P. Meier)[47] 등도 빠져 있다. 이런 상황에서 그가 언급하는 "넓은 맥락"은 공허한 외침으로 들린다.

그의 "전세계적 관점"은 인식론적으로도 불가능하다. 예수를 '현자'로 부각시킨 것이 전세계적 관점인가? 아니다. 그것은 그의 한 관점이다. 어느 해석자도 그의 한 특정한 관점으로부터 벗어나 보편적인 관점

---

45) *Ibid.*, 183.
46) E. P. Sanders, *Jesus and Judaism* (London: SCM Press, 1985); idem, *The Historical Figure of Jesus* (New York: Penguin Books, 1993).
47) John P. Meier, *A Marginal Jew: Rethinking the Historical Jesus* (New York: Doubleday, 1994).

을 갖을 수는 없다. 또한, 펑크는 여성의 권익을 위한 예수의 발언으로 보도되어 있는 주요 단락들(가령, 막 10,1-12; 마 19,1-12)등은 전혀 다루지 않음으로써, 그가 내세운 '현자' 예수는 여성에게는 관심이 없는 인물로 설정된 셈이 되었다. 따라서, 펑크는 '전세계적 관점'이 아니라, 서방 세계의 과격한 '남성' 신학자의 입장을 반영하고 있다고 할 수 있다.

펑크의 역사적 예수 연구를 위한 또 다른 작업, The Five Gospels도 그 전제와 주장에 있어서 심각한 한계를 노출했다. 이 책은 예수의 말들은 그 밖의 다른 사람들과는 철저히 구별되는 뚜렷한 종류라고 주장했다. 그러나, 이러한 주장은 근본적인 물음에 봉착한다. 우선, 예수를 포함하여 어느 누구도 자신이 소속되어 있는 옛 문화로부터 그토록 철저히 독립될 수는 없다. 만일 예수의 가르침이 철저히 구별되는 뚜렷한 종류의 것이었다면 그것은, 펑크의 예상과는 달리, 예수가 자신의 유대교적 과거나 그의 추종자들과는 전적으로 달랐기 때문이 아니라, 그가 자신의 시대와 공유했던 것 중 어느 특정한 측면을 선택하고, 그것에 집중했기 때문이다. 예수의 가르침이 정말 그토록 독특했는지는 당대 유대교 문헌과의 비교에 의해 판결받는 것이 적합하다. 가령, 찰스워즈(J. H. Charlesworth)는 펑크와는 반대로, 예수의 말씀 대부분이 당대 유대교와 구별되기 어려울 뿐 아니라, 오히려 유대교의 배경에 걸맞는다고 당대 유대교 문헌 연구를 통해 밝혀놓고 있기 때문이다.[48] 따라서 예수의 가르침이 당대 유대인들과 뚜렷이 구분되는 독특한 것이었으리라는 펑

---

[48] J. H. Charlesworth, *Jesus within Judaism: New Light from Exciting Archaeological Discoveries* (New York: Doubleday, 1988).

크의 가설은 쉽게 입증될 수 없다.

펑크는 물론, 「Jesus Seminar」의 학자들은 자신들이 세운 그 기준을 엄격하게 적용시키지 않았다. 가령, 예수에게로 소급된 이혼에 관한 부정적인 말은 적어도 세 가지 독립된 전승으로 제시되어 있다(바울-고전 7.10-11; 막-10.3-9, 10-12; Q-마 5.32 /눅 16.18). 그들의 기준에 따른다면 이것은 붉은색이거나 적어도 분홍색이어야 한다. 그러나 그들은 이 말을 회색 이상으로는 색칠하지 않았고, 많은 사람들은 검정에 투표했다.

*The Five Gospels*는 초기 교회의 주장 및 실행과 연결되지 않는 말들만이 예수에게로 소급될 수 있다는 기준을 내세웠다. 그러나 다음 예들을 보면 이러한 기준은 엄격하게 지켜지지 않았다. 마가복음서 12장 17절은 마가복음서에서 유일한 붉은색이다. 그러나 로마서 13장 6-7절도 같은 전승에 속한다. 바울(초기 교회)이 그것을 이미 말했다면 왜 마가복음서 12장 17절을 예수의 말로 간주했는가? 마태복음서 5장 39절(보복하지 말라)과 마태복음서 5장 44a절(원수 사랑)은 붉은색으로 칠해져 있다. 그러나 로마서 12장 17-20절, 베드로전서 2장 20b절은 유사한 전승이고, 로마서 12장 20절 자체가 잠언 25장 21-22절에서 온 것이다. 만일 어떤 말이 구약이나 초기 교회에서 발견된다면 그것은 예수에게서 나온 것이 아니라는 기준을 왜 여기서는 적용시키지 않았는가? 마태복음서 6장 9절("우리 아버지")은 붉은색이다. 그러나 로마서 8장 15절 또는 갈라디아서 4장 6절에서 볼 수 있듯이 초기 교회는 "아버지"(Abba)를 이미 언급했다. 그렇다면 마태복음서 6장 9절은 이 책이 세운 기준에 따라 붉은색이 아니어야 하지 않겠는가?

요한복음서의 경우, 펑크는 단 한 구절도 붉은색으로 칠해 놓지 않았다. 펑크는 그 이유를 크게 두 가지로 제시한다. 첫째는 요한의 연대가 공관보다 늦고, 둘째는 공관과 요한에 제시된 예수의 가르침이 그 형태에 있어서 서로 큰 차이를 보이고 있기 때문이라는 것이다. 먼저 첫째 이유가 타당한지를 살펴보자. 펑크에 따르면, 마가, 마태, 누가보다 이른 연대의 표적 자료는 Q와 비슷한 연대에 산출된 것으로, 후에 요한복음서에 편입되었다는 것이다. 그렇다면 요한복음서의 자료 중 적어도 표적자료에 나타난 예수의 가르침 중 일부는 붉은색 혹은 분홍색으로 칠해야 하지 않겠는가? 또한 요한의 연대가 공관의 연대보다 늦다는 일반적 견해를 받아들인다 해도, 그 안에 포함된 내용 전체를 늦은 연대로 가정하는 것은 부당하다. 가령, 요한복음서 5장 2절을 보자. "예루살렘에 있는 양문 곁에 히브리 말로 베데스다라 하는 못이 있는데 거기 행각 다섯이 있다." 이것은 장소적 세부묘사가 아주 정확한 것으로 밝혀졌다. '다섯 행각'은 70년 예루살렘 멸망시에 함께 묻혔다가 최근에 발굴되었다. 문제는 요한기자가 행각 다섯이 '있었다'고 하지 않고, '있다'라는 현재형을 사용했다는 점이다. 그 현재형을 자료 자체가 그렇게 구성되어 있었던 것으로 가정하고 요한복음서의 연대는 여전히 70년 이후로 처리한다 해도, 문제는 남는다. 곧 왜 복음서 기자가 그 자료의 현재형을 과거형으로 바꾸어 놓지 않았는가 하는 점이다. 오히려 로빈슨의 주장대로, "자연스러운 추론은 그[요한기자]가 묘사하는 그 건물이 아직 서 있을 때, 그가 기록하고 있었다는 것이다".[49] 말을 바꾸면,

---

49) J. A. T. Robinson, *Redating the New Testament* (Philadelphia: The Westminster Press,

펑크는 마가, 마태, 누가 등을 70년 이후에 기록된 것으로 판정하고, 요한은 이보다 더 늦은 것으로 추정하고 있는데, 적어도 이런 요한의 구절은 70년 이전, 곧 펑크가 가정한 공관의 연대보다 이른 연대로 판정할 수 있다.

  요한복음서에 제시된 예수의 말씀이 검정색인 두 번째 이유를 펑크는 그것이 공관복음에 제시된 예수의 말씀과 그 형태가 다르기 때문인 것으로 제시한다. 그러나 이것은 부당 전제의 오류에 속한다. 쿨만(O. Cullmann)은 요한과 공관복음에서 예수의 가르침의 형태가 차이가 나는 것은 예수가 두 종류의 제자들(비지성적/ 지성적)을 갖고 있었기 때문으로 추정하고 있다. 곧 그 형태의 차이 때문에 어느 한쪽을 다른 한쪽보다 우위에 놓을 수 없다는 것이다. 실제로, 예수의 가르침은 여러 종류의 전승궤도를 통해 전달되어 왔다. 곧 전승 운반자들의 부류가 다양했다는 점을 고려한다면 쿨만의 가정도 힘을 얻을 수 있다. 그러나 펑크와 쿨만 중 누가 더 설득력이 있는가를 점검하는 것은 이 소론의 범위를 벗어나는 것이다. 다만, 여기서는 그 형태의 차이가, 말씀의 순수성 문제에 있어, 무조건 공관복음의 우선권을 전제하고, 그 결과로 요한복음서를 검정색 일변도로 칠할 수 있는 근거가 될 수 없음을 지적하는 것으로 충분하다.

  예수는 희랍어를 알았을 것이다. 그는 세포리스에서 멀지 않은 곳에서 살았기 때문이다. 그는 히브리어를 알았다. 그러나 그가 연설할 때 사용한 언어는 아람어이다. 그러나 예수의 말들은 복음서에는 희랍어

1976), 278.

로 기록되었다. 사정이 이러한데도 *The Five Gospels*는 복음서에 기록되어 있는 예수의 입에서 나온 아람어적 표현들은 전혀 받아들이지 않았다. 가령, 막 3장 28절(아멘); 막 5장 41절(달리다굼); 막 7장 34절(에바다); 막 14장 36절(아바); 막 15장 34절(엘로이, 엘로이, 라마 사박타니); 마 16장 17절(바-요나); 요 1장 42절(게바스)등, 이 모든 것이 다 검정색으로 되어 있다. 대신 붉은 색으로 칠해진 모든 예수의 말들은 희랍어뿐이다. 결국, 이 책에 따르면, 우리는 예수의 입에서 나온 음성과 정확히 걸맞는 예수의 어떤 말들도 갖고 있지 않은 셈이다. 곧 이 책은 아람어에서 희랍어로 번역된 예수의 말들만을 갖고 있다. 그런데 모든 번역은 하나의 해석이다. 이런 점에서 필자는 "비유사성의 척도"를 가지고 "예수의 입에서 실제로 나온 말"(ipsissima vox Jesu)을 규명하려고 혼심을 기울였던 예레미아스를 펑크보다 더 높이 평가한다.

펑크의 연구는 역사적 예수 탐구에 있어서 필수적인 1세기 팔레스틴의 사회, 경제, 정치적 배경을 전적으로 배제하고 있다. 이러한 배제는 결국 펑크의 예수가 당대 사회, 경제, 정치와 철저히 분리된 채 활동했던 인물로 전락하는 결과로 이어졌다. 이 점에서는 호슬리(R. A. Horsley)의 예수가 단연 돋보인다.[50] 그러나 이러한 일관성의 결여에도 불구하고, 펑크는 그 학문적 정직성과 진지함에서 단연 돋보인다. 자신의 연구 결과에서 얻어진 확신의 일부를 숨기기를 거부하려는 사람들에게 펑크는 주요한 모델로 간주될 수 있다.[51]

---

[50] R. A. Horsley, *Jesus and the Spiral of Violence* (San Francisco: Harper &Row, 1987); idem, *Sociology and the Jesus Movement* (New York: Crossroad Publishing Co., 1989[『예수운동: 사회학적 접근』이준모 역, 병천: 한국신학연구소, 1993]).

5. 결어

펑크가 산정하는 자료의 연대는 논란의 여지가 많다. 가령, 그는 도마복음서의 연대를 50년대로 보고, 그것을 예수에 관한 역사적 정보를 위한 독립된 자료로 보았으나, 이것은 소수 학자들의 견해에 속한다. 「예수 세미나」에 속한 학자들을 훨씬 상회하는 신약 학자의 상당수는 도마복음서를 영지주의적 경향을 지닌 2세기의 작품으로 보고, 그것을 정경 전승에 의존되어 있는 문서로 간주한다. 또한 펑크가 전제하고 있는 요한복음서에 대한 공관복음의 우선성 주장도 결론이 나지 않은 항목이다. 로빈슨은 이미 그 반대의 입장이 보다 더 타당하다고 주장한 바 있다.[52] 자료의 순수성 판정 기준에 관한 진지한 논의의 과정 없이 역사적 예수상을 구성하는 것은 주춧돌의 부실화를 초래할 것이다.

또한, 하나의 역사적 예수상은 예수가 직접 한 말들(행위 포함)로 간주된 것 자체만 가지고 구성되어야 한다는 펑크의 전제가 가능한가? 예수상은 예수의 말들로 간주된 것 자체에 대한 '해석'으로 이루어진다. 어떤 예수 연구도 여기서 벗어날 수는 없다. 실제로 펑크의 책에서 그의

---

[51] 한 사람의 수고로 다른 많은 사람이 혜택을 누리게 하는 것이 번역이라면, 펑크의 저서를 우리말로 말끔하게 옮겨놓은 번역자의 노고를 치하한다. 다만, 오역도 발견된다. 120쪽의, "이집트 나그 함마디에서 도서관을 발굴한…" 은 원서 71 쪽의 "the Nag Hammadi library in upper Egypt…" 의 번역인데, 여기에 'upper' 의 생략은 차치하더라도, 'library' (문헌)가 '도서관' 으로 오역되어 있음은 지적하지 않을 수 없다.

[52] J. A. T. Robinson, *Redating the New Testament*, 254-311; idem, *The Priority of John* (London: SCM Press, 1985), 1-35.

해석을 제거하고 직접 예수가 한 말들로 간주된 것을 붉은색으로 가려낸다면, 고작 한 두 페이지에 불과할 것이다. 그러나 그 한 두 페이지를 수백 페이지로 확장한 그의 작업이 뜻 깊은 일이라면, 작은 양(엄격한 펑크의 기준에 따른다면)의 예수의 말들을 가지고 그것으로 마가복음, 마태복음, 누가복음, 요한복음 등으로 확장한 복음서 기자들의 작업 또한 뜻 깊은 일이 아니겠는가?

  펑크에게 있어서 방랑하는 전복적 현자, 인습타파자로서의 역사적 예수를 따른다는 것은 어떤 의미가 있을까? 아니, 인간 예수만을 강조해야 한다면 그가 예수의 경쟁 대상으로 비교했던 다른 사람들을 제쳐두고 왜 하필이면 예수인가? 그는 이 문제에 정면으로 부딪치지 않았다. 아마, 이 문제에 대한 대답은 펑크뿐 아니라, 역사적 예수 연구자 대부분에게 남겨져 있는 몫일 것이다.

부록 2
신약성서의 상징세계

부록 2
신약성서의 상징세계

1. 서언

중세 이후부터 줄곧 신학은 타 학문의 도움을 받아왔다. 철학적 이론의 도움으로 조직신학을 발전시켜왔고, 일반 상담학의 이론을 빌려 목회상담학을 개척했다. 그 밖에도 역사학, 사회학, 정치학 등이 신학의 주요 파트너로 부각되었다. 성서학도 예외가 아니다. 양식사비평이나 편집사비평은 역사해석학의 이론을 차용하였고, 사회학적 성서해석은 지식사회학을 비롯한 사회학의 다양한 이론을 준용해오고 있다. 타 분야를 차용하다가, 신학의 정체성을 상당부분 상실한 신학자도 있다. 그러나 강조점이 철학, 역사학, 사회학이 아니라, 신학에 가해지지 않는다면 신학의 독특성을 상실하게 될 것이다. 신학이 타 학문의 셋방살이를 면하려면, 곧, 신학의 독특성을 유지하려면, 신학적 사고를 항시 지향하는 일이 필요하다.

신학의 독특성을 개발하기 위해서는 토마스 쿤(T. Kuhn)이 명명한 소위 "패러다임의 전환"이 신약 성서 해석에도 적용될 필요가 있다. 모든 성서 해석은 국면적이고 제한적인 성격을 지닌다. 이 논문의 목적은 신약학의 주요 주제들인 공관복음의 하나님 나라, 요한복음서의 영생, 바울 서신의 신앙인의론을 '상징세계'라는 한 특정한 전망으로 해석하고, 그 세계가 당시 청중 혹은 독자에게 끼쳤던 의미를 규명함으로써 신학의 독특성 발굴을 위한 지평을 확장하려는데 있다.

2. 상징세계

포이어바하(L. Feuerbach)는 종교를 인간의 투사로, 곧 본질적으로 인간이 만든 것으로 보았다. 따라서 그는 신학을 인간학으로 환원시킬 것을 제안했다. 포이어바하에게 있어서 인간과 신과의 대화는, 인간과 인간 자신의 생산물과의 대화였다. 이 점에 관한 한, 막스(K. Marx)나 프로이드(S. Freud)의 사상도 이와 유사하다. 그들 이후의 사상은 결국 그들의 영향권에서 크게 벗어나지 못했다.

그러나 한 입장에서 인간의 투사(projection)로만 보이는 것이 다른 입장에서는 신적 실재계의 반영(reflection)으로 보일 수도 있다. 말을 바꾸면, 신적 세계를 인간 세계의 투영으로 볼 수도 있으나, 인간 세계를 신적 세계의 반영으로 볼 수도 있다. 사람들이 자신의 의미를 거룩한 것에 투사할 수 있는 것은 인간이 거룩한 것과의 유사성을 갖고 있기 때문이다. 따라서 포이어바하나 막스나 프로이드는 '투사'라는 한쪽에만 치중한 것으로 평가할 수 있다. 피터 버거(P. Berger)는 이 점을 명료하게 밝혀주고 있다. 곧 신학적 관심은 소위 그 종교적 투사가 "다

---

1) Peter L. Berger, *The Sacred Canopy* (New York: Anchor Books, 1967), 179-185. 그의 다른 저서, *A Rumor of Angels* (New York: Anchor Books, 1970), 28-48를 보라.

른 세상"의 실재를 반영하고 있다는 가정에서 출발한다는 것이다.[1] 신약학은 신약의 저자들에 의해 제시된 종교적인 투사가 초월적인 실재와 상응한다고 전제하고, 이 실재의 흔적을 찾으려는 지적 작업이다. 이 작업은 '상징'과 '몰입'이라는 개념을 적용할 때 적절히 수행될 수 있다.

엘리아데(M. Eliade)는 종교적 상징이 물리적 경험으로는 접근할 수 없는 실재의 구조를 드러낼 뿐 아니라 상징 앞에 선 사람들을 철학사에서 '초월' 혹은 '자유'케 하는 경험을 하게 한다고 말한다.[2] 따라서 상징은 의도적으로 생산되거나 발명된다기보다는[3] 알려지지 않은 실재를 '발견'한 결과로 온다고 할 수 있다. 이는 르네상스 시대의 예술가 미켈란젤로(B. Michelangelo)가 조각가의 임무를, 대리석 안에 이미 내재되어 있지만, 아직 드러나지 않은 형태와 힘을 해방시키는 것으로 규정한 맥락과 상통한다. 미켈란젤로에 따르면 진정한 조각가는 대리석을 깎아 자신이 구상한 어떤 형상을 만들어내기보다는, 이미 그 대리석 내에 존재하는 보이지 않는 형태를 구현하기 위해 대리석의 불필요한 부분을 깎아낼 뿐이다.[4]

상징은 생활 세계 또는 일상세계와는[5] 다른 새로운 세계와 소통하

---

2) M. 엘리아데, 『상징, 신성, 예술』 박규태 옮김 (서울: 서광사, 1991), 31-36.
3) Paul Tillich, *Dynamics of Faith* (New York: Harper, 1957), 42-43, 58; idem, *Theology of Culture* (New York: Oxford University Press, 1959), 42-43, 58. 틸리히에 따르면, 상징은 '집단의식' 혹은 '공동체 의식'을 모태로 삼는다. 집단의 무의식이 그 상징에 응답할 때에만 그것은 참된 의미의 상징으로서 존재하고 기능한다.
4) 로이스 피흐너-라투스, 『새로운 미술의 이해』 최기득 옮김 (서울: 예경, 2005), 198; 제르맹 바쟁, 『세계 조각의 역사』 최병길 옮김 (서울: 미진사, 1994), 225. 우리나라 시인 중 유치환도 그와 유사한 단상을 발표한 바 있다. "예술-석수(石手)가 만드는 것이 아니라, 그 속에 감추어둔 것을 깨뜨려 찾아내는 것이다." 돌이나 나무를 조각하는 예술가는 그 속에 감추어진 형상을 발견하고, 그것을 풀어주는 사람이라는 것이다. 말하자면 무엇을 만드는 것이 아니라, 이미 만들어진 것에 덧붙여져 있는 것을 덜어내는 작업이라는 뜻이다. 유치환이 미켈란젤로에게 어느 정도 영향을 받았는지 그 상관관계는 확인하기 어려우나, 그 주장의 내용은 유사하다.

는 관문이자, 그 세계에 들어가는 통로가 된다. 상징을 통하여 열리는 세계, 곧 상징세계의 주된 목적과 기능은 초월이라고 할 수 있다. 일반적으로 초월의 표지라는 것은 현실 영역 안에서 나타나면서도 동시에 이 현실을 초월하는 것으로 보이는 현상을 뜻한다. 가령, 몰입의 세계가 예로 제시될 수 있다. 다라본트(Frank Darabont)의 『쇼생크 탈출』(The Shawshank Redemption)에서 주인공 앤디(Tim Robbins 분)가 엄격한 교도소의 금기를 깨고 모차르트의 휘가로의 결혼 중 감미로운 이중창을 방송할 때, 그의 몸은 자유를 박탈당한 절망적인 교도소 안에 있었으나, 그는 이미 다른 세상에 있었던 것이 아닌가? 그 삼분 삼십초 동안 그의 현실의 시간은 정지되었다. 간수가 문을 깨고 들어와서 그를 끌어낼 때 비로소 그는 현실의 시간으로 되돌아 온 것이다.

우리가 어떤 것에 몰입해 들어갈 때, 그것이 축구시합이든 음악회이든 드라마든 사랑이든 '몰입'은 그 자체의 독특한 시간 구조를 갖기 때문에 현실 세계의 일반적인 시간 구조를 중단시킨다. 거실에서 드라마에 몰입하고 있는 사람들은 '거실'이라는 현실에서 사는 것이 아니라, 이미 다른 세계에로 빠져든 것이다. 그들에게 이미 현실의 시간은 정지되었다. 곧, 현실 시간은 몰입의 세계 속에 붕괴되었다. 소위 시청률이 높은 드라마란 좀처럼 그 몰입의 세계에서 빠져나오지 못하도록 시청자를 붙들어 놓는 위력을 발휘하는 것을 뜻한다. 몰입이 지속되는 동안 바깥 세계는 존재하지 않게 된다. 동시에, 바깥 세계의 확고한 법칙인 죽음도 정지된다. 이때, 갑자기 전화벨 소리가 울리면 이

---

5) '생활세계' 개념에 관해서는 Alfred Schutz & Thomas Luckmann, *The Structures of the Life-World* (Evanston: Northwestern University Press, 1973)을 보라. 여기서 '생활세계'란 의심 없는 태도를 갖는 한 자명하게 보이는 실재, 곧 상식적 태도를 지닌 대다수의 사회구성원이 반성 없이 당연히 그러리라고 가정하는 일상세계를 가리킨다.

들은 잠시 현실 시간으로 되돌아오나, 통화가 끝나면 이내 몰입의 시간 속으로 다시 빠져 들어간다. 소위 드라마 '페인' 이 된 사람은 드라마의 종결을 두렵게 생각하는데 익숙해진다. 현실로 돌아와야 하기 때문이다. 그 현실 세계에는 죽음이 진행된다. 몰입의 세계에서 시간이 영원이 되는 경험을 한 사람은 이 드라마가 끝이 나면 이제 무슨 낙으로 살 것인가를 걱정하게 된다.

바로 이 몰입의 다양한 형태 중 종교적 몰입의 세계는 일종의 종교적 초월의 표지가 된다. 신약 기자들이 발견한 다양한 상징세계 속에 종교적 초월의 풍부한 신호들이 담겨있다.

3. 공관복음의 상징세계 - 하나님의 나라

마가는 예수가 하나님의 복음을 전파하기 시작할 때, "때가 찼고 하나님의 나라가 가까이 왔으니 회개하고 복음을 믿으라"(막 1.15)라고 선포했다고 전한다. 마가복음서에서 '하나님 나라' 는 예수 선포와 사역의 핵심으로 등장하는데, 마태복음서와 누가복음서에서도 하나님 나라(혹은 하늘나라)[6]는 근본적 주제로 나타난다. 곧 예수의 독특한 비유를

---

[6] 마태는 '하나님 나라' 를 사용하지만, 그보다는 '하늘 나라' 라는 표현을 선호한다. 일반적으로 '하늘 나라' 는 '하나님 나라' 에 대한 유대적 완곡어법으로 이해된다. 이러한 이해에 대한 반대 견해로는 Robert Foster, "Why on Earth Use 'Kingdom of Heaven'? Matthew's Terminology Revisited," *NTS* 48 (4, 2002), 487-499 등이 있다. 한편, 요한복음서는 단 두 차례만 '하나님 나라' (요 3.3, 5)가 사용된다. 요한복음서의 '하나님 나라' 에 관해서는 Hans Kvalbein, "The Kingdom of God and the Kingship of Christ in the Fourth Gospel," in *Neotestamentica et Philonica: Studies in Honor of Peder Borgen*, eds. Peder Borgen, David E. Aune, Torrey Seland, & Jarl Henning Ulrichsen (Leiden, Boston: Brill, 2003), 215-232. 요한은 '하나님 나라' 대신 '영생' 이 중심적 상징으로 등장하는데, 이에 대해서는 후술한다.

포함한 공관복음에 등장하는 가르침(마 5.3; 13.31; 막 4.30; 눅 6.20; 13.18-19 등 등) 및 그의 치유와 축귀(마 11.4-6; 눅 7.22, 23; 13.16 등등)는 하나님 나라와 연관된 것으로 제시되며, 예수는 자신 뿐 아니라 자신의 파송한 제자들의 주요 임무도 하나님 나라 선포임을 분명하게 밝힌다(마 10.7; 눅 9.2; 10.9 등등).

좀처럼 일치된 견해에 도달하지 않는 신약학자들도 공관복음의 예수가 '하나님 나라'를 자신의 선포와 사역의 중심에 놓았다는 것에는 별다른 이견을 보이지 않는다. 그러나 문제는 '하나님 나라'의 의미이다. 예수는 '하나님 나라'를 말하기는 하지만 그 뜻을 설명하지는 않았다. 따라서 '하나님 나라'와 관련된 다양한 학문적 논쟁이 일어났다. '하나님 나라'는 현재에 온 것인가, 도래할 미래 사건인가, 아니면 둘 다인가? '하나님 나라'는 구원과 심판 중 어느 측면이 더 강조된 기대인가? '하나님 나라'는 '하나님의 통치'라는 역동적 개념인가, 아니면 '하나님의 영토'라는 공간적 개념인가?[7] '하나님 나라'는 순수한 종교적 실체인가, 아니면 사회정치적 실체인가?[8] '하나님 나라'는 묵시문학 전승에서 발전되었는가, 아니면 지혜 전승의 영향권 아래 놓여 있는가? '하나님 나라'는 유대적 전통을 계승한 것인가, 아니면 이탈한 것인가? 등등. 이상의 논쟁들은 종내 합의에 도달하지 못할 가능성이 높은데, 그것은 하나님 나라를 일종의 '개념'으로 상정하기 때문이다.

---

7) J. Marcus, "Entering into the Kingly Power of God," *JBL* 107 (1988), 663-75; J. C. O' Nell, "The Kingdom of God," *NovT* 35 (1993), 130-41.
8) 최근 홀슬리는 예수의 '하나님 나라'를 종교적 영역에 국한하려는 시도를 비판하고, 당시 예수의 종교적 상징 행위들이 어떻게 정치, 사회인 것과 연결되어 있는지를 해명하였다. Richard A. Horsley, *Jesus and Empire: The Kingdom of God and the New World Disorder* (Minneapolis: Fortress, 2003).

그러나 예수가 선언한 하나님 나라는 그 범위와 내용이 모순 없이 정돈된 '개념'이라기보다는 '상징'으로 이해하는 것이 적절하다. 예수의 '하나님 나라'는 완전히 해명 가능한 개념이라기보다는 소진되지 않는 모호성과 다가성을 띤 채, 청중을 그것에 참여하게 한다. 예수의 하나님 나라는 청중들에게 기지(旣知)와 미지(未知) 사이에 놓인 상징으로, 청중의 참여로 그 의미가 현재화되는 '상징'이라고 할 수 있다.

일찍이 노만 페린(Norman Perrin)은 '하나님 나라'가 하나의 '상징'임을 간파하였다. 그는 "하나님 나라는 고대 이스라엘 및 하나님이 왕으로 나오는 신화와 문화적으로 연속선상에 있는 사람들에게 의미를 갖는 상징"이라고 주장하면서, 예수의 '하나님 나라' 역시 그러한 문화적 연속선상에서 이해할 수 있다고 하였다. 그에 따르면 하나님 나라 상징은 혼돈과의 투쟁에 대한 구약성서의 신화와 야웨의 왕 즉위 축제에 대한 전승과 관련되어 있다.[9] 그러나 페린의 주장과는 달리 예수의 '하나님 나라'가 당시 청중들에게 어떤 확실한 윤곽을 가진 특정한 신화 속에서 그 신화를 환기하게 하는 상징이라고 할 수 없다. 공관복음에 나오는 예수의 하나님 나라에 관한 다양한 비유, 가르침, 치유, 선포 등은 페린이 언급한 신화보다는 보다 폭넓은 범위를 갖기 때문이다. 또한 페린은 상징으로서 '하나님 나라'를 통해 열리는 초월의 세계를 적절히 언급하지 못했다.

예수의 '하나님 나라'는 당시의 청중으로 하여금 당연한 것으로 상정되는 일상세계를 초월하게 하고, 기존의 현실 감각 및 관념의 상투성에 새로운 차원의 전망을 제공하였다. 다시 말해 예수의 '하나님 나라' 상징은 일상세계의 현실을 구성하는 상식적 인과 고리의 단절, 관

---

9) Norman Perrin, *Jesus and the Language of the Kingdom* (Philadelphia: Fortress, 1976), 197.

습적 사회 관념의 변혁, 새로운 세계 질서의 도래를 지금의 현실로 끌어 오는 힘이었다. 특별히 예수의 '하나님 나라'는 일상 세계에서 소외당한 사람들, 주변부로 밀려난 사람들에게 익숙한 절망으로부터 초월케 하는 힘이었다.[10]

하나님 나라를 상징으로 이해하게 되면, 그동안 하나님 나라를 둘러싼 여러 논쟁들이 해결된다기보다는 해소된다. 곧, 하나님 나라를 상징으로 이해할 때, 그 나라가 공간 개념인가 시간 개념인가의 논쟁, 또는 시간 중 과거, 현재, 미래 중 어느 쪽과 연관되는가의 논쟁이 해소된다. 상징은 과거, 현재, 미래라는 기계적인 시간의 배열을 넘어선다. 상징은 과거를 현존하게 하고, 현재를 망각하게도 하며, 미래를 과거로 느끼게도 한다. '하나님 나라' 곧, 하나님의 통치가 공간 개념이 아니라, 시간 개념이라는 것이 마치 정설처럼 굳어진 압도적인 가설이기는 해도, 달리 생각하면 공간 개념의 측면이 없는 것도 아니다. 오히려 하나님 나라는 현 세계에서도 상징적 공간을 제시한다. 말씀이 선포되고, 치유가 벌어지고, 세례와 성만찬이 행해지는 그 공간은 이미 세속의 공간이 아닌, 거룩한 곳이 침투해 들어오는 공간, 곧 상징적 공간이 된다. '그곳'에서 하나님의 통치는 실현된다. 상징을 통한 하나님 나라 이해는 '영토'와 '통치'가 서로 분리되지 않고, 상징 속에서 통합하게 한다.

무리들이 예수의 가르침에 놀란 이유는 무엇인가? 그가 가르친 하나님 나라가 힘겨운 현실을 초월할 수 있는 몰입의 순간을 제공했기

---

10) 마가복음서 13장에 나타난 종말론을 주석적으로 접근하면서 '하나님 나라'의 상징성과 비일상적 시간 경험, 그리고 당시 청중이 경험했을 집단적인 자기 정체성 등을 라틴아메리카의 민중적 연구 전통에 놓고 해석한 작품으로는 Elliott C. Maloney, *Jesus' Urgent Message for Today* (London: Continuum, 2004)을 참고하라.

때문이다. "여기 서 있는 사람 중에는 죽기 전에 하나님의 나라가 권능으로 임하는 것을 볼 자들도 있느니라"(막 9.1)는 말씀의 수혜자들[11]에게도 그 말씀은 현실 초월의 강력한 힘이 되었을 것이다.

공관복음의 예수는 일상세계를 넘어선 '하나님 나라'의 상징세계에 몰입하게 한다. 이 때 예수는 청중들에게 '회개'를 요청한다. 마태의 세례 요한과 예수는 '회개'를 '하늘나라' 선포 이전에 위치하여(마 3.2; 4.17) '회개'를 하나님 나라로 들어가는 하나의 통로로 제시한다. 마가복음서에서 '회개'의 전파는 하나님 나라 선포를 포함하는 것으로 처리되고(막 6.12), 누가복음서에서도 회개가 예루살렘으로부터 시작하여 모든 민족들에게 선포되어야 할 것으로 나타난다(눅 24.27).

'회개'는 세례 요한에 의해 세례와 연결되었는데(마 3.11; 막 1.4; 눅 3.3 등등),[12] 초기 기독교 공동체에서도 회개와 세례를 서로 분리하지 않았다(행 2.38). 곧 '회개'는 세례의 제의[13]와 연결되어 '하나님 나라'라는

---

11) 하티나(Thomas R. Hatina)는 최근의 그의 논문에서 "여기 서 있는 사람 중에는 죽기 전에 하나님의 나라가 권능으로 임하는 것을 볼 자들도 있느리라"(막 9.1)는 말씀에서 그 수혜자인 '여기 서 있는 자들'이 13장 26절과 14장 62절과의 관련 속에서 살펴볼 때, 예수의 동조자들이라기보다는 오히려 반대자들이라고 해석한다. 따라서 이 구절은 동조자들에 대한 축복보다는 반대자들에 대한 위협으로 기능한다는 것이다. T. R. Hatina, "Who Will See 'The Kingdom of God Coming with Power' in Mark 9.1-Protagonists or Antagonists?," *Biblica* 86 (1, 2005), 20-34. 여기서 하티나는 마가의 특정한 구절들이 여러 사람에게 각기 다른 의미를 줄 수 있다는 점을 포착하지 못했다. 가령, "하나님의 아들 예수 그리스도의 복음의 시작"(막 1.1)이라 할 때, 그 '복음'은 동조자에게는 기쁜 소식이었으나, 동시에 반대자에게는 두려운 소식이었다. 9장 1절도 하티나와는 달리, 반대자들에 대한 위협만이 아니라, 동조자들에 대한 축복으로도 기능했다고 보는 것이 보다 더 적합하다. 마가가 본 예수의 이 말씀은 동조자들에게 현실 초월의 강력한 힘을 제공했을 것이다.
12) 초기 기독교 공동체는 세례 요한의 세례를 능가하는 세례를 베푼다고 주장하기도 했다(마 28.20; 막 1.8; 눅 3.16 등등).
13) 세례에 관한 포괄적인 연구로는 R. E. O. White, Anthony R. Cross, & Stanley E. Porter, eds., *Baptism, the New Testament and the Church: Historical and Contemporary Studies in Honour of R.E.O. White* (Sheffield: Sheffield Academic Press, 1999)를 참고하라. 특히 이 논문의 주제와 관련하여 던(James D. G. Dunn)의 논문은 유용하다. "'Baptized' as Metaphor," in *ibid.*, 294-310.

상징세계에 들어가는 하나의 통로로 인식되었다.

공관복음의 예수는 자신이 제시한 '하나님 나라'에서 초월을 경험하게 한다. 예수가 선포한 '하나님 나라'를 발견한 청중들은 일상 세계를 공고히 해주는 관습과 '상식', 그리고 이른바 현실적 힘을 넘어서게 된다. 하나님 나라는 '현실'을 초월하게 함으로써 새로운 실재에 눈뜨게 해주고, 그 상징세계를 받아들인 사람들에게 현실을 감내하고 극복할 수 있는 근거를 마련해 준다. '회개' 및 회개와 연결된 제의로서의 세례는 일상세계로부터 상징세계로 진입하는 통로의 역할을 담당한다.

4. 요한복음서의 상징세계 - 영생

요한복음서에서는 영생이라는 독특한 상징세계가 발견된다.[14] 요한복음서의 '영원한 생명'은 공관복음서의 '하나님 나라'와 비견될만한 주요한 개념이다. 요한의 예수는 이렇게 가르친다. "나를 믿는 자는 죽어도 살겠고 무릇 살아서 나를 믿는 자는 영원히 죽지 아니하리니"(요 11.25-26). "나를 믿는 자는 영원히 목마르지 아니하리라"(요 6.35). 이런 구절들 속에 무궁한 초월의 표지들이 함축되어 있다.

12장 24-26절을 통해 요한공동체의 구성원들은 자신의 목숨을 내어놓아 '많은 열매' 곧 요한공동체의 보전과 확장에 기여하고 이를 통해 영원한 생명을 획득하는 길을 택하라고 격려 받는다. 문화인류학적

---

[14] 요한복음서의 상징에 관한 연구로는 Craig R. Koester, *Symbolism in the Fourth Gospel: Meaning, Mystery, Community* (Minneapolis, MN: Augsburg Fortress Publishers, 2003)를 참고하라. 그러나, 쾨스터는 '영생'을 단독 항목으로 다루지는 않는다.

통찰, 곧 1세기 집단 지향적 인격체들은 자신의 자신됨을 발견한 그룹을 위해 희생하고, 그 그룹의 존재를 통해 생명을 얻는 존재 방식을 택한다는 통찰은 요한의 영원한 생명의 형태를 해명하는 데에도 도움을 준다.[15] 영생과 사랑이 실현되고 있는 요한공동체를 위해 구성원 개인을 희생하고, 그 공동체의 존속을 통해 영원한 생명을 실현하라는 요한공동체의 선언은 1세기 집단 지향적 인격체를 가진 이들에게 결코 낯선 것이 아니었다. 박해와 핍박에 놓인 요한공동체[16]의 구성원들은 "세상이 예수를 하나님의 진리의 담지자로 영접하기를 거절하자(요 1.10-11), 신앙공동체를 생명과 사랑이 발견될 수 있는 유일한 영역으로"[17] 여기게 되었고, 희생, 더 나아가 희생적 죽음을 통한 요한공동체의 보전과 확장을 하나님으로부터 오는 명예 획득의 길로, 또 영생의 형태로 이해하는 데에 이르렀다.

소멸된 밀알 하나는 '많은 열매'인 공동체의 존속으로 영원한 생명을 얻는다. 물론 이 공동체의 생명은 하나님과 예수, 그리고 보혜사의 현존 속에 담보되는 것이며, 궁극적으로는, 이 공동체 역시 '많은 열매'를 위해 소멸될 하나의 밀알이다. 밀알 하나가 땅에 떨어져 죽는다고 자연적으로 '많은 열매'를 맺는 것이 아니다. 하나님이 그 밀알의 죽음을 통해 '많은 열매'를 맺게 하는 것이다. 그러므로 여전히 생명의 '근거'는 요한공동체 스스로에게 있는 것이 아니다. 요한복음서에

---

15) Stephen Mulhall and Adam Swift, *Liberals and Communitarians* (Oxford: Blackwell, 1992), 101-26; Ronald Dworkin, "Liberal Community," in *Communitarianism and Individualism*, ed. by Shlomo Aviner and Avner De-Shalit (Oxford: Oxford University Press, 1992), 208-16.
16) 요한공동체의 역사와 신학을 개괄적으로 다룬 것으로는 J. Louis Martyn, *History & Theology in the Fourth Gospel* (Nashville: Abingdon, 1968).
17) Richard B. Hays, *The Moral Vision of the New Testament: Community, Cross, New Creation; A Contemporary Introduction to New Testament Ethics* (Edinburgh: T. & T. Clark, 1997), 146-47.

서 예수는 죽음을 통하여 공동체를 창조하고, 보전하며 확장한다. 그는 공동체에 생명을 주고, 자신의 공동체가 영원히 멸망하지 않도록 보전한다. 예수를 따르는 제자는 이러한 죽음에로 부름을 받는다. 그는 한 알의 밀알로 죽어 공동체의 보전과 확장에 이바지 한다. 이것은 실상 목숨을 잃는 개인의 소멸을 의미하지만 그로부터 얻어지는 '많은 열매'가 바로 그 밀알이 영원토록 목숨을 보전하는 길이다. 밀알이라는 개체는 소멸하지만 '많은 열매'라는 공동체는 살고, 그 공동체의 지속적인 삶이 바로 요한이 말하는 영원한 생명의 형태이다. "나를 믿는 자는 영원히 죽지 않는다"(요 11.26)는 말씀에 몰입해 있는 사람에게 현실의 시간은 정지된다. 더 나아가, 현실을 지배하는 죽음도 정지된다.

요한이 펼쳐 보이는 이러한 영생의 상징세계를 맛본 요한공동체 구성원들은 자신들을 영생에 걸맞은 "하나님의 자녀"(요 1.12)요, "하나님으로부터 난 자들"(요 1.13)로 규정했다. 이는 하늘로부터 내려온 예수가 "하나님의 아들"(요 3.18)이며 "아버지로부터 온 분"(요 16.27, 28)으로 제시되는 것과 맥락을 같이한다. 이 상징세계 속에서 요한공동체는 '신적인 공동체'가 된다. 세상에서는 천대를 받으나, 이 공동체 속에서는 아버지와 신성을 부분적으로 공유하는 하나님의 자녀의 위치로 격상된다.

더 나아가, 요한이 제시한 영생의 상징세계 속에서 그 공동체 구성원들은 자신들이 하늘로부터 내려오기 전에 '신들'이었고, 장차 그 위치를 다시 회복하리라고 기대했다. "하나님의 말씀을 받은 사람들을 신들이라 하셨다"(요 10.35). 비록 '신들'이라는 칭호가 예수가 그의 신적 기원에 대한 유대인들의 오해에 맞서 논쟁하는 맥락에서 나타났을

지라도, 그것은 그 공동체의 기원과 기대를 암시하고 있다. 예수가 하나님의 말씀을 받은 자였던 것같이(요 17.8), 그들은 하나님의 말씀을 받은 "신들"이었다(요 10.35).

하늘로부터 땅으로 내려 왔을 때 예수가 신적인 영광을 부분적으로 잃어버린 것과 같이 그 공동체의 구성원들은 자신들이 하늘로부터 땅으로 내려 왔을 때 신적인 영광을 부분적으로 상실했다고 이해했다. 요한은 예수의 천상의 삶을 신성의 상태로, 지상에로의 하강을 신성의 부분 상실로, 천상에로의 상승을 신성의 완전 회복으로 간주하는 상징세계를 제공한다. 요한공동체 구성원들의 자기이해도 이 패턴에 따라 형성되었다. 그 구성원들은 일상세계에서는 핍박을 당하나(요 16.33), 그들이 선택한 그 상징세계 속에서는 예수에게 허락되었던 영광을 얻게 된다(요 17.22). 자신들의 신적 기원에 대한 각성과 완전한 신성 회복을 통한 영생에 대한 동경이 한 알의 밀알들이 힘겨운 현실을 초월하는 주요 통로였다.

5. 바울서신의 상징세계 - 신앙인의(信仰認義)

바울은 "사람이 의롭다함을 얻는 것은 율법의 행위들에 의해서가 아니라 예수 그리스도에 대한 믿음을 통해서이다"(갈 2.16; 롬 3.28 참조)라고 주장했다. 믿음으로 의롭다함을 얻는다는 신학적 명제도 바울이 제공한 독특한 상징세계 중 하나이다. 바울의 인의론은 단순한 행위가 아니라 '율법의 행위'를 문제 삼는다. 율법의 행위들은 하나님의 언약의 대상으로 선택된 백성으로서의 유대인들을 이방인들로부터 구별 짓게 하는 '분리'의 기능을 수행한다. 율법의 행위들은 일종의 '식별들' 또는 '정체 표지들'이 된다.[18] 이 점은 이미 던(James D. G. Dunn)이 밝혀 놓았다. 구약에서 율법에 복종하라는 명령은 거룩하지 않은 국가들로부터 분리되라는 명령이다(신 7.1-11; 스 10.11). 유대인들은 율법의 행위들을 통해 율법을 받은 자신들을 율법을 받지 못한 이방인들로부터 분리시켰다. 율법을 받았다는 것은 하나님의 백성으로 선택되었다는 것을 뜻한다. 율법의 행위들은 유대인들이 자신들과 이방인들 사이에 경계선을 그을 수 있는 가장 분명한 수단이다. 유대인들은 "그 경계선이 위협받게 되는 듯 하거나 결과적으로 그들 자신의 정체성이 도전받게 되는 문제에 민감하다."[19] 율법의 행위들은 유대인들로 하여금 이방인들에 대해 우월감이나 특권의식을 갖게 하는 방편이 되었다. 결국, 율법의 행위들에서 유발된 유대인들의 특권의식은 자신들과 이방인들 사이에 장벽을 설치하게 했다. 바울은 바로 이 '장벽'을 제거할 수 있는 상징세계를 제시한다. 곧 신앙인의는 인종, 문화, 국민성에 의한 특권 상태 유지와 그에 따른 차별 시도에 반대하여 바울에 의해 세워진 독특한 세계이다.[20]

신앙인의론은 이방인 크리스천들도 언약 백성으로서의 하나님의 백성의 일원이 될 수 있는가 하는 문제에 대한 바울의 신학적 답변이다. 바울은 이 문제에 대해 긍정적으로 답변하기 위해 유대인과 이방인 사이의 경계선을 제거하고 '하나님의 백성'에 대한 전통적인 개념을 새롭게 다시 규정한다. 우선 바울은 유대인들의 특징을 율법에 대한 '열심'과 율법에 대한 '자랑'으로 특징짓는다. 이 '열심'과 '자랑'

---

18) J. D. G. Dunn, *Jesus, Paul, and the Law* (London: SPCK, 1990), 194.
19) *Ibid.*, 231.
20) J. D. G. Dunn, "The Justice of God," *JTS* 43 (1992), 15.

은 이스라엘 백성의 한 구성원로서의 자신의 특권을 의식하고 유지하는 수단이 된다. 이런 의미에서 유대인들의 자랑은 어거스틴, 루터, 불트만, 케제만 등의 개인주의적 해석의 계보에 속한 학자들이 오랜 역사를 거쳐 줄기차게 주장해 온 '자기 자랑'이 아니다. 그것은 '율법 자랑'이다. 휘브너(H. Hübner)의 지적대로, "유대인의 하나님 자랑은 그의 율법자랑과 일치한다. 그러나 그가 율법을 지키지 않기 때문에 이 자랑은 죄"가 된다.[21] 바울은 인의론을 전개하면서 유대인들의 율법 자랑을 거부하는 작업을 병행한다(롬 3.27). 로마서 3장 28절의 인의론은 바로 이 자랑을 배제시키기 위한 근거로 마련된 것이다.

바울의 인의론은 율법의 행위들을 통해 세워진 유대인들과 이방인들 사이의 장벽이 그리스도를 믿는 믿음을 통해 철폐된다는 것을 강조한다. 곧 그 인의론은 한 인간의 속성의 변화, 또는 하나님에 대한 의존성이라는 개인적인 차원이 아니라, 인간들끼리의 바른 관계의 회복이라는 사회적인 차원에 초점이 맞추어진 것이다. 최근에 던은 신앙 인의론의 개인적 차원에도 주목하였는데, 이는 자신의 이전 주장에서 후퇴한 것이다. 곧, 그는 개인이 복음에 응답하고, 그것이 주는 축복들을 체험하는 수단은 '신앙, 믿음'(πίστις)이라고 주장한다.[22] 더 나아가, 던은 바울의 인의론은 단지 이방인을 받아들이는 문제에 대한 대답 뿐 아니라, 하나님에 대한 인간의 의존성에 관한 근본적인 진술을 제공한다고 강조함으로써 인의론을 포괄적으로 해석한다.[23] 그러나 바울의 인의론이 최초로 전개된 제한된 배경과 특정한 목적을 고려한다면(갈

---

21) H. Hübner, *Law in Paul's Thought* (Edinburgh: T.&T. Clark, 1984), 124.
22) J. D. G. Dunn, *The Theology of Paul, the Apostle* (Grand Rapids, Michigan: W. B. Eerdmans Publishing Company, 1998), 371.
23) *Ibid.*, 372.

2.11-16), 던의 해석과는 달리, 개인적인 차원의 해석이 개입될 여지는 현격히 줄어든다. 이는 이미 일찍이 슈텐달(K. Stendahl)이 간파한 적이 있다. "인의론은 이방인 개종자들도 이스라엘에게 준 하나님의 약속의 완전하고도 진정한 상속자들이 될 수 있다는 권리를 옹호하려는 대단히 독특하고도 제한된 목적을 위해 바울에 의해 창출되었다."[24] 이런 점에서 최근에 초우(S. Chow)가 바울의 신앙인의론은 개인이 아니라, 교회 내부 구성원들 간의 관계를 다룬다고 주장한 것은 정곡을 찌른 것이다.[25]

인의론의 상징세계에 몰입하는 사람에게는 할례자나 무할례자, 유대인이나 헬라인(이방인)의 차별이 사라진다. 유대인과 이방인 사이의 장벽 철폐를 위해 바울은 유대인만을 위한 유대인의 유일신관의 내용을 확장시킨다. 하나님은 이방인의 하나님도 되신다는 것이다(롬 10.12). 여기서 바울은 '하나님의 백성'의 개념을 재규정한다. '표면적' 유대인과 '내면적' 유대인이 대조되고 '표면적 육체의 할례'와 '영적 마음의 할례'가 대조된다(롬 2.28-29). 하나님의 백성의 집단에는 인종적으로는 유대인이나 거부되는 사람이 있고, 이방인이지만 수용되는 사람이 있다. "내가 내 백성이 아닌 자를 내 백성이라 부르리라"(롬 9.25). 바울은 "할례자도 믿음으로 말미암아 또한 무할례자도 믿음으로 말미암아 의롭다 하실 하나님은 한 분이시니라"(롬 3.30)라고 선언함으로써 동일한 믿음이 두 그룹 모두를 구원의 집단에로 통합시키는 유일한 조건임을 밝혔다.

그러나 바울이 제시한 이러한 인의론의 상징세계에 유대인들이 동

---

[24] K. Stendahl, *Paul among Jews and Gentiles* (Philadelphia: Fortress Press, 1976), 2.
[25] S. Chow, "Justification by Faith Reconsidered," *Theology & Life* 27 (2004), 117-131.

의하기 어려운 것은 그 혜택이 유대인들보다는 이방인들에게 더 돌아가는 것으로 이해되기 때문이다. 이 세계에 들어가려면 유대인들은 그동안 누려왔던 율법의 행위를 통한 특권의식, 민족적 우월감, 분리의 정체성을 다 포기해야 하기 때문이다. 결국, 바울이 제시한 인의론은 근본적으로 평등 지향적 상징세계이나, 그의 희망과는 달리 이방인들에게 유리하게 짜여진 상징세계라 할 수 있다. 바울이 신앙인의론을 천명하기 이전, 율법의 행위의 중요성이 부각될 때에는 유대인들이 유리한 입장이었으나, 이것이 바울의 신앙인의론에서 이방인들이 유리해지는 형국으로 반전된다. 바울이 제공한 인의론의 상징세계에 유대인들은 들어가기 어렵다. 그러나 이방인들은 그 세계에 쉽게 몰입할 수 있었다. 그 상징세계 속에서 이방인들은 믿음에 의해, 그동안 자신들에게 가해졌던 차별의 현실을 초월하는 통로를 발견했기 때문이다.

6. 결어

신학을 인간학으로 환원하려는 시도는 한 쪽 측면에 지나치게 편중된 것이라 할 수 있다. 한 입장에서 인간의 투사로만 보이는 것이 다른 입장에서는 신적 실재계의 반영으로 보일 수도 있기 때문이다. 포이어바하의 눈으로 보자면 한 조각은 그 조각가가 '만든' 인간적인 작품이다. 그러나 미켈란젤로의 눈으로 보면 그 조각은 조각가가 '발견한' 신적 형상이다. 신약학적 사고란 신약에 나오는 다양한 인간적 투사가 신적 실재와 상응한다고 전제하고, 이 실재의 흔적을 찾으려는 지적 작업이다. '상징'과 '몰입'은 이 작업의 수행을 위한 최적의 개념이다. 상징을 통하여 열리는 세계, 곧 상징세계의 주된 목적과 기능은 초월이라고 할 수 있다. 상징세계에 몰입할 때 초월이 경험된다. 일반적으로 초월의 표지라는 것은 현실 영역 안에서 나타나면서도 동시에 이 현실을 초월하는 것으로 보이는 현상을 뜻한다.

공관복음의 예수는 '하나님 나라'라는 상징을 선포함으로써, '당연한 것'으로 여겨졌던 생활세계를 초월하는 새로운 실재에로 청중들을 초대한다. 특별히 '하나님 나라'는 당시 주변부 사람들, 억압받는 계층의 사람들이 나날이 직면해야했던 익숙한 절망을 넘어서는 변혁의 원천이 된다. 청중들은 '하나님 나라'의 상징세계에는 '회개'및 그와 연결된 '세례'의 제의를 통해 들어갈 수 있다고 설득된다.

요한복음서의 예수는 '영생'이라는 상징세계를 청중들이 깨닫도록 격려한다. '영생'은 각 개인에게 독립적으로 주어진 것이라기보다는 예수가 창조한 공동체의 보전과 확장에 참여하는 그 구성원들에게 주어진다. 요한공동체는 개인이라는 밀알의 소멸이 맺은 '많은 열매'로 인식되었는데, 그 공동체의 지속적인 삶이 바로 요한이 말하는 영원한 생명의 형태이다. 요한공동체 구성원들은 영생의 상징세계에 걸맞게 자신들의 정체를 하나님의 자녀 또는 신들로 규정한다. 그들은 완전한 신성 회복과 영광을 향한 동경을 통해 힘겨운 현실을 초월하는 영생의 상징세계에 편입된다.

바울은 '하나님 나라'나 '영생'과는 달리 '믿음을 통하여 의를 얻는다'는 신앙인의를 주장한다. 이것은 바울이 제시한 신학적 명제이자 예수 그리스도의 죽음과 부활을 통해 그에게 계시된 상징세계이다. 이 상징세계에서는 유대인과 이방인을 갈라놓는 일체의 구별들이 사라지게 된다. 신앙인의의 상징세계에서는 유대인들의 특권 의식은 더 이상 유효하지 않고, 천대받던 이방인도 하나님의 백성이 되는 길이 마련된다. 바울은 이 상징세계로 들어가는 길이 차별을 철폐한 예수 그리스도에 대한 믿음이라고 선언한다. 그러나 평등 지향적 세계를 꿈꾸던 바울의 희망과는 달리, 그의 신앙인의론은 이방인들에게 유리하도록 짜여진 상징세계로 평가된다.

하나님나라, 영생, 신앙인의는 보는 사람에 따라 인간적 '투사'로 이해될 수도 있고, 반대로 신적 '반영'으로 이해될 수도 있다. 그러나 전자의 측면만을 강조한다면 신학은 인간학으로 환원될 수밖에 없다. 신약성서는 시간이 영원으로 전이되는 길을 제시하고 있다. 하나님나라, 영생, 신앙인의는 일상세계에서 위협과 고통과 절망을 익숙하게 체감하는 사람들에게, 그 세계를 초극할 수 있는 상징세계를 제공한다. 신학의 독특성을 유지하는 하나의 길은 신약성서 속에서 일상적인 시간을 신앙 속에 함몰시키는 초월의 표지들을 발굴하고, 그에 이르는 통로들을 제시해 주는 일이다.

참고문헌
인명색인

참고문헌

Ahearne-Kroll, Stephen P. "'Who Are My Mother and My Brothers?' Family Relations and Family Language in the Gospel of Mark." *Journal of Religion* 81 (1, 2001): 1-25.

Agosto, Efrain. "Patronage and Commendation, Imperial and Anti-imperial." In *Paul and the Roman Imperial Order*, 103-123. Ed. Richard A. Horsley. Harrisburg: Trinity Press International, 2004.

Aichele, G. "Jesus' Uncanny 'Family Scene'." *JSNT* 74 (1999): 29-49.

Allison, D. C. "Rejecting Violent Judgement: Luke 9:52-56 and Its Relatives." *JBL* (3, 2002): 459-478.

Anderson, H. *The Gospel of Mark*. New Century Bible Commentary. Grand Rapids: Wm. B. Eerdmans Publishing Company, 1976.

Anderson, Paul N. "The Having-Sent-Me Father: Aspects of Agency, Encounter, and Irony in the Johannine Father-son Relationship." *Semeia* 85 (1999): 33 - 57.

Ascough, Richard S. "Matthew and Community Formation." In *The Gospel of Matthew in Current Study*, 96-126. Edited by David E. Aune. Grand Rapids, Michigan: W. B. Eerdmans Publishing Company, 2001.

Ashton, John. "The Transformation of Wisdom. A Study of the Prologue of John's Gospel." *NTS* 32 (1986): 161-186.

Ball, David T. "What Jesus Really Meant by 'Render unto Caesar' (It's Not about Taxes)." *Bible Rev* 19 (2, 2003): 14-17, 52.

Barrett, C. K. *The Gospel According to St John. An Introduction with*

Commentary and Notes on the Greek Text. 2nd ed. London: SPCK, 1978.
Bauckham, Richard J. *God Crucified: Monotheism and Christology in the New Testament.* Grand Rapids: Eerdmans, 1999.
Beasley-Murray, George R. *John,* Word Biblical Commentary 36. Waco Texas: Word Books, 1987.
_____. *Gospel of Life-Theology in the Fourth Gospel.* Peabody: Hendrickson Publishers, 1991.
Beaton, Richard. "Messiah and Justice: A Key to Matthew's Use of Isaiah 42.1-4." *JSNT* 75 (1999): 5-23.
Becker, Howard S. *Outsiders: Studies in the Sociology of Deviance.* New York: The Free Press, 1973.
Berger, K. *Im Anfang war Johnannes. Datierung und Theologie des vierten Evangeliums.* Stuttgart: Quell, 1997.
Berger, P. "The Sociological Study of Sectarianism." *Social Research* 21 (1954): 467-485.
_____. *The Sacred Canopy: Elements of A Sociological Theory of Religion.* New York: Anchor Books, 1967.
_____. *A Rumor of Angels.* New York: Anchor Books, 1970.
Betz, Hans Dieter. "Jesus and the Purity of the Temple (Mark 11:15-18): A Comparative Religion Approach." *JBL* 116 (3, 1997): 455-472.
Billy, D. "The Road to Emmaus: The Journey of Discipleship." *Emmanuel* 107 (3, 2001): 155-159, 163-164.
Blok, A. "Rams and Billy-Goats: A Key to the Mediterranean Code of Honour." Man 16 (1981): 427-440.
Borg, Marcus J. *Jesus: A New Vision. Spirit, Culture, and the Life of Discipleship.* San Francisco: Harper & Row, 1987.
_____. *Meeting Jesus Again for the First Time: The Historical Jesus and the Heart of Contemporary Faith.* San Francisco: HarperSanFrancisco, 1994.
Bossman, David M. "Christians and Jews Read the Gospel of Matthew Today." *BTB* 27 (2, 1997): 42-52.

Bowe, B. E. "Drama and Storytelling in the Gospel of John." *Bib Today* 38 (5, 2000): 275-281.

_____. "The Portrait of Jesus in the Gospel of John." *Bib Today* 40 (2, 2002): 81-85.

Brandon, S. G. F. *Jesus and the Zealots*. New York: Charles Scribner's Sons, 1967.

Brawley, R. L. "Ethical Borderlines Between Rejection and Hope: Interpreting the Jews in Luke-Acts." *Curr Theol Miss* 27 (6, 2000): 415-423.

Brent, A. "Luke-Acts and the Imperial Cult in Asia Minor." *JTS* 48 (2, 1997): 411-438.

Brooks, O. S. "The Function of the Double Love Command in Matthew 22:34-40." *And Univ Sem Stud* 36 (1, 1998): 7-22.

Brown, R. E, Donfried, K. P, and Reumann, J., eds. *Peter in the New Testament*. New York: Paulist Press, 1973.

Brown, R. E. *The Community of the Beloved Disciple*. New York: Paulist Press, 1979.

_____. *The Gospel According to John*(i-xii). vol. I. New york: Doubleday & Company, Inc., 1966.

_____. *The Gospel according to John*(xiii-xxi). vol. II. New York: Doubleday & Company, Inc., 1966.

Brueggemann, W. "Trajectories in Old Testament Literature and the Sociology of Ancient Israel." *JBL* 98 (2, 1979): 161-185.

Bucher, O. " The Scribe of Mark 12." *Bib Today* 38 (2, 2000): 95-97.

_____. "The Gospel for the First-Century World." *Bib Today* 40 (3, 2002): 159-165.

Bultmann, R. *The Gospel of John: A Commentary*. Philadelphia: The Westminster Press, 1971.

_____. *The Theology of New Testament*. London: SCM Press, 1951.

Burkett, Delbert. *The Son of the Man in the Gospel of John*. Sheffield, England: Sheffield Academic Press, 1991.

Cadman, W. H. *The Open Heaven*. ed. G. B. Caird. Oxford: Clarendon

Press, 1969.

Cameron, Ron. " 'What Have You Come Out To See?' Characterizations of John and Jesus in the Gospels." *Semeia* 49 (1990): 35-69.

Campbell, J. C. *Honour, Famaily and Patronage: A Study of Imstitutions and Moral Values in a Greek Mountain Community*. Oxford: Clarendon, 1964.

Capper, B. J. " 'With the Oldest Monks…' Light from Essene History on the Career of the Beloved Disciple?" *JTS* 49 (1, 1998): 1-55.

Carson, D. A. *The Gospel according to John*. Grand Rapids: William B. Eerdmans Pub. Com., 1991.

Carter, Warren. " 'Solomon in All His glory' : Intertextuality and Matthew 6.29." *JSNT* (65, 1997): 3 - 25.

_____. "Contested Claims: Roman Imperial Theology and Matthew's Gospel." *BTB* 29 (2, 1999): 56-67.

_____. "Evoking Isaiah: Matthean Soteriology and an Intertextual Reading of Isaiah 7-9 and Matthew 1:23 and 4:15-16." *JBL* 119 (3, 2000): 503-520.

_____. "Jesus' 'I have come' Statements in Matthew's Gospel." *CBQ* 60 (1, 1998): 44-62.

_____. "Matthew 4:18-22 and Matthean Discipleship: An Audience-oriented Perspective." *CBQ* 59 (1, 1997): 58 - 75.

_____. "Narrative/literary Approaches to Matthean Theology: The 'Reign of the Heavens' as an Example (Mt. 4.17-5.12)." *JSNT* 67 (1997): 3-27.

_____. "Paying the Tax to Rome as Subversive Praxis: Matthew 17.24-27." *JSNT* 76 (1999): 3-31.

_____. "Resisting and Imitating the Empire. Imperial Paradigms in Two Matthean Parables." *Interpretation* 56 (3, 2002): 260-272.

_____. "The Prologue and John's Gospel: Function, Symbol and the Definitive Word." *JSNT* 39 (1990): 35-58.

_____. " 'To Save His People From Their Sins' (Matt 1:21): Rome's Empire and Matthew's Salvation As Sovereignty." *SBL Seminar*

Papers 39 (2000): 379-401.
_____. *Matthew and Empire: Initial Explorations.* Harrisburgh, Pennsylvania: Trinity Press International, 2001.
_____. *Matthew and the Margins - A Sociopolitical and Religious Reading.* New York: Orbis Books, 2001.
Casey, P. M. "Culture and Historicity: The Cleansing of the Temple." *CBQ* 59 (2, 1997): 306-332.
Charlesworth, J. H. "Reinterpreting John. How the Dead Sea Scrolls Have Revolutionized Our Understanding of the Gospel of John." *Bib Rev* 9 (1, 1993): 19-54.
_____. *Jesus within Judaism: New Light from Exciting Archaeological Discoveries.* New York: Doubleday, 1988.
Chow, S. "Justification by Faith Reconsidered." *Theology & Life* 27 (2004): 117-131.
Chilton, B. D. "The So-Called Trial Before the Sanhedrin. Mark 14:53-72." *Forum* 1(1, 1998): 163-180.
Coleridge, Mark. " 'You are witnesses' (Luke 24:48). Who sees what in Luke." *Aus Bib Rev* 45 (1997): 1-19.
Colijn, B. B. "Salvation as Discipleship in the Gospel of Mark." *Ash Theol Journ* 30 (1998): 11-22.
Collins, A. Y. "Mark and His Readers: The Son of God among Greeks and Romans." *HTR* 93 (2, 2000): 85-100.
_____. "The Signification of Mark 10:45 among Gentile Christians." *HTR* 90 (1997): 371-382.
Collins, R. F. "The Primacy of Peter: A Lukan Perspective." *Louvain Studies* 26 (3, 2001): 268-281.
Coloe, Mary. "The Structure of the Johannine Prologue and Genesis 1." *Aus Bib Rev* 45 (1997): 40-55.
_____. "Households of faith (Jn 4:46-54; 11:1-44): a metaphor for the Johannine community." *Pacifica* 13(3, 2000): 326-35.
Combrink, Hans J. "A Social-scientific Perspective on the Parable of the 'Unjust' Steward (Lk 16:1-8a)." *Neotestamentica* 20 (2, 1996):

281-306.

Conway, C. M. "Speaking through Ambiguity: Minor Characters in the Fourth Gospel." *Bib Int* 10 (3, 2002): 324-341.

_____. "The Production of the Johannine Community: A New Historicist Perspective." *JBL* (3, 2002): 479-495.

Corley, K. E. "Women and the Crucifixion and Burial of Jesus, 'He Was Buried: On the Third Day He Was Raised' ." *Forum* 1 (1, 1998): 181-225.

Cortés-Fuentes, David. "The Least of These My Brothers: Matthew 25:31-46." *Apuntes* 23 (3, 2003): 100-109.

Coser, Lewis A. *Continuities in the Study of Social Conflict.* New York: The Free Press, 1967.

_____. *The Functions of Social Conflict.* Glencoe, Ill.: The Free Press, 1956.

Court, J. M. " Right and Left: The Implication for Matthew 25:31-46." *NTS* 31 (1985): 223-233.

Creed, J. M. *The Gospel according to St. Luke.* London: Macmillan, 1930.

Crossan, John Dominic. *The Historical Jesus: The Life of a Mediterranean Jewish Peasant.* San Francisco: HarperSanFrancisco, 1991.

Culpepper, R. Alan. "The Pivot of John' s Prologue." *NTS* 27 (1981): 1-31.

D' Angelo, Mary R. "Intimating Deity in the Gospel of John: Theological Language and 'Father' in 'Prayers of Jesus.' " *Semeia* 85 (1999): 59-82.

Davies, W. D. and Allison, Jr., Dale C. *Commentary on Matthew.* 3 vols. Edinburgh: T&T Clark, 1987-1997.

Denaux, Adelbert. "The Parable of the King-judge (Lk 19,12-28) and Its Relation to the Entry Story (Lk 19,29-44)." *ZNW* 93 (1-2, 2002): 35-57.

_____. " The Parable of the Talents/Pounds (Q 19,12-27): A Reconstruction of the Q Text." In *The Sayings Source Q and the Historical Jesus*, 429-460. Edited by Andreas Lindemann. Leuven: Leuven Peeters, 2001.

Derrett, J. D. M. " 'He Has Ears to Hear, Let Him Hear.' (Mark 4:9 and Parallels)." *Downside Review* 119 (417, 2001): 255-268.

_____. "Modes of Renwal." *Evang Quart* 72 (1, 2000): 3-12.

Desilva, D. A. " 'Scribes Trained for the Kingdom.' " *Ash Theol Journ* 29 (1997): 1-6.

_____. *Honor, Patronage, Kinship & Purity: Unlocking New Testament Culture*. Downers Grove, Ill.: InterVarsity Press, 2000.

Dewey Kim E. "Peter's Curse and Cursed Peter (Mark 14:53-54, 66-72)." In *The Passin in Mark*. Ed. by W. H. Kelber. Philadelphia: Fortress Press, 1976.

Dickerson, Patrick L. "The New Character Narrative in Luke-acts and the Synoptic Problem." *JBL* 116 (2, 1997): 291-312.

Dodd, C. H. *The Interpretation of the Fourth Gospel*. Cambridge: Cambridge University Press, 1953.

Dodson, Derek S. "Dreams, the Ancient Novels, and the Gospel of Matthew: An Intertextual Study." *Persp Rel Stud* 29 (1, 2002): 39-52.

Donahue, J. R. *Are You the Christ?*. SBL Dessertation Series 10. Missoula, Montana: University of Montana Press, 1973.

Dormandy, Richard. "The Expulsion of Legion: A Political Reading of Mark 5:1-20." *ExpT* 111 (10, 2000): 335-337.

Duling, Dennis C. " 'Egalitarian' Ideology, Leadership, and Factional Conflict within the Matthean Group." *BTB* 27 (4, 1997): 124-137.

Dumm, D. "Jerusalem: Political Idol or Sacred Place?" *Bib Today* 40 (1, 2002): 19-24.

Dunn, James D. G. "Jesus and Purity: An Ongoing Debate." *NTS* 48 (4, 2002): 449-467.

_____. "Baptized" as Metaphor." In *Baptism, the New Testament and the Church: Historical and Contemporary Studies in Honour R. E. O. White*. Sheffield: Sheffield Academic Press, 1999, 294-310.

_____. *Jesus, Paul, and the Law*. London: SPCK, 1990.

_____. "The Justice of God." *JTS* 43 (1992): 1-22.

_____. *The Theology of Paul, the Apostle*. Grand Rapids, Michigan: W.B. Eerdmans Publishing Company, 1998.

Dworkin, Ronald. "Liberal Community." In *Communitarianism and Individualism*, 205-23. Ed. by Shlomo Aviner and Avner De-Shalit. Oxford: Oxford University Press, 1992.

Eisenstadt, S. N. and Roniger, L. "Patron-Client Relations as a Model of Structuring Social Exchange." *Comparative Studies in Society and History* 22 (1980): 42-77.

Esler, Philip F. "Jesus and the Reduction of Intergroup Conflict: The Parable of the Good Samaritan in the Light of Social Identity Theory." *Bib Int* 8 (4, 2000): 325-357.

Evans, Craig A. "On the Prologue of John and the Trimorphic Protennoia." *NTS* 27 (1981): 395-401.

Foster, Robert. "Why on Earth Use 'Kingdom of Heaven'? Matthew's Terminology Revisited." *NTS* 48 (4, 2002): 487-499.

France, R. T. *The Gospel according to Matthew*. Grand Rapids: Eerdmans, 1985.

Freed, Edwin D. "Who or What was before Abraham in John 8:58?" *JSNT* 17(1983): 52-59.

Freyne, Seán. *Galilee from Alexander the Great to Hadrian, 323 BCE to 135 CE*. Wilmington, Del.: Univ of Notre Dame Press, 1980.

Funk, Robert W., Hoover, Roy W. and The Jesus Seminar. *The Five Gospels: The Search for the Authentic Words of Jesus*. San Francisco: HarperSanFrancisco, 1993.

Funk, Robert W. and The Jesus Seminar. *The Acts of Jesus: The Search for the Authentic Deeds of Jesus*. New York: Polebridge Press, 1998.

Funk, Robert W. *Honest to Jesus: Jesus for a New Millennium*. San Francisco: HarperSanFrancisco, 1996 [『예수에게 솔직히』 김준우 옮김. 서울: 한국기독교연구소, 1999].

Gager, John G. *Kingdom and Community*. New Jersey: Prentice Hall, Inc., 1975.

Gibbs, Jeffrey A. "Israel Standing with Israel: the Baptism of Jesus in Matthew's Gospel (Matt 3:13-17)." *CBQ* 64 (3, 2002): 511-526.

Giblin, Charles H. "Suggestion, Negative Response, and Positive Action in St. John's Portrayal of Jesus (John 2.1-11; 4.46-54; 7.2-14; 11.1-44)." *NTS* 26 (1980): 197-211.

Giles, K. N. "The Church in the Gospel of Luke." *SJT* 34 (1981): 121-146.

Gillman, J. "A Temptation to Violence: The Two Swords in LK 22:35-38." *Louvain Studies* 9 (2, 1982): 142-153.

_____. "Poverty, Riches, and the Challenge of Discipleship." *Bib Today* 35 (6, 1997): 356-362.

Gilman, F. M. "The Women of John's Gospel." *Bib Today* 40 (2, 2002): 91-98.

Glancy, J. A. "Salvers and Salvery in the Matthean Parables." *JBL* 119 (1, 2000): 67-90.

Gottwald, Norman K. "Sociological Criticism of the Old Testament." *The Christian Century* 99 (1982): 474-477.

Grassi, J. A. "Women's Leadership Roles in John's Gospel." *Bib Today* 35 (5, 1997): 312-317.

_____. "The role of Jesus' mother in John's Gospel: a reappraisal." *CBQ* 48 (1, 1986): 67-80.

Gray, S. W. *The Least of My brother Matthew 25:31-46: A History of Interpretation.* SBL Dissertation Series 114. Atlanta: Scholars Press, 1989.

Griffith-Jones, R. "The Un-Gospel of John." *Bib Rev* 18 (1, 2002): 12-21, 46-47.

Grimshaw, Jim. "Luke's Market Exchange District: Decentering Luke's Rich Urban Center." *Semeia* 86 (1999): 33-51.

Gundry, Robert H. "In Defense of the Church in Matthew as a Corpus Mixtum." *ZNW* 91 (3-4, 2000): 153-165.

Haenchen, E. *John 2*. Trans. by Robert W. Funk. Philadelphia: Fortress Press, 1984.

Hagner, Donald A. "Law, Righteousness, and Discipleship in Matthew." *Word & World* 18 (4, 1998): 364-71.

_____. *Matthew 1-13*. Dallas: Word Pub., 1993.

Hanson, J. "The Disciples in Marks Gospel: Beyond the Pastoral/Polemical Debate." *Hor Bib Theol* 20 (2, 1998): 128-155.

Hanson, K. C. and Oakman, Douglas E. *Palestine in the Time of Jesus - Social Structures and Social Conflicts*. Minneapolis: Fortress Press, 1998.

Harrington, D. J. "The Sermon on the Mount: What Is It?" *Bib Today* 36 (5, 1998): 280-286.

Hatina, T. R. "Who Will See 'The Kingdom of God Coming with Power' in Mark 9.1-Protagonists or Antagonists?." *Biblica* 86 (1, 2005): 20-34.

Hays, Richard B. *The Moral Vision of the New Testament: Community, Cross, New Creation; A Contemporary Introduction to New Testament Ethics*. Edinburgh: T. & T. Clark, 1997 [『신약의 윤리적 비전』. 유승원 옮김. 서울: IVP, 2002].

Heil, John Paul. "The Double Meaning of the Narrative of Universal Judgement in Matthew 25.31-46." *JSNT* 69 (1998): 3-14.

_____. "The Narrative Strategy and Pragmatics of the Temple Theme in Mark." *CBQ* 59 (1, 1997): 76-100.

Hengel, M. *Property and Riches in the Early Church: Aspects of a Social History of Early Christianity*. Trans. by J. Bowden. Philadelphia: Fortress Press, 1974.

_____. *The Charismatic Leader And His Followers*. Trans. by J. Greig. New York: Crossroad, 1981.

Henten, J. W. van. "The First Testing of Jesus: A Rereading of Mark 1.12-13." *NTS* 45 (3, 1999): 349-366.

Hollenbach, Paul W. "The Conversion of Jesus: From Jesus the Baptizer to Jesus the Healer." *ANRW* 25 (1, 1982): 196-219.

Horsley, R. A. *Jesus and the Spiral of Violence*. San Francisco: Harper & Row, 1987.

_____. *Sociology and the Jesus Movement.* New York: Crossroad Publishing Co., 1989 [『예수운동: 사회학적 접근』이준모 역. 병천: 한국신학연구소, 1993].

_____. *Jesus and Empire: The Kingdom of God and The New World Disorder.* Minneapolis: Fortress, 2003.

Horsley, Ricahrd. A. and Hanson, John S. *Bandits, Prophets, and Messiahs: Popular Movements at the Time of Jesus.* San Francisco: Harper & Row, 1985.

Houldern, J. L. *Ethics and the New Testament.* New York: Oxford University Press, 1973.

Howard, George. "Hebrew Gospel of Matthew: A Report." *Jour High Critic* 2 (2, 1995): 53-67.

Hultgren, A. J. "Mattew' s Infancy Narrative and the Nativity of an Emerging Community." *Hor Bib Theol* 19 (2, 1997): 91-108.

Hurst, L. D. and Wright, N. T., ed. *The Glory of Christ in the New Testament.* Studies in Christology. Oxford: Clarendon Press, 1987.

Hübner, H. *Law in Paul' s Thought.* Edinburgh: T.&T. Clark, 1984.

Hylern, S. E. "Forgiveness and Life in Community." *Interpretation* 54 (2, 2000): 146-157.

Instone-Brewer, David. "The Eighteen Benedictions and the Minim before 70 CE." *JTS* 54 (1, 2003): 25-44.

Jackson, Howard M. "Why the Youth Shed His Cloak and Fled Naked: The Meaning and Purpose of Mark 14:51-52." *JBL* 116 (2, 1997): 273-289.

Jasper, Alison. "Communicating: The word of God." *JSNT* 67 (1997): 29-44.

Jeremias, J. *The Parables of Jesus.* New York: Charles Scribner' s Sons, 1963.

Jervell, Jacob. *Jesus in the Gospel of John.* Minneapolis: Augsburg Publishing House, 1984.

Johnson, Earl S. "Mark 15,39 and the so-called Confession of the Roman Centurion." *Biblica* 81 (3, 2000): 406-413.

Johnson, Gearge. "Ecce Homo! Irony in the Christology fo the Fourth Evangelist." In *The Gloly fo Christ in the New Testament: Studies in Christology*. Ed. L. D. Hurst and N. T. Wright. Oxford: Claredon Press, 1987.

Johnson, L. T. The Literary Function of Possessions in Luke-Acts. *SBL Dissertation Series* 39. Missoula, Montana: Scholars Press, 1977.

Josephus, F. *The Jewish War*. Translated and edited by Gaalya Cornfeld. Grand Rapids, Michigan: Zondervan Publishing House, 1982.

Judith L. Kovacs. " 'Now Shall the Ruller of This World be Driven out' : Jesus' Death as Cosmic Battle in John 12:20-36." *JBL* 114 (2, 1995): 227-47.

Juel, Donald H. "Encountering the Sower. Mark 4:1-20." *Interpretation* 56 (3, 2002): 273-283.

Juel, Donald. *Messiah and Temple*. SBL Dissertation Series 31. Missoula, Montana: Scholars Press, 1977.

Karris, R. J. "Bonaventure and Tolbert on Luke 8:26-39: Christology Discipleship and Evangelization." *Persp Rel Stud* 28 (1, 2001): 57-66.

Kähler, M. *The So-called Historical Jesus and The Historic, Biblical Christ.* Philadelphia: Fortress Press, 1964.

Käsemann, Ernst. *The Testament of Jesus: A Study of the Gospel of John in the Light of Chapter 17*. Philadelphia: Fortress Press, 1968.

Kayama, H. "Luke' s Understanding of Israel: A Sequential Reading of Luke-Acts." *Ann Japan Bib Inst* 25-26 (1999-2000): 21-48.

Kee, Howard C. *Christian Origins in Sociological Perspective: Methods and Resources*. Philadelphia: The Westminster Press, 1980.

_____. *Community of the New Age: Studies in Mark' s Gospel*. Philadelphia: The Westminster Press, 1977.

_____. *Who are the People of God?: Early Christian Models of Community*. New Haven: Yale University Press, 1995.

Keener, Craig S. " 'Brood of vipers' (Matthew 3.7; 12.34; 23.33)." *JSNT* 28

(1, 2005): 3-11.

_____. *A Commentary on the Gospel of Matthew*. Grand Rapids, Michigan: Eerdmans, 1999.

Kelber, Werner H. "The Birth of A Beginning: John 1:1-8." *Semeia* 52 (1990): 121-144.

_____. *The Kingdom in Mark*. Philadelphia: Fortress Press, 1974.

_____. *The Passion in Mark*. Philadelphia: Fortress Press, 1976.

Keller, M. N. "Opening Blind Eyes: A Revisioning of Mark 8:22-10:52." *BTB* (4, 2001): 151-157.

Kennard, J. S. *Render to God: A Study of the Tribute Passage*. New York: Oxford University Press, 1950.

Kiley, M. "Enemies at Prayer." *Bib Today* 39 (3, 2001): 151-154.

Kilgallen, John J. "Forgiveness of Sins (Luke 7:36-50)." *NovT* 40 (2, 1998): 105-116.

Kim, S. J. *Reading John in the Greco-Roman Mediterranean Society*. Seoul: Handle, 2003.

Kirk, A. K. "Peasant Wisdom, the 'Our Father' and the Origins of Christianity." *Toronto Journal of Theology* 15 (1, 1999): 31-50.

_____. "Upbraiding Wisdom: John's Speech and the Beginning of Q (Q 3:7-9, 16-17)." *NovT* 40 (1998): 1-16.

Kingsbury, J. D. "The Verb *Akolouthein* ("To Fallow") as An Index of Mattew's View of His Community." *JBL* 97 (1978): 56-73.

Klassen, William. *Judas: Betrayer or Friend of Jesus?* London: SCM Press, 1996.

Klein, G. "Die Verleugnung des Petrus: eine traditionsgeschichtliche Untersuchung." *Zeitschrift für Theologie und Kirche* 58 (1961): 285-328.

Koester, Craig R. *Symbolism in the Fourth Gospel: Meaning, Mystery, Community*. Minneapolis, MN: Augsburg Fortress Publishers, 2003.

Kovace, Judith L. "'Now Shall the Ruller of This World be Dreven out': Jesus' Death as Cosmic Battle in John 12:20-36." *JBL* 114 (2,

1995): 227-47.

Krentz, E. "Missionary Matthew: Matthew 28:16-20 as Summary of the Gospel." *Curr Theol Miss* 31 (1, 2004): 24-31.

_____. " 'None Greater among Those Born from Women' : John the Baptist in the Gospel of Matthew." *Cur Theol Miss* 10 (1983): 333-38.

Krishnamurti, J. *You Are the World*. New York: Harper & Row Publisher, 1972.

Kurz, William S. "Luke 22:14-38 and Greco-Roman and Biblical Farewell Addresses." *JBL* 104 (2, 1985): 251-268.

_____. "The Johannine Word as Revealing the Father. A Christian Credal Actualization." *Persp Rel Stud* 28 (1, 2001): 67-84.

Kvalbein, Hans. "The Kingdom of God and the Kingship of Christ in the Fourth Gospel." In *Neotestamentica et Philonica: Studies in Honor of Peder Borgen*, 215-232. Eds. Peder Borgen, David E. Aune, Torrey Seland, & Jarl Henning Ulrichsen. Leiden, Boston: Brill, 2003.

Kysar, R. "John's Anti-Jewish Polemic." *Bib Rev* 9(1, 1993): 26-27.

Lambrecht, J. "Jesus and the Law: An Investigation of Mk. 7.1-23." *Ephemerides Theologicae Lovanieness* 53 (1, 1977): 24-82.

Lamoureux, P. A. & Zilonka, P. "The Workers in the Vineyard: Insights for the Moral Life." *Review for Religious* 61 (1, 2002): 57-69.

Lampe, G. W. H. "Luke." In *Peake's Commentary on the Bible*. Hong Kong: Thomas Nelson and Sons LTD, 1962.

Landry, D. "Honor Restored: New Light on the Parable of the Prudent Steward (Luke 16:1-8a)." *JBL* 119 (2, 2000): 287-309.

Lane, W. L. *The Gospel according to Mark*. Grand Rapids: Eerdmans, 1974.

Lattke, M. "The Call to Discipleship and Proselytizing." *HTR* 92 (3, 1999): 359-362.

Laverdiere, E. "In the Following of Christ. The Eucharist in the Gospel According to Mark-II. Locusts, wild Honey, and the Bread of Angels." *Emmanuel* 106 (2, 2000): 68-76.

Leske, Adrian M. "Isaiah and Matthew: The Prophetic Influence in the First Gospel. A Report on Current Research." In *Jesus and the Suffering Servant: Isaiah 53 and Christian Origins*, 152-169. Ed. William H. Bellinger, and William R. Farmer, Harrisburg: Trinity Press, Pa, 1998.
Liew, T. B. "Temple and Synagogue in John." *NTS* 45 (1, 1999): 51-69.
_____. "Tyranny, Boundary and Might: Colonial Mimicry in Mark's Gospel." *JSNT* 73 (1999): 7-31.
Lightfoot, R. H. *Locality and Doctrine in the Gospels*. New York: Harper & Brothers, 1938.
Lincoln, Andrew T. "The Beloved Disciple as Eyewitness and the Fourth Gospel as Witness." *JSNT* 85 (2002): 3-26.
Llewelyn, Stephen. "The Traditionsgeschichte of Matt 11:12-13, par Luke 16:16." *NovT* 36 (1994): 330-49.
Lohmeyer. E. *Galiläa und Jerusalem*. Göttingen: Vandenhoeck & Ruprecht, 1936.
Luomanen, P. "*Corpus Mixtum*-An Appropriate Description fo Matthew's Community." *JBL* 117 (1998): 469-480.
Luz, U. *Matthew*. 2vols. Trans. James E. Crouch. Minneapolis: Fortress Press, 1997-2001.
MacLeod, David J. "The Incarnation of the Word: John 1:14." *Bibliotheca Sacra* 161 (641, 2004): 72-88.
_____. "The Reaction of the World to the Word: John 1:10-13." *Bibliotheca Sacra* 160 (640, 2003): 398-413.
MacMullen, R. *Roman Social Relations*. New Haven and London: Yale University Press, 1974.
Malbon, Elizabeth S. "Galilee and Jerusalem: History and Literature in Marcan Interpretation." *CBQ* 44 (1982): 242-55.
Malina, Bruce J. "The Social Sciences and Biblical Interpretation." *Interpretation* 36 (3, 1982): 229-242.
_____. *Christian Origins and Cultural Anthropology: Practical Models for Biblical Interpretation*. Atlanta: John Knox Press, 1986.

_____. *The New Testament World: Insights from Cultural Anthroplogy*. Atlanta: John Knox Press, 1981 [『신약의 세계 - 문화 인류학적인 통찰』. 심상법 옮김. 서울: 솔로몬, 2000].

Malina, Bruce J. and Neyrey, Jerome H. "First-Century Personality: Dyadic, Not Individual." In *The Social World of Luke-Acts: Models for Interpretation*, 67-96. Ed. by J. H. Neyrey. Peabody, Mass.: Hendrickson Publishers, 1992.

Malina, Bruce J. and Rohrbaugh, Richard L. *Social-Science Commentary on the Gospel of John*. Minneapolis: Fortress Press, 1998.

Maloney, Elliott C. *Jesus' Urgent Message for Today*. New York; London: Continuum, 2004.

Mandell, S. "Who Paid the Temple Tax When the Jews Were under Roman Rule?" *HTR* 77 (1984): 223-32.

Marcus, J. "Entering into the Kingly Power of God." *JBL* 107 (1988): 663-75.

Martin, J. P. "History and Eschatology in the Lazarus Narrative: John 11,1-44." *SJT* 17 (1964): 332-43.

Mason, Rex. *Old Testament Pictures of God*. Oxford: Smyth and Helwys, 1993.

Manson, T. W. *The Sayings of Jesus*. London: SCM Press LTD, 1957.

Marshall, I. H. *The Gospel fo Luke: A Commentary on the Greek Text*. Grand Rapids, Mich.: William B. Eerdmans Pub. Com., 1978 [『누가복음』. 한국신학연구소번역실 옮김. 서울: 한국신학연구소, 1983].

Martyn, J. L. *The Gospel of John in Christian History*. New York: Paulist Press, 1979.

_____. *History & Theology in the Fourth Gospel*. Nashville: Abingdon, 1968.

Marxsen, W. *Mark the Evangelist*. Nashville: Abingdon, 1969.

Mcdermott, J. J. "Multipurpose Genealogies." *Bib Today* 35 (6, 1997): 382-386.

McGrath, James F. "Prologue as Legitimation: Christological Controversy and the Interpretation of John 1:1-18." *Ir Bib Stud* 19 (3,

1997): 98-120.
McInerny, William F. "An Unresolved Question in the Gospel Called Mark: 'Who is This Whom Even Wind and Sea Obey?' (4:41)." *Persp Rel Stud* 23 (3, 1996): 255-268.
McIver, R. K. "Twentieth Century Approaches to the Matthewan Community." *And Univ Sem Stud* 37 (1, 1999): 23-38.
Mealand, D. L. "The Christology of the Fourth Gospel." *SJT* 31(1978): 449-67.
Meeks, Wayne A. "The Man from Heaven in Johannine Sectarianism." *JBL* 91(1972): 44-72.
_____. *The First Urban Christians: The Social World of the Apostle Paul*. New Haven: Yale University Press, 1983.
Meier, John P. "The Historical Jesus and the Plucking of the Grain on the Sabbath." *CBQ* 66 (4, 2004): 561-581.
_____. *A Marginal Jew: Rethinking the Historical Jesus*. New York: Doubleday, 1994.
_____. "John the Baptist in Matthew's Gospel." *JBL* 99 (3, 1980): 383-405.
Merton, Robert K. *Social Theory and Social Structure*. Glencoe, Ill.: The Free Press, 1961.
Miller, Ed. L. "The Logic of the Logos Hymn: A New View." *NTS* 29 (1983): 552-561.
Miller, Madeleine S. and Miller, J. Lane. *The New Haper's Bible Dictionary*, 1973 ed. S. v. "Galilee."
_____. *The New Haper's Bible Dictionary*, 1973 ed S. v. "Nazareth."
Milne, D. J. W. "The Father with Two Sons: A Modern Reading of Luke 15." *Themelios* 27 (1, 2001): 12-21.
Minear, Paul S. *John: The Martyr's Gospel*. New York: The Pilgrim Press, 1984.
_____. "The Promise of Life in the Gospel of John." *Theology Today* 49 (4, 1993): 485-99.
Mol, H. *Identity and the Sacred*. New York: The Free Press, 1976.

Moloney, Francis J. "Mark 6:6b-30: Mission, the Baptist, and Failure." *CBQ* 63 (4, 2001): 647-663.
Motyer, S. "Is John's Gospel anti-Semitic?" *Themelios* 23 (2, 1998): 1-4.
Moule, C. F. D. "The Individualism of the Fourth Gospel." *NovT* 5(1962): 171-90.
Mowery, R. L. "Son of God in Roman Imperial Titles and Matthew." *Biblica* 83 (1, 2002): 100-110.
Moyo, A. M. "The Gospel and Common Humanity: Jesus' Tolerant Attitude Towards the Samaritans in the Gospel of Luke." *Afr Theol Journ* 24 (2, 2001): 91-97.
Mulhall, Stephen and Swift, Adam. *Liberals and Communitarians*. Oxford: Blackwell, 1992.
Müller, Mogens. "The Theological Interpretation of the Figure of Jesus in the Gospel of Matthew: Some Principal Features in Matthean Christology." *NTS* 45 (1999): 157-73.
Newheart, Michael Willett. "The Soul of the Father and the Son: A Psychological (yet playful and poetic) Approach to the Father-Son Language in the Fourth Gospel." *Semeia* 85 (1999): 155-175.
Neyrey, Jerome H. *Honor and Shame in the Gospel of Matthew*. Louisville: John Knox Press, 1998.
Nock, A. D. *Conversion*. Oxford: Clarendon, 1933.
Nolland, John. "The Four (Five) Women and Other Annotations in Matthew's Genealogy." *NTS* 43 (4, 1997): 527-539.
Novakovic, Lidija. "Jesus as the Davidic Messiah in Matthew." *Hor Bib Theol* 19 (2, 1997): 148-191.
O'Day, Gail R. "'I Have Overcome the World' (John 16:33) Narrative Time in John 13-17." *Semeia* 53(1991): 153-166.
_____. "John." In *The Women's Bible Commentary*, 293-304. Edited by Carl A. Newsom and Sharon H. Ringe. Louisville, Kentucky: John Knox Press, 1992.
_____. "'Show Us the Father, and We Will Be Satisfied' (John 14:8)."

Semeia 85 (1999): 11-17.
O' Dea, T. *The Sociology of Religion*. Englewood Cliffs, New Jersey: Prentice-Hall, 1966.
Ogle, A. B. "What is Left for Caesar? A Look at Mark 12:13-17 and Romans 13:1-7." *Theology Today* 35 (3, 1978): 254-264.
Okorie, A. M. "The Lord' s Prayer." *Scriptura* 60 (1997): 81-86.
Olmstead, Wesley G. *Matthew' s Trilogy of Parables - The Nation, the Nations and the Reader in Matthew 21.28-22.14*. Cambridge: Cambridge University Press, 2003.
Olson, Alan M. Myth, *Symbol and Reality*. Notre Dame & London: University of Notre Dame Press, 1980.
O' Neil, J. C. "The Kingdom of God." *NovT* 35 (1993), 130-41.
Overman, J. Andrew. *Church and Community in Crisis - The Gospel according to Matthew*. Valley Forge, Pennsylvania: Trinity Press, 1996.
Paffenroth, Kim. "Jesus as Anointed and Healing Son of David in the Gospel of Matthew." *Biblica* 80 (1999): 547-554.
Parsons, T. *Politics and Social Structure*. New York: The Free Press, 1969.
Patten, B. R. "The Thaumaturgical Element in the Gospel of Mark." Ph. D. dissertation. Drew University, 1976.
Peacock, H. F. "Discipleship in the Gospel of Mark." *Review and Expositor* 75 (1978): 555-64.
Perrin, Norman. *Jesus and the Language of the Kingdom*. Philadelphia: Fortress, 1976.
Pilch, J. J. "The Parable of the Talents." *Bib Today* 39 (6, 2001): 366-370.
Piovanelli, Pierluigi. "Jesus' Charismatic Authority: On the Historical Applicability of A Sociological Model." *JAAR* 73 (2, 2005): 395-427.
Piper, Roland A. "Glory, Honor and Patronage in the Fourth Gospel: Understanding the Doxa Given to Disciples in John 17." In *Social Scientific Models for Interpreting the Bible - Essays by the Context Group in Honor of Bruce J.*

Malina, 281-309. Ed. by John J. Pilch. Leiden: Brill, 2001.

Plumer, Eric. "The Absence of Exorcisms in the Fourth Gospel." *Biblica* 78 (3, 1997): 350-368.

Pryor, John W. "Of the Virgin Birth or the Birth of Christians? The Text of John 1:13 Once More." *NovT* 27 (4, 1985): 296-318.

_____. "Jesus and Israel in the Fourth Gospel-John 1:11." *NovT* 32 (3, 1990): 201-218.

Rawlinson, A. E. J. *The Gospel According to St. Mark*. Westminster Commentaries. 7th ed. London, 1949.

Reeves Keith H. "They Worshipped Him, and They Doubted: Matthew 28.17." *Bib Trans* 49 (3, 1998): 344-349.

Reinhartz, Adele. " 'And the Word was Begotten' : Divine Epigenesis in the Gospel of John." *Semeia* 85 (1999): 83-103.

Rensberger, David. *Johannine Faith and Liberating Community*. Philadelphia: Westminster Press, 1988.

Riches, John and Sim, David C., eds. *The Gospel Of Matthew In Its Roman Imperial Context*. Edinburgh: T. & T. Clark Publishers, 2005.

Ridderbos, Herman. *The Gospel of John*. Trans. by John Vriend. Grand Rapids: William B. Eerdmans Pub. Com., 1997.

Ringe, Sharon H. *Luke*. Louisville, KY: Westminser John Knox Press, 1995.

Robinson, J. A. T. *Honest to God*. London: SCM Press, 1963 [『신에게 솔직히』 현영학 옮김. 제2판. 서울: 대한기독교서회, 1998].

_____. Redating the New Testament. Philadelphia: The Westminster Press, 1976.

_____. *The Priority of John*. London: SCM Press, 1985.

Robinson, J. M. *A New Quest of the Historical Jesus*. London: SCM Press LTD, 1959.

Rudolph, David J. "Jesus and the Food Laws: A Reassessment of Mark 7:19b." *Evang Quart* 74 (4, 2002): 291-311.

Saldarini, Anthony J. "Understanding Matthew's vitriol." *Bib Rev* 13 (2, 1997): 32-39, 45.

_____. *Matthew's Christian-Jewish Community*. Chicago: University of Chicago Press, 1994.
Sanders, E. P. *Jesus and Judaism*. London: SCM Press, 1985.
_____. *The Historical Figure of Jesus*. New York: Penguin Books, 1993.
Sanders, Jack T. *Ethics in the New Testament: Change and Development*. Philadelphia: Fortress, 1975.
Schineller, P. "Jesus in the Gospel of John VI 'I am the Vine, You are the Branches' (John 15:5)." *Emmanuel* 106 (10, 2000): 551-552.
_____. "Jesus in the Gospel of John VII 'I am the Resurrection and the Life' (John 11:25)." *Emmanuel* 106 (10, 2000): 619-620.
Schnackenburg, Rudolf. *The Gospel According to St John*. vol. I. New York: The Seabury Press, 1980.
_____. *The Gospel of according to St. John*. vol. II. New York: The Seabury Press, 1980.
Schneiders, Sandra. "Death in the Community of Eternal Life: History, Theology and Spirituality in John 11." *Interpretation* 41(1987): 44-56.
Schutz, Alfred & Luckmann, Thomas. *The Structures of the Life-World*. Evanston: Northwestern University Press, 1973.
Schweitzer, A. *The Quest of the Historical Jesus*. New York: Macmillan Publishing Co. Inc., 1910.
Schweizer, E. *The Good News According to Luke*. Trans. by David E. Green. Atlants: John Knox Press, 1984.
Sellew, P. "The Last Supper Discourse in Luke 22:21-38." *Forum* 3 (3, 1987): 70-95.
Senior, D. "Between Two World: Gentiles and Jewish Christians in Matthew's Gospel." *CBQ* 61 (1, 1999): 1-23.
Simon, Marcel. *Jewish Sects at the Time of Jesus*. Philadelphia: Fortress Press, 1967.
Smith, C. A. "A Comparative Study of the Prayer of Gethsemane." *Ir Bib Stud* 22 (3, 2000): 98-122.
Snodgrass, K. R. "Recent Research on the Parable of the Wicked Tenants:

An Assessment." *BBR* 8 (1998): 187-216.
Song, C. S. *Third-eye theology: Theology in formation Asian Settings*. Rev. ed. Mayknoll, N. Y.: Orbis Book, 1991.
Stark, Werner. *The Sociology of Religion*. vol. 2. London: Routledge and Kegan Paul, 1967.
Stein, Robert H. *Luke*. The New American Commentary. Nashville, TN: Baptist Sunday School Board, 1992.
Stendahl, K. *Paul among Jews and Gentiles*. Philadelphia: Fortress Press, 1976.
Stevenson, T. R. "The Ideal Benefactor and the Father Analogy in Greek and Roman Thought." *Classical Quarterly* 42(2, 1992): 421-36.
Stibbe, M. W. G. "The Elusive Christ: A New Reading of the Fourth Gospel." *JSNT* 44 (1991): 19-37.
Suzuki, D. T. *An Introduction to Zen Buddhism*. Foreword by C. G. Jung. New York: Grove Press, Inc., 1964.
Suh, Joong Suk. *The Glory in the Gospel of John: Restoration of Forfeited Prestige*. Oxford, OH: M.P. Publications, 1995.
_____. *Discipleship and Community: Mark's Gospel in Sociological Perspective*. Claremont, CA: CAAM, School of Theology at Claremont, 1991.
_____. *The Gospel of Paul*. New York-Berlin-Oxford: Peter Lang, 2003.
_____. "Das Weltgericht und die Matthäische Gemeinde." *NovT* 48 (3, 2006): 217-233.
Talbert, Charles H. "Martyrdom in Luke-Acts and the Lukan Social Ethic." In *Political Issue in Luke-Acts*, 99-110. Edited by Richard J. Cassidy and Philip J. Scharper. Maryknoll, New York: Orbis Books, 1983.
Tanzer, S. J. "Jewish-Christian Relations and the Gospel of John." *Bib Today* 40 (2, 2002): 99-105.
Taylor, Nicholas. "Herodians and Pharisees: the Historical and Political Context of Mark 3:6; 8:15; 12:13-17." *Neotestamentica* 34

(2, 2000): 299-310.

Taylor, V. *The Gospel According to St. Mark*. London: Macmillan Publishing Co., 1963.

Thatcher, T. "The Sabbath Trick: Unstable Irony in the Fourth Gospel." *JSNT* 76 (1999): 53-77.

Theissen, G. "Itinerant Radicals: Sociology of Literary Aspects of the Tradition of the Words of Jesus in Early Christianity." *Radical Religion*. vol. 2. Berkeley, 1975.

_____. *Sociology of Early Palestine Christianity*. Trans. by J. Bowden. Philadelphia: Fortress Press, 1977.

_____. *Gospel Writing and Church Politics - A Socio-rhetorical Approach*. Hong Kong: Chung Chi College Press, 2001 [『복음서의 교회정치학』. 류호성·김학철 옮김. 서울: 대한기독교서회, 2002].

Thompson, Marianne Meye. *The Humanity of Jesus in the Fourth Gospel*. Philadelphia: Fortress Press, 1988.

_____. " 'The Living Father' ." *Semeia* 85 (1999): 19-31.

_____. *The God of the Gospel of John*. Grand Rapids, Mich.: William B. Eerdmans Pub. Com., 2001.

Tillich, Paul. *Dynamics of Faith*. New York: Harper, 1957.

_____. *Theology of Culture*. New York: Oxford University Press, 1959.

Tilly, M. *Johannes der Täufer und die Biographie der Propheten*. Stuttgart: W. Kohlhammer, 1994.

Tobin, Thomas H. "The Prologue of John and Hellenistic Speculation." *CBQ* 52 (2, 1990): 252-269.

Tolme, D. F. "The Characterization of God in the Fourth Gospel." *JSNT* 69 (1998): 57-75.

Turner, D. L. "Matthew 21:43 and the Future of Israel." *Bibliotheca Sacra* 159 (2002): 46-61.

Ukpong, Justin S. "The Parable of the Shrewd Manager (Luke 16:1-13): An Essay in Inculturation Biblical Hermeneutic." *Semeia* 73 (1996): 189-210.

_____. "Tribute to Caesar, Mark 12:13-17 (Mt 22:15-22; Lk 20:20-26)."

Neotestamentica 33 (2, 1999): 433-444.

van Belle, Gilbert. "Prolepsis in the Gospel of John." *NovT* 43 (2001): 334 - 347.

van Henten, J. W. "The First Testing of Jesus: A Rereading of Mark 1.21-13." *NTS* 45 (3, 1999): 349-366.

van Minnen, P. "Luke 4:17-20 and the Handling of Ancient Books." *JTS* 52 (2, 2001): 689-690.

Viviano, B. T. "The Least in the Kingdom: Matthew 11:11, Its Parallel in Luke 7:28 (Q), and Daniel 4:14." *CBQ* 62 (1, 2000): 41-54.

Voorwinde, S. "John' s Prologue: Beyond Some Impasse of Twentieth-Century Scholarship." *West Theol Jorun* 64 (19, 2002): 15-44.

Waetjen, Herman C. "The Subversion of 'World' by the Parable of the Friend at Midnight." *JBL* 120 (4, 2001): 703-721.

Wallace, Daniel B. "John 5,2 and the Date of the Fourth Gospel." *Biblica* 71 (2, 1990): 177-205.

Wallace-Hadrill, Andrew. "The Golden Age and Sin in Augustan Ideology." *Past and Present* 95 (1982): 19-36.

Webb, Robert L. *John the Baptizer and Prophet: A Socio-historical Study*. Sheffield: JSOT Press, 1991.

Weber, Kathleen. "The Image of Sheep and Goats in Matthew 25:31-46." *CBQ* 59 (4, 1997): 657-678.

Weber, Max. *The Theory of Social and Economic Organization*. Trans. by A. M. Henderson and Talcott Parsons. New York: The Free Press, 1947.

_____. *Sociology of Religion*. Trans. by E. Fischoff, Boston: Beacon Press, 1963.

Weinfeld, Moshe. "The Jewish Roots of Matthew' s Vitriol." *Bib Rev* 13 (5, 1997): 31.

Weren, Wim J. C. "The Five Women in Matthew' s Genealogy." *CBQ* 59 (2, 1997): 288-305.

White, R. E. O., Cross, Anthony R. & Porter, Stanley E., eds. *Baptism, the*

New Testament and the Church: Historical and Contemporary Studies in Honour of R.E.O. White. Sheffield: Sheffield Academic Press, 1999.

Whitters, Mark F. "Why Did the Bystanders Think Jesus Called upon Elijah Before He Died (Mark 15:34-36)? The Markan Position." *HTR* 95 (2002): 119-124.

Widdicombe, Peter. "The Fathers on the Father in the Gospel of John." *Semeia* 85 (1999): 105-125.

Wilde, J. A. "A Social Description of the Community Reflected in the Gospel of Mark." Ph. D. Dissertation. Drew University Press, 1974.

Williams, J. G. "Serpent and the Son of Man." *Bib Today* 39 (1, 2001): 22-26.

Williams, P. J. "Bread and the Peshitta in Matthew 16:11-12 and 12:4." *NovT* 43 (4, 2001): 331-333.

Williams, Ritva H. "The Mother of Jesus at Cana: A Social-science Interpretation of John 2:1-12." *CBQ* 59 (4, 1997): 679-692.

Wilson, B. "A Typology of Sects." In *Types, dimensions et mesure de religiosité*. Actes of the Xth International Conference for the Sociology of Religion, Rome.

_____. "An Analysis of Sect Development." *American Sociological Review* 24 (1, 1959): 3-15.

_____. *Magic and the Millennium: A Sociological Study of Religious Movements of Protest Among Tribal and Third-World Peoples.* London: Heinemann, 1973.

_____. *Patterns of Sectarianism: Organization and Ideology in Social and Religious Movements.* London: Heineman, 1967.

_____. *Religious Sects: A Sociological Study.* McGraw-Hill, London: Weidenfeld and Nicholson, 1970.

Wilson, R. R. "From Prophecy to Apocalyptic: Reflections on the Shape of Israelite Religion." *Semeia* 21 (1981): 79-95.

Wink, W. *John the Baptist in the Gospel Tradition.* Cambridge: Cambridge

University, 1968.
Woll, D. Bruce. *Johannine Christianity in Conflict: Authority, Rank, and Succession in the First Farewell Discourse*. Chico: Scholars Press, 1981.
Wuellner, W. *The Meaning of "Fishers of Men"*. Philadelphia: The Westminster Press, 1967.
Wright, N. T. *Jesus and the Victory of God*. Minneapolis, MN: Augsburg Fortress Publishers, 1997.
Yamasaki, Gary. *John the Baptist in Life and Death: Audience-oriented Criticism of Matthew's Narrative*. Sheffield: Sheffield Academic Press, 1998.
바쟁, 제르맹.『세계 조각의 역사』. 최병길 옮김. 서울: 미진사, 1994.
엘리아데, M.『상징, 신성, 예술』. 박규태 옮김. 서울: 서광사, 1991.
피흐너-라투스, 로이스.『새로운 미술의 이해』. 최기득 옮김. 서울: 예경, 2005.

인명색인

Ahearne-Kroll, Stephen P. 25
Agosto, Efrain 73
Aichele, G. 25
Allison, Jr., Dale C. 76, 79, 94, 96, 97, 104
Anderson, H. 19, 23, 64
Anderson, Paul N. 313
Ashton, John 196, 197

Ball, David T. 82
Barrett, C. K. 203, 207, 222, 226, 235, 238, 245
Bauckham, Richard J. 234
Beasley-Murray, George R. 206, 224, 234, 235, 257, 258, 259
Beaton, Richard 93
Becker, Howard S. 43, 44
Berger, K. 179
Berger, P. 40, 51, 292, 293
Betz, Hans Dieter 314
Billy, D. 314
Blok, A. 116
Boismard, M. E. 217
Borg, Marcus J. 279, 280
Bossman, David M. 131
Bowe, B. E. 315
Brandon, S. G. F. 158, 159, 160, 161, 162, 163

Brawley, R. L. 315
Brent, A. 315
Brooks, O. S. 315
Brown, R. E. 57, 58, 173, 174, 175, 177, 178, 179, 180, 191, 192, 222, 225, 236, 260
Brueggemann, W. 45, 46
Bucher, O. 149
Bultmann, R. 201, 202, 268, 269, 270
Burkett, Delbert 187, 188, 189, 190, 191, 192, 193, 194

Cadman, W. H. 200
Cameron, Ron 95
Campbell, J. C. 116
Capper, B. J. 316
Carson, D. A. 247, 248
Carter, Warren 72, 77, 98, 101, 102, 152, 214, 215, 221, 222, 223
Casey, P. M. 317
Charlesworth, J. H. 181, 282
Chow, S. 306
Chilton, B. D. 59
Coleridge, Mark 317
Colijn, B. B. 24
Collins, A. Y. 317
Collins, R. F. 317
Coloe, Mary 236, 237, 243, 260
Combrink, Hans J. 317

Conway, C. M. 318
Corley, K. E. 60
Cortés-Fuentes, David 124
Coser, Lewis A. 44, 68
Court, J. M. 127
Creed, J. M. 161
Cross, Anthony R. 299
Crossan, John Dominic 73, 270
Cullmann, O. 285
Culpepper, R. Alan 217, 218

D'Angelo, Mary R. 318
Davies, W. D. 76, 79, 94, 96, 97, 104
Denaux, Adelbert 138, 148
Derrett, J. D. M. 319
Desilva, D. A. 234, 244
Dewey, Kim E. 59, 60
Dickerson, Patrick L. 319
Dodd, C. H. 203, 204
Dodson, Derek S. 151
Donahue, J. R. 54
Donfried, K. P. 57
Dormandy, Richard 24
Douglas, Mary T. 166
Duling, Dennis C. 319
Dumm, D. 319
Dunn, James D. G. 54, 229, 304, 305, 306
Dworkin, Ronald · 261, 301

Eisenstadt, S. N. 72, 73
Esler, Philip F. 149
Evans, Craig A. 196, 197, 198

Foster, Robert 295
France, R. T. 78
Freed, Edwin D. 240
Freyne, Seán 97

Funk, Robert W. 267, 270-274, 278-288

Gager, John G. 26
Gibbs, Jeffrey A. 91, 92
Giblin, Charles H. 236
Giles, K. N. 58
Gillman, J. 150, 162, 163
Gilman, F. M. 321
Glancy, J. A. 321
Gottwald, Norman K. 46
Grassi, J. A. 260
Gray, S. W. 123
Griffith-Jones, R. 321
Grimshaw, Jim 321
Gundry, Robert H. 112, 113, 114, 117

Haenchen, E. 259, 260
Hagner, Donald A. 91, 97, 104
Hanson, J. 57
Hanson, John S. 71
Hanson, K. C. 74, 81
Hare, D. R. A. 122
Harrington, D. J. 122
Hatina, T. R. 299
Hays, Richard B. 248, 262, 301
Heil, John Paul 119, 120, 123, 124, 128
Hengel, M. 19, 23, 26
Henten, J. W. van 19
Hollenbach, Paul W. 100
Hoover, Roy W. 267, 274
Horsley, R. 71, 73, 75, 286, 296
Houldern, J. L. 248
Howard, George 323
Hultgren, A. J. 323
Hurst, L. D. 199
Hübner, H. 305
Hylen, S. E. 323

Instone-Brewer, David 178

Jackson, Howard M. 323
Jasper, Alison 323
Jeremias, J. 74, 115, 139, 140 ,142, 270, 286
Jervell, Jacob 200, 201
Johnson, Earl S. 323
Johnson, George 204
Johnson, L. T. 25, 26
Josephus, F. 61, 73, 74, 81, 83, 95, 100, 141
Judith, L. Kovacs 249
Juel, Donald H. 64, 65

Karris, R. J. 324
Kähler, M. 268, 269
Käsemann, Ernst 200
Kayama, H. 324
Kee, Howard C. 17, 28, 55, 152, 196, 198, 259
Keener, Craig S. 76, 90, 98
Kelber, Werner H. 48, 49, 56, 57, 58, 59, 199, 200, 219, 220, 221
Keller, M. N. 325
Kennard, J. S. 62
Kiley, M. 325
Kilgallen, John J. 325
Kim, S. J. 251
Kingsbury, J. D. 137, 138
Kirk, A. K. 85
Klassen, William 163
Klein, G. 59
Koester, Craig R. 300
Kovacs, Judith L. 249
Krentz, E. 85, 124
Krishnamurti, J. 17
Kuhn, T. 291
Kurz, William S. 157

Kvalbein, Hans 295
Kysar, R. 179

Lambrecht, J. 54
Lamoureux, P. A. 326
Lampe, G. W. H. 159
Landry, D. 326
Lane, W. L. 34
Lattke, M. 25
LaVerdiere, E. 19
Leske, Adrian M. 96
Liew, T. B. 23, 65, 66
Lightfoot, R. H. 47, 48, 49
Lincoln, Andrew T. 327
Llewelyn, Stephen 105
Lohmeyer, E. 48, 49
Luckmann, Thomas 294
Luomanen, P. 112, 113
Luz, U. 86, 90, 91, 125

MacLeod, David J. 327
MacMullen, R. 33, 34, 176, 206
Malbon, Elizabeth S. 49
Malina, Bruce J. 166, ,167, 250, 251, 252
Maloney, Elliott C. 298
Mandell, S. 82
Manson, T. W. 165
Marcus, J. 296
Martin, J. P. 236
Maryn, J. Louis 173, 174, 175, 176, 262
Marshall, I. H. 161, 164
Martyn, J. L. 173, 176, 177, 178, 179, 180, 262, 301
Marxsen, W. 48, 49
Mason, Rex 234
Mcdermott, J. J. 328
McGrath, James F. 328

McInerny, William F. 329
McIver, R. K. 329
Mealand, D. L. 239
Meeks, Wayne A. 34, 175, 213, 214, 215
Meier, John P. 51, 79, 85, 281
Merton, Robert K. 44
Miller, Ed. L. 219
Miler, J. Lane 21
Miler, Madeleine S. 21
Milne, D. J. W. 329
Minear, Paul S. 180, 193, 194, 215, 216, 228, 229, 238, 239
Mol, H. 17, 20, 42
Moloney, Francis J. 330
Motyer, S. 330
Moule, C. F. D. 253, 254, 256
Mowery, R. L. 330
Moyo, A. M. 149
Mulhall, Stephen 261, 301
Müller, Mogens 93

Newheart, Michael Willett 330
Neyrey, Jerome H. 167, 252
Nock, A. D. 17
Nolland, John 330
Novakovic, Lidija 330

O'Day, Gail R. 194, 246, 247, 248, 255, 256
O'Dea, T. 17
Oakman, Douglas E. 74, 81
Ogle, A. B. 62, 64
Okorie, A. M. 331
Olmstead, Wesley G. 78
Olson, Alan M. 331
O'Neil, J. C. 296
Overman, J. Andrew 78

Paffenroth, Kim 100
Parsons, T. 20, 166
Patten, B. R. 42
Peacock, H. F. 24
Perrin, Norman 297
Pilch, J. J. 147
Piovanelli, Pierluigi 16
Piper, Roland A. 240, 241
Plumer, Eric 332
Porter, Stanley E. 299
Pryor, John W. 219, 222

Rawlinson, A. E. J. 52
Reeves Keith H. 332
Reinhartz, Adele 332
Rensberger, David 254
Reumann, J. 57
Riches, John 72
Ridderbos, Herman 235, 248
Ringe, Sharon H. 145, 146
Robinson, J. A. T. 179, 180, 267, 284, 287
Robinson, J. M. 268
Rohrbaugh, Richard L. 142, 146, 147, 250, 251
Roniger, L. 72, 73
Rudolph, David J. 54

Saldarini, Anthony J. 78, 131
Sanders, E. P. 280, 281
Sanders, Jack T. 247
Schineller, P. 333
Schnackenburg, Rudolf 192, 222, 225, 233, 254, 255
Schneiders, Sandra 237, 238, 242
Schutz, Alfred 294
Schweitzer, A. 268
Schweizer, E. 19, 23, 52, 55, 63, 64, 161,

163
Sellew, P. 158
Senior, D. 112
Simon, Marcel 82
Sim, David C. 72
Smith, C. A. 333
Snodgrass, K. R. 78
Song, C. S. 147
Stark, Werner 18, 43
Sten, R. H. 141
Stendahl, K. 306
Stevenson, T. R. 252
Stibbe, M. W. G. 201
Suh, J. S. 31, 74, 240
Suzuki, D. T. 17
Swift, Adam 261, 301

Talbert, Charles H. 141
Tanzer, S. J. 334
Taylor, Nicholas 51
Taylor, V. 22, 33, 63
Thatcher, T. 335
Theissen, G. 27, 28, 30, 31, 201, 239, 250, 256
Thompson, Marianne Meye 204, 239
Tillich, Paul 293
Tilly, M. 95
Tobin, Thomas H. T. 195, 196
Tolme, D. F. 335
Turner, D. L. 78

Ukpong, Justin S. 335

van Belle, Gilbert 336
van Henten, J. W. 336
van Minnen, P. 336
Viviano, B. T. 104

Voorwinde, S. 336

Waetjen, Herman C. 336
Wallace, Daniel B. 179
Wallace-Hadrill, Andrew 102
Webb, Robert L. 81, 87, 103
Weber, Kathleen 114, 115, 116, 117
Weber, Max 15, 16
Weinfeld, Moshe 336
Weren, Wim J. C. 336
White, R. E. O. 299
Whitters, Mark F. 337
Widdicombe, Peter 337
Wilde, J. A. 41, 53, 56, 65
Williams, J. G. 337
Williams, P. J. 337
Williams, Ritva H. 337
Wilson, B. 39, 40, 41, 42, 43, 67
Wilson, R. R. 20
Wink, W. 84
Woll, D. Bruce 227, 228
Wright, N. T. 75, 199
Wuellner, W. 24

Yamasaki, Gary 71

바쟁, 제르맹 293
엘리아데, M. 293
피호너-라투스, 로이스 293